PONS

Anfängerkurs Spanisch

Das aktive Sprachpaket

von María Engracia López Sánchez

Unter Mitarbeit von
Dominique Nißler

Ernst Klett Sprachen
Barcelona · Budapest · Ljubljana · London · Posen · Prag · Sofia · Stuttgart

PONS Anfängerkurs Spanisch
Das aktive Sprachpaket

von María Engracia López Sánchez

Unter Mitarbeit von
Dominique Nißler

1. Auflage A1 5 4 3 2 1 | 2006 2005 2004

Internet: www.pons.de
E-Mail: info@pons.de

Redaktion: Antje Wollenweber
Logoentwurf: Erwin Poell, Heidelberg
Einbandgestaltung: VIER FÜR TEXAS * Ideenwerk, Frankfurt / Main
Illustrationen: Marlene Pohle, Stuttgart
Titelfoto: 200112715-001 (Getty Images / Photographer's Choice / M. Llordan)

Layout / Satz: **beluga**design, Stuttgart
Druck: Legoprint
Printed in Italy.
Beilage zu ISBN: 3-12-560719-1

Willkommen in der Welt der spanischen Sprache

Sie möchten Spanisch schnell lernen und das mit Freude und Motivation? Sie möchten in alltäglichen Situationen und im Urlaub gut zurechtkommen?
Mit diesem Kurs lernen Sie im Urlaub und im Alltag sicher zu kommunizieren. Mit einer modernen, kommunikativen Lernmethode trainieren Sie in lebensnahen Situationen Sprechen und Verstehen. Dafür steht eine interessante Fortsetzungsgeschichte im Mittelpunkt. Gleichzeitig bekommen Sie solide Grundkenntnisse in Grammatik, Wortschatz und Landeskunde mit abwechslungsreichen Übungen vermittelt. Durch seinen flexiblen Ansatz ist der Kurs sowohl für Anfänger als auch für Wiedereinsteiger geeignet. Intelligentes Feedback und Tipps zum Sprachelernen tragen dazu bei, dass Sie als Selbstlerner die Sprache schneller lernen können.

Wie ist der Kurs aufgebaut?

Der Kurs besteht aus 16 Lektionen und 4 Revisionen. Nach jeweils 4 Lektionen wiederholen Sie die Inhalte in einer der Revisionen.

Jede Lektion setzt sich aus 4 Bereichen zusammen:

▸ Zum Starten Hier werden Sie auf den Dialog und die Inhalte der Lektion vorbereitet.

▸ Fürs Ohr Der Dialog bzw. die Fortsetzungsgeschichte steht im Mittelpunkt der Lektion. Hörverständnis und die Aussprache werden hier ausführlich geübt.

▸ Zum Üben Hier werden die Inhalte, sei es Grammatik, Kommunikation oder Wortschatz systematisch präsentiert und danach in abwechslungsreichen Übungen gefestigt.

▸ Zum Abschluss Interkulturelles, Spiele oder weitere Übungen runden die Lektion sinnvoll ab.

Die Revisionen bestehen auch aus 4 Bereichen:

▸ Kommunikation Hier finden Sie Aufgaben zur Wiederholung der kommunikativen Inhalte der vorherigen 4 Lektionen.

▸ Grammatik Dieser Bereich bietet Wiederholungsübungen zu den wichtigsten grammatikalischen Inhalten.

▸ Wortschatz In diesem Bereich wiederholen Sie den eingeführten Wortschatz nochmals.

▸ Aussprache Hier können Sie ihre Aussprache noch einmal intensiv üben.

In der oberen Leiste der Seiten, die Sie hier sehen, können Sie leicht erkennen, in welchem der Bereiche Sie sich befinden. Weiterhin erhalten Sie hier eine Angabe zu den Inhalten der jeweiligen Seite.

Übungen:

Die Übungen sind in den Lektionen durchnummeriert, damit Sie schnell und leicht einen Überblick haben, wo Sie sich befinden. Ebenfalls hilft es Ihnen bei der Überprüfung der Lösungen. Die Lösungen finden Sie im Begleitheft. Bildsymbole geben Ihnen an, ob Sie einen Stift, ein zusätzliches Blatt oder eine der CDs für die jeweilige Übung brauchen:

Dieses Bildsymbol zeigt Ihnen, welche der CDs Sie für diese Übung brauchen: Die obere Zahl gibt Ihnen an, welche der Audio-CDs Sie benötigen, die untere Zahl ist die Tracknummer auf der entsprechenden CD.

Für eine Übung mit diesem Symbol brauchen Sie einen Stift, um etwas zu schreiben oder einzutragen.

▼

Auch für diese Übungen brauchen Sie einen Stift, diesmal um etwas anzukreuzen oder zu verbinden.

Bei diesem Symbol werden Sie aufgefordert ein zusätzliches Blatt zu verwenden, um die Übung zu machen.

Mit diesem Symbol werden Sie darauf hingewiesen, dass Sie die Inhalte besonders aufmerksam lesen sollten.

Gut zu wissen:
Achten Sie darauf, dass **mí** einen Akzent braucht, um sich von der Form **mi** *(mein/e)* zu unterscheiden.

In der Box erhalten Sie nützliche und interessante Hinweise über die spanische Sprache und über landesübliche Besonderheiten.

Das Wortschatzfeld enthält Wörter und Wendungen, die für die jeweiligen Übungen hilfreich sind.

una señora activa – *eine aktive Dame*
tímido/a – *schüchtern*

▶ § 1 Das Alphabet Diese Grammatikverweise geben Ihnen an, wo Sie weitere Informationen zu einem bestimmten grammatikalischen Thema erhalten können.

Inhaltsverzeichnisse:

Um schnell eine Übersicht über den Kurs und die Inhalte zu bekommen, können Sie in zwei verschiedenen Inhaltsverzeichnissen nachschauen:

Inhaltsverzeichnis nach Lektionen:
Hier sehen Sie, welche Inhalte in den einzelnen Lektionen und Revisionen zu finden sind.

Inhaltsverzeichnis nach Kategorien:
Dieses Inhaltsverzeichnis gliedert sich nach verschiedenen Kategorien: *Dialoge*, *Kommunikation*, *Grammatik*, *Wortschatz*, *Aussprache* und *Interkulturelles*.

Wenn Sie ein bestimmtes Thema lernen oder wiederholen möchten, können Sie hier ganz schnell erkennen, welche Übungen Sie dafür machen sollten.

Begleitheft:

In diesem finden Sie folgende Inhalte:

Transkriptionen:
Alles, was Sie hören, können Sie auch nachlesen! Und wenn Sie die Dialoge nicht genau verstanden haben, können Sie auch die Übersetzung zur Hand nehmen.

Lösungen:
Damit Sie wissen, was Sie richtig und falsch gemacht haben, sind die Lösungen aller Übungen zusammen mit einem intelligenten Feedback und Lerntipps aufgeführt. **Tipp**

Grammatikübersicht:
Wollen Sie etwas nachschlagen? Hier finden Sie ausführliche Erklärungen zu allen wichtigen Grammatikinhalten, die in diesem Kurs gelernt werden.

Wortverzeichnis:
In diesem alphabetisch sortierten Wortverzeichnis finden Sie schnell alle verwendeten Wörter des Kurses mit deren Übersetzungen.

Audio-CDs:

Das Paket umfasst
- 2 Audio-CDs mit sämtlichen Tondateien und Dialogen.
- 1 Audio-CD mit einem Vokabeltrainer. Hier können Sie sich alle Wörter und Wendungen anhören. Dabei können Sie die Vokabeln und die Aussprache üben.
- 1 Audio-CD für unterwegs. Eine CD mit der vollständigen Fortsetzungsgeschichte, sowie ausgewählte Sätze zum Üben. Mit dieser können Sie überall lernen und üben und somit schneller die Sprache erfolgreich lernen.

Dialoge

Kommunikation

Grammatik

Wortschatz

Aussprache

Interkulturelles

Wer ist wer in der Fortsetzungsgeschichte?

Die Geschichte spielt in Madrid in Spanien.

Dort wohnen Rosita, Jordi und Chema zusammen in einer Wohngemeinschaft:

Rosita kommt aus Mexiko und ist in Madrid, da sie ein Forschungsstipendium am dortigen Museum für moderne Kunst bekommen hat. Die Arbeit im Museum macht ihr viel Spaß.

Jordi ist aus Barcelona. Er macht gerade ein Praktikum in einer Firma und nach der Arbeit treibt er gerne Sport.

Chema arbeitet als Designer in einem Büro. Er mag seine Nachbarin Noelia.

Hier sehen Sie die Nachbarn von Rosita, Jordi und Chema, die Familie Giménez:

Agustín arbeitet als Abteilungsleiter bei einem internationalen Unternehmen. Seine Arbeit gefällt ihm sehr gut.

Charo ist mit Agustín verheiratet. Sie ist Hausfrau und immer etwas besorgt um ihre Familie.

Noelia, die Tochter von Agustín und Charo, studiert Betriebswirtschaft. Sie findet Chema sehr interessant!

Nacho, Noelias Bruder, wohnt in London, wo er Englisch studiert.

Doña Amparo ist die Mutter von Agustín. Sie geht gerne mit ihren Freundinnen im Park spazieren oder ins Kino.

1 TR. 01

Sie fangen gerade an, Spanisch zu lernen. Bevor es richtig los geht, lernen Sie die Länder kennen, in denen Spanisch gesprochen wird. Hier sehen Sie Rositas Flug von Mexiko nach Spanien. In beiden Ländern wird Spanisch gesprochen. In welchen anderen Ländern auch?

Schreiben Sie die Ländernamen in die richtigen Kästchen. Hören Sie sich danach auf der CD an, wie diese Länder auf Spanisch ausgesprochen werden.

Cuba
Argentina
Venezuela
Chile
Colombia
México
España

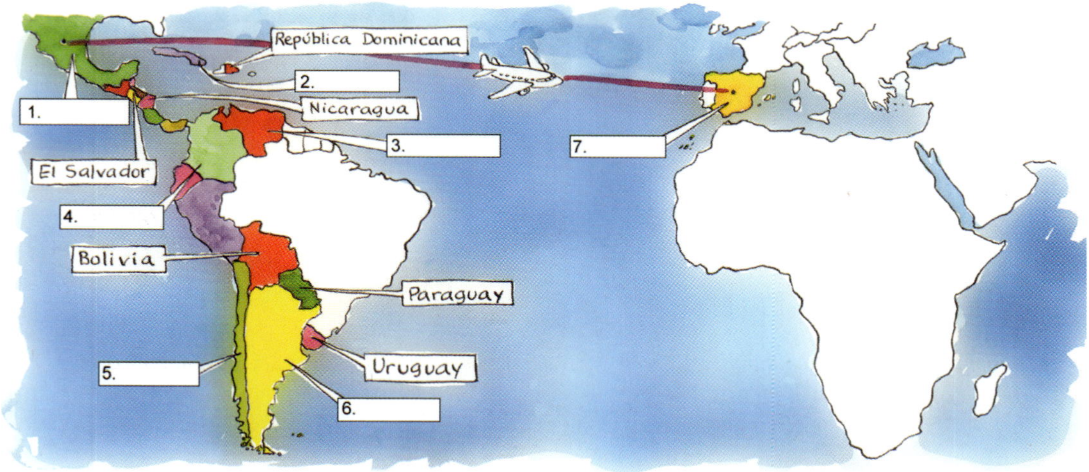

2 TR. 02

Sie kennen sicher schon einige Wörter auf Spanisch. Sehen Sie sich die Bilder an und lesen Sie die unten stehenden Wörter. Schreiben Sie die entsprechenden Wörter unter die passenden Bilder. Hören Sie sich dann die Lösungen auf der CD an und achten Sie dabei auch auf die Aussprache der Wörter.

1. ______

2. ______

3. ______

4. ______

5. ______

6. ______

la guitarra – el sombrero – la siesta – la paella – la sangría – la cerveza

Rositas Ankunft in der Wohngemeinschaft

3 TR. 03

In einer Wohngemeinschaft (**el piso compartido**) in Madrid klingelt es an der Tür. Chema und Jordi bekommen heute eine neue Mitbewohnerin: Rosita aus Mexiko.

Hören Sie sich den Dialog auf der begleitenden CD an und sehen Sie sich dabei die beiden Bilder an. Die Bilder helfen Ihnen, den Text zu verstehen.

4 TR. 03

Hören Sie sich den Dialog noch einmal an und lesen Sie dabei den Text im Begleitheft mit. Unterstreichen Sie dann die Stellen im Text, die Ihnen bekannt oder leicht vorkommen. Hören Sie sich den Dialog noch einmal an und sprechen Sie die markierten Stellen mit.

5 TR. 04

In welchem Wort kommt der angegebene Laut vor? Schreiben Sie das Wort in die entsprechende Lücke und überprüfen Sie danach Ihre Lösungen mit Hilfe der CD.

yo / playa – **gui**tarra – México – ¡**Qué** bien! – **gue**rrilla

1. **ge** wie in „gern“: ___________ 2. **gi** wie in „Gitter“: ___________

3. **j** wie in „ja“: ___________ 4. **ch** wie in „ach“: ___________

5. **ke** wie in „Kern“: ___________

6 TR. 05

Im Dialog kommen einige Redemittel vor, die man verwendet, um sich zu begrüßen und vorzustellen. Sehen Sie sich diese nun genauer an. Hören Sie sich auf der CD folgende Sätze an und achten Sie dabei auch auf die Intonation der Frage- und Aussagesätze. Versuchen Sie, sie nachzusprechen. Lesen Sie dann die Übersetzungen der einzelnen Redemittel.

1. Hola, buenos días.
   a. *Hallo, guten Tag.*
2. ¿Qué tal?
   b. *Wie geht's?*
3. Muy bien, gracias.
   c. *Sehr gut, danke.*
4. ¿Eres catalán?
   d. *Bist du Katalane?*
5. Yo soy Chema.
   e. *Ich bin Chema.*
6. Éste es Jordi.
   f. *Das ist Jordi.*
7. ¡Encantada!
   g. *Angenehm!*
8. ¡Mucho gusto!
   h. *Sehr erfreut!*

Gut zu wissen:
Wie Sie sehen, gibt es im Spanischen zusätzlich zu den bekannten Satzzeichen noch umgekehrte Frage- und Ausrufezeichen (¿ und ¡), die am Anfang einer Frage bzw. eines Ausrufs stehen.

7 TR. 03

Hier sehen Sie einen Teil des Dialogs: Auf der linken Seite auf Spanisch und auf der rechten Seite auf Deutsch. Leider sind die deutschen Sätze durcheinander geraten. Verbinden Sie sie mit den richtigen spanischen Sätzen. Wenn Sie möchten, können Sie sich zum Schluss noch einmal den ganzen Dialog auf Spanisch anhören und die Übersetzung des gesamten Dialogs im Begleitheft nachlesen.

1. *Chema:* Claro, claro. Mira, éste es Jordi.
2. *Rosita:* ¡Encantada!
3. *Jordi:* ¡Mucho gusto!
4. *Rosita:* ¿Eres catalán?
5. *Jordi:* Sí.
6. *Rosita:* ¡Qué bien! Somos un piso muy interesante.
7. *Chema:* Sí, es verdad. ¿Quieres ver el piso?
8. *Rosita:* Sí, con mucho gusto.

a. *Chema:* *Ja, das ist wahr! Willst du die Wohnung anschauen?*
b. *Rosita:* *Bist du Katalane?*
c. *Jordi:* *Ja.*
d. *Rosita:* *Angenehm!*
e. *Rosita:* *Ja, sehr gerne.*
f. *Chema:* *Stimmt, stimmt. Übrigens, das ist Jordi.*
g. *Rosita:* *Wie schön! Wir sind eine sehr interessante Wohngemeinschaft.*
h. *Jordi:* *Sehr erfreut!*

Gut zu wissen:
Jordi ist ein typisch katalanischer Name. Deshalb kann Rosita leicht erraten, aus welcher Region Spaniens er kommt.

8

Gut zu wissen:
Mit **¿qué tal?** fragt man nach dem persönlichen Befinden. Es kann aber auch anders verwendet werden, z. B.: **¿Qué tal el viaje?** – *Wie war die Reise?*

¡Hola! ¿Qué tal? ist eine allgemeine Begrüßungsform. Man antwortet normalerweise mit **Bien, gracias. ¿Y tú?** (Du-Form). Man kann auch je nach Tageszeit sagen:

Buenos días. (vormittags)
Buenas tardes. (ab etwa 14 Uhr und abends)
Buenas noches. (ab etwa 20 Uhr)

Das Pronomen **usted** wird für die Sie-Form verwendet (schriftliche Abkürzung: **Ud.**).

1 TR. 06 Hören Sie sich folgende Kurzdialoge an und sprechen Sie nach.

Hola, buenos días. ¿Qué tal? – Muy bien, gracias. ¿Y tú?
Hallo, guten Tag. Wie geht's? – Sehr gut, danke. Und dir?

Hola, buenas tardes. ¿Qué tal? – Bien, gracias. ¿Y usted?
Hallo, guten Tag/Abend. Wie geht's? – Danke, gut. Und Ihnen?

9

Gut zu wissen:
Um die Aufmerksamkeit der anderen auf jemanden oder auf etwas zu lenken, sagt man **Mira** (Du-Form) oder **Mire** (Sie-Form). Auf Deutsch heißt das wörtlich *Schau* bzw. *Schauen Sie*.

In unserem Dialog stellt Chema seinen Mitbewohner Jordi vor. Er sagt: **Mira, éste es Jordi.** Wenn eine Frau vorgestellt wird, sagt man aber **ést<u>a</u> es ...** Man kann darauf mit **encantado** (als Mann) oder **encantada** (als Frau) reagieren, oder mit **mucho gusto** (unveränderlich).

Hören Sie sich den Vorstellungsdialog zwischen Rosita, Chema und Jordi an. Übernehmen Sie dann die Rolle von Rosita. Was würden Sie an ihrer Stelle sagen? Schreiben Sie Ihre Reaktionen in die Lücken und sprechen Sie sie sich laut vor. Denken Sie daran: Als Frau sagen Sie **encantada**, als Mann sagen Sie **encantado**.

1 TR. 07

Chema: Hola, ¿qué tal?
Rosita bzw. *Sie:* ____________________
Chema: Bien, bien. Mira, éste es Jordi.
Rosita bzw. *Sie:* ____________________
Jordi: ¡Mucho gusto!

10 TR. 08

Hören Sie sich folgende Wörter mehrmals an und lesen Sie mit. Sprechen Sie sie dann nach. Achten Sie besonders auf die Aussprache der Buchstaben **c**, **z** und **v**.

Venezuela – gracias – cerveza

Anhand dieser Beispiele versuchen Sie jetzt, die folgenden Ausspracheregeln zu vervollständigen.

1. _____ wird am Wortanfang wie **b** in „bunt“, ansonsten als weiches **b** ausgesprochen (die Lippen werden nicht ganz geschlossen).
2. _____ vor **e** und **i** sowie _____ werden wie das englische **th** im Wort „think“ ausgesprochen.

Gut zu wissen:

In Lateinamerika und in Südspanien wird der Laut, der dem englischen **th** entspricht, immer als **s** ausgesprochen. Rositas Aussprache ist ein Beispiel dafür. Der Buchstabe **h** wird im Spanischen nie ausgesprochen, vgl. das Wort **hola**.

11 TR. 09

Welches dieser spanischen Wörter enthält folgende Laute? Ordnen Sie die Wörter den richtigen Lauten zu und überprüfen Sie Ihre Lösungen dann mit Hilfe der CD.

▸ § 2 Aussprache

mucho – español – viaje – paella

1. ___________ **gn** wie in „Cognac“
2. ___________ **ch** wie in „Sache“
3. ___________ **j** wie in „ja“ bzw. **lj** wie in „Billard“
4. ___________ **tsch** wie in „Tschüss“

Gut zu wissen:

Das **j** in **Jordi** wird anders als in **viaje** ausgesprochen, denn es handelt sich um einen typisch katalanischen Namen. Die Aussprache ähnelt hier dem **j** in „ja“, ist aber stimmhafter.

TR. 10

Erinnern Sie sich noch an die Aussprache des Wortes **Argentina** in der ersten Übung dieser Lektion? Wenn nicht, hören Sie sich das Wort noch einmal genau an.
Der Buchstabe **g** kann also wie **j** in **viaje** ausgesprochen werden, aber nur wenn ein **e** oder ein **i** folgt!

12

TR. 11

Die Aussprache einer Fremdsprache muss man natürlich viel üben. Hier sehen Sie fünf Bilder, die neue Begriffe zeigen. Kennen Sie einige schon? Lesen Sie die Wörter und versuchen Sie, sie auszusprechen, und überprüfen Sie dann ihre Aussprache mit Hilfe der CD. Sprechen sie die Wörter noch mehrmals nach, damit Sie sich die richtige Aussprache gut einprägen.

una cereza

una llave

una vela

un queso

una joya

13

▸ § 5 Substantive

Im Spanischen sind Substantive männlich oder weiblich. In der Regel sind Wörter, die auf **-o** enden, männlich (z. B. **sombrero**). Wörter, die auf **-a** enden, sind weiblich (z. B. **fiesta**). Sie haben jedoch auch andere Beispiele gesehen, wie z. B. **viaje** (männlich) oder **verdad** (weiblich). Es gibt nämlich mehrere Endungen, und am besten lernen Sie ein Substantiv immer mit dem Artikel: **el** für männliche Wörter und **la** für weibliche (auf Deutsch entspricht dies dem bestimmten Artikel *der* bzw. *die*).

Natürlich können Sie auch die entsprechenden unbestimmten Artikel benutzen: **un** (männlich), **una** (weiblich) (auf Deutsch: *ein*, *eine*).

Gut zu wissen:
Substantive, die auf **-ción** oder **-dad** enden, sind immer weiblich: **la información** *(die Information)*, **la verdad** *(die Wahrheit)*.
Substantive, die auf **-ema** enden, sind immer männlich: **el tema** *(das Thema)*.

TR. 12

Setzen Sie jeweils den entsprechenden Artikel in die Lücken und überprüfen Sie Ihre Lösungen mit Hilfe der CD.

▸ § 4 Artikel

1. ¿Quieres _____ paella?
2. ¿Quieres ver _____ piso?
3. Somos _____ piso interesante.

un – el – una

Welcher Artikel passt jeweils zu folgenden Wörtern? Kreuzen Sie die richtige Lösung an. Nur eine Antwort ist richtig.

■ el	■ un	■ el	■ la
■ la cerveza	■ la viaje	■ la verdad	■ un sombrero
■ un	■ una	■ un	■ una

14

Das Verb **ser** *(sein)* wird u.a. zur Angabe der Staatsangehörigkeit und der Namen benutzt, z.B.: **¿Eres catalán?** und **Yo soy Chema**.
Lesen Sie sich den Hauptdialog im Begleitheft noch einmal genau durch und suchen Sie die Verbformen von **ser** heraus und ergänzen Sie die fehlenden Formen. Hören Sie sich dann alle Formen auf der CD an und überprüfen Sie Ihre Lösungen.

1 TR. 13

yo *(ich)* soy

tú *(du)* eres

él/ella/usted *(er/sie/Sie)* ______

nosotros/nosotras *(wir)* somos

vosotros/vosotras *(ihr)* sois

ellos/ellas/ustedes *(sie/Sie)* son

Die Personalpronomen verwendet man zur Unterscheidung verschiedener Personen oder zu ihrer Hervorhebung. Chema sagt: **Yo soy Chema**, da er nicht alleine ist (Jordi ist auch dabei). Rosita sagt hingegen: **¡Somos un piso muy interesante!**, weil es klar ist, dass alle drei gemeint sind.

Gut zu wissen:
Es gibt eine Höflichkeitsform für den Singular (**usted es**) und eine für den Plural (**ustedes son**).
Die Personalpronomen **nosotros** und **vosotros** haben auch eine weibliche Form: **nosotras**, **vosotras**.

▸ § 25 Subjektpronomen

Gut zu wissen:
In Lateinamerika wird **ustedes** statt **vosotros** verwendet, z. B.: **¿Ustedes son Chema y Jordi, ¿verdad?** anstatt: **¿Vosotros sois Chema y Jordi, ¿verdad?** *(Ihr seid Chema und Jordi, oder?)*.

15

Ein Freund in Mexiko hat Rosita gebeten, seiner Tante María Riera, die in Madrid lebt, ein kleines Geschenk mitzubringen. Rosita kennt sie noch nicht persönlich und hat sich mit ihr in einer Bar verabredet. Frau Riera sitzt schon mit ihrer Arbeitskollegin Juana an einem Tisch, als Rosita ankommt. Vervollständigen Sie den Begrüßungsdialog zwischen Rosita, María und Juana, indem Sie die passenden Wörter in die Lücken schreiben.

Rosita: ¿ ________ usted María Riera?

María: Sí.

Rosita: ¡Hola! Encantada Rosita.

María: ¡Hola, Rosita! ¿ Que tal ?

Rosita: Muy bien, gracias, ¿ ________________ ?

María: Bien … Mira, ________ es Juana.

Rosita: ________________________ .

Juana: Mucho gusto.

qué tal – ésta – soy – encantada – es – y usted

Gut zu wissen:
Im spanischsprachigen Raum ist es durchaus üblich, eine ältere Person zu siezen, jedoch von ihr geduzt zu werden.

Zahlen von 0 bis 9 – Interkulturelles: Begrüßungskuss oder Händedruck?

16 1 TR. 14

§ 38 Zahlen

Hören Sie sich die Zahlen von null bis neun auf der CD an und sprechen Sie sie nach. Sehen Sie sich die Schreibweise der Zahlen an und lesen Sie sich die Zahlen mehrmals laut vor und vergleichen Sie Ihre Aussprache mit der Aufnahme auf der CD.

cero uno dos tres cuatro

cinco seis siete ocho nueve

17 1 TR. 15

¿Cuál es tu número de teléfono? *(Wie ist deine Telefonnummer?).*
Hören Sie sich auf der CD fünf Minidialoge an, in denen Telefonnummern angegeben werden. Versuchen Sie, die Nummern herauszuhören und aufzuschreiben. Hören sie sich die Dialoge so oft Sie möchten an und konzentrieren Sie sich dabei vor allem auf die Zahlen. Überprüfen Sie danach Ihre Lösungen, indem Sie die Transkriptionen der Dialoge im Begleitheft nachlesen.

Interkulturelles

18

Begrüßungsküsse (**besos**), eigentlich ein Streifen der Wangen, sind in Spanien (zwei Küsse) und Lateinamerika (ein Kuss) in informellen Situationen üblich – z.B. wenn man von Freunden vorgestellt wird. Unter Männern aber wird nur in der Familie geküsst, ansonsten umarmen sie sich oder klopfen sich auf die Schulter. Das Händeschütteln gehört eher zu einem sehr formellen und beruflichen Kontext.

Duzen oder Siezen? In Spanien kommt man schnell zum Du (**tú**), auch unter Kollegen oder in Geschäftsbeziehungen mit Kunden. Die Höflichkeitsform (**usted**) bedeutet Respekt gegenüber Älteren oder Vorgesetzten.
In Lateinamerika wird öfter gesiezt als in Spanien. Wenn Sie sich nicht sicher sind, fangen Sie mit **usted** an und warten Sie auf die Reaktion des Muttersprachlers.

1 CD 1 TR. 16

Hier sehen Sie eine spanische Wohnung. Hören Sie sich auf der CD die spanischen Begriffe für die Zimmer an und sprechen Sie sie nach. Können Sie die Wörter den entsprechenden Zimmern zuordnen? Tragen Sie die Zahlen in die Kästchen ein. Sehen Sie sich dann die Übersetzungen an.

■ la entrada – ■ el pasillo – ■ la cocina – ■ el salón – ■ la terraza – ■ el dormitorio – ■ el baño – ■ el balcón

la entrada – *der Eingang*
la terraza – *die Terrasse*
el pasillo – *der Flur*
el dormitorio – *das Schlafzimmer*
la cocina – *die Küche*
el baño – *das Badezimmer*
el salón – *das Wohnzimmer*
el balcón – *der Balkon*

2 CD 1 TR. 17

Hier sehen Sie einige Gegenstände aus dem Bereich Wohnen. Hören Sie sich auf der CD die Begriffe an und sprechen Sie sie nach.

un escritorio

un sofá

una bañera

un ordenador

un horno microondas

una alfombra

una estantería

un sillón

Gut zu wissen:
Sofá ist männlich! (**un sofá**)

Welche dieser Gegenstände haben Sie zu Hause? Schreiben Sie eine Liste auf Spanisch.

*Chema zeigt Rosita die Wohnung – Die Aussprache von **r***

3

1 TR. 18

Chema zeigt Rosita, der neuen Mitbewohnerin, ihr Zimmer und die anderen Räume der Wohnung. Hören Sie sich den Dialog an und sehen Sie sich die Bilder an. Die Bilder helfen Ihnen beim Verständnis. Hören Sie sich dann den Dialog nochmals an. Wenn Sie wollen, können Sie den Text im Begleitheft mitlesen.

4

1 TR. 18

Hören Sie sich den Dialog noch einmal an und lesen Sie den Text im Begleitheft mit. Wie sagt man auf Spanisch „Nichts zu danken"? Finden Sie die Wendung im Dialog und schreiben Sie sie in die Sprechblase.

5

1 TR. 19

Gut zu wissen:
Am Anfang eines Wortes (**Rioja**) oder als Doppelbuchstabe (**guitarra**) ist das **r** stark gerollt.

Die folgenden Wörter enthalten entweder ein normal gerolltes **r** (wie z. B. **mira**) oder ein stark gerolltes **r** (wie z. B. **terraza**). Hören Sie sich die Wörter an und sprechen Sie sie nach. Können Sie die zwei verschiedenen **r**-Laute heraushören? In welchen Wörtern kommt ein normal gerolltes **r** und in welchen ein stark gerolltes **r** vor? Markieren Sie die zwei **r**-Laute jeweils unterschiedlich und überprüfen Sie Ihre Lösungen im Begleitheft. Hören Sie sich zum Schluss die Wörter noch einmal an und sprechen Sie sie nach.

mira – terraza – Rosita – guerrilla – claro – estantería – Rioja – ahora – garaje – guitarra – lavadora – euro

6 (CD 1, TR. 20)

Lesen Sie folgende Sätze und Redemittel aus dem Dialog und hören Sie sich diese gleichzeitig auf der CD an. Achten Sie dabei auch auf die Intonation der Aussagesätze und Ausrufe. Sprechen Sie die Sätze mehrmals nach. Sehen Sie sich dann die Übersetzungen an.

1. ¡Qué linda!
2. Es muy bonita.
3. Es muy grande.
4. ¡Estupendo!
5. ¡Qué lujo!
6. ¿Necesitas algo más?
7. Estoy muy cansada.
8. ¿No quieres tomar nada?
9. Muchas gracias por todo.
10. ¡Hasta luego!

a. *Wie schön!*
b. *Sie ist sehr schön.*
c. *Es ist sehr groß.*
d. *Toll!*
e. *Was für ein Luxus!*
f. *Brauchst du sonst noch etwas?*
g. *Ich bin sehr erschöpft.*
h. *Möchtest du nichts trinken?*
i. *Vielen Dank für alles.*
j. *Bis später!*

7 (CD 1, TR. 18)

Hören Sie sich den Dialog an. Lesen Sie folgende Sätze und kreuzen Sie an, ob diese richtig oder falsch sind. Falls Sie sich nicht sicher sind, können Sie die Übersetzung des gesamten Dialogs im Begleitheft nachlesen.

	richtig	falsch
1. Rosita ist begeistert von der Küche.		
2. Die Wohnung hat nur ein Badezimmer.		
3. In Rositas Zimmer gibt es eine Terrasse.		
4. Chemas Zimmer ist aufgeräumt.		
5. Chema bietet Rosita etwas zu trinken an.		
6. Rosita ist müde und möchte sich ausruhen.		

Die Betonung – Die Pluralbildung von Substantiven und Artikeln

poquito – *ein (kleines) bisschen*
cenamos – *wir essen zu Abend*
usted – *Sie*
el catalán – *Katalane*
el número – *Zahl*

▸ § 3 Betonung und Akzentsetzung

8

1 TR. 21

Hören Sie sich folgende Wörter auf der CD an und unterstreichen Sie die betonten Silben.

1. poquito 2. cenamos 3. usted 4. catalán 5. número

Die Wörter, die auf Vokal (**-a**, **-e**, **-i**, **-o**, **-u**) oder **-n**, **-s** enden, werden auf der vorletzten Silbe betont: **poquito**, **cenamos**
Die Wörter, die auf Konsonant (außer **n** und **s**) enden, werden auf der letzten Silbe betont: **usted**
Alle Wörter, deren Betonung von diesen Regeln abweicht, erhalten einen Akzent: **catalán**
Einen Akzent haben auch alle Wörter, die auf der drittletzten Silbe betont werden: **número**

9

▸ § 5 Substantive

Um den Plural zu bilden, hängt man ein **-s** an die Wörter an, die mit einem Vokal (**a**, **e**, **i**, **o**, **u**) enden:

cocina + s ▸ cocinas **dormitorio + s ▸ dormitorios**

An Wörter, die mit einem Konsonant enden, hängt man **-es** an:

la ciudad – *Stadt*

mujer + es ▸ mujeres **ciudad + es ▸ ciudades**

Wörter, die im Singular auf der letzten Silbe einen Akzent (´) tragen, verlieren ihn im Plural.

salón + es ▸ salones

Bilden Sie den Plural folgender Wörter.

viaje – hotel – balcón – sombrero

10

▸ § 4 Artikel

Vervollständigen Sie die folgenden Sätze mit dem passenden Artikel. Die Pluralformen der Artikel sind **los / las** bzw. **unos / unas**.

1. ¿Quieres ver ______ baños?
2. ¿Tomamos ______ cervezas?
3. ______ amigas de Rosita son de México.
4. Tenemos ______ cuartos muy bonitos, ¿verdad?

Gut zu wissen:
Der unbestimmte Artikel im Plural kann weggelassen werden: **Tengo buenos amigos en Madrid.** – *Ich habe gute Freunde in Madrid.*

11

Adjektive richten sich in Geschlecht und Zahl nach dem Substantiv, auf das sie sich beziehen.

- Adjektive, die auf **-o** enden, bilden die weibliche Form auf **-a**:

  el escritorio pequeño **una cocina pequeña**

- Alle anderen Adjektive haben in der Regel nur eine Form für männlich und weiblich:

  una cama grande / un piso grande
  una mujer normal / un hombre normal

Ausnahmen sind die Nationalitätsadjektive auf Konsonant, z. B.:

español – española

Für die Pluralbildung gelten dieselben Regeln wie für Substantive. Hören Sie sich folgende drei Sätze im Plural an und konzentrieren Sie sich auf die Endungen. Sprechen Sie die Sätze dann nach.

1 TR. 22

1. Los escritorios son nuevo**s**. 2. Las cama**s** son grande**s**.

3. Los hombre**s** son español**es**.

Este / esta *(diese/r)* können als Adjektiv (mit Substantiv: **este piso es bonito**) oder als Pronomen (ohne Substantiv: **éste es Jordi**) verwendet werden. **Esto** gilt als Neutrum und steht immer allein und ohne Akzent: **Esto es el salón.**

Gut zu wissen:
Adjektive stehen meistens nach dem Substantiv, nicht aber z. B.: **¡Buenos días!** (übrigens: **el día** ist männlich!). Adjektive werden immer angeglichen, z. B.: **La cocina es pequeña.** – *Die Küche ist klein.*

▶ § 6 Adjektiv

12

Sehen Sie sich die Bilder an und kreuzen Sie das entsprechende Adjektiv an. Achten Sie darauf, dass Adjektive und Substantive angeglichen werden. Die Übersetzung neuer Vokabeln finden Sie rechts im Wortschatzfeld.

dos armarios
- ■ nuevas
- ■ pequeños
- ■ enorme

un sofá
- ■ pequeña
- ■ enormes
- ■ nuevo

dos sillas
- ■ bonitos
- ■ elegante
- ■ modernas

una mesa
- ■ pequeñas
- ■ bonita
- ■ pequeño

la mesa – *Tisch*
la silla – *Stuhl*
moderno / a – *modern*
elegante – *elegant*
enorme – *enorm, riesig*

*Regelmäßige Verben auf **-ar***

13

CD 1 – TR. 23

Lesen Sie folgende Sätze und ergänzen Sie die fehlenden Verben, indem Sie sich die Sätze 1 und 3 auf der CD anhören.

1. ¿ ________ algo más? – Ahora sólo ________ mi cama.
2. Chema cena en la cocina.
3. ¿Jordi y tú cenáis en el salón? – No, ________ en la cocina.
4. Rosita, Chema y Jordi necesitan dos baños.

Gut zu wissen:

Bei **estar** ist nur die erste Person unregelmäßig (**estoy**). Bitte beachten Sie auch die Akzentsetzung:

estoy	**estamos**
estás	**estáis**
está	**están**

▸ § 13 Regelmäßige Verben

Sehen Sie sich nochmals die Verbformen oben an. Alle regelmäßigen Verben, die auf **-ar** enden, z. B. **necesitar** und **cenar**, werden folgendermaßen konjugiert:

necesit-o	**necesit-amos**
necesit-as	**necesit-áis**
necesit-a	**necesit-an**

An den Wortstamm (das, was übrig bleibt ohne die Endung **-ar**, z. B. **necesit-**) werden die jeweiligen Endungen angehängt.

14

CD 1 – TR. 24

Hören Sie sich die folgenden Sätze an und setzen Sie die Verbformen in die passenden Lücken ein. Hören Sie sich die Sätze nochmals an und sprechen Sie sie nach. Die Übersetzungen neuer Wörter stehen links im Wortschatzfeld.

toma – cenamos – necesito – estás – bailáis – están

bailar – *tanzen*
el momento – *Moment*

1. ¿ ________ muy cansada del viaje?
2. ________ el baño un momento.
3. ¿ ________ en el restaurante?
4. Los dormitorios ________ desordenados.
5. ¿Vosotros ________ flamenco?
6. Chema ________ un café.

Gut zu wissen:

Im Spanischen werden die Modalverben wie *müssen, sollen, wollen* nicht so oft benutzt. Wenn Sie einen Vorschlag machen wollen, können Sie direkt sagen: **¿Cenamos en el restaurante?**

15

Mit dem Wort **no** können wir einen Satz verneinen. **No** steht immer vor dem Verb.
Erinnern Sie sich an die Dialoge von Lektion 1 und 2? Sehen Sie sich folgende Sätze an und kreuzen Sie an, ob diese Sätze richtig (**correcto**) oder falsch (**falso**) sind. Wenn Sie sich nicht sicher sind, können Sie sich die Dialoge im Begleitheft noch einmal durchlesen.

▸ § 24 Verneinung

		correcto	falso
1.	Chema no es mexicano.	X	
2.	La cocina del piso no es grande.		X
3.	El salón no es pequeño.	X	
4.	El cuarto de Rosita no tiene balcón.		X

Im Dialog fragt Chema Rosita: **¿<u>No</u> quieres tomar <u>nada</u>?** Das heißt wörtlich: *Möchtest du nicht nichts trinken?* Steht das Wort **nada** nach dem Verb, so ist im Spanischen eine solche doppelte Verneinung erforderlich.

Gut zu wissen:
Im Gegensatz zum Deutschen ist diese doppelte Verneinung im Spanischen weiterhin eine negative, keine positive Aussage.

16 (CD 1, TR. 25)

Verbinden Sie die Fragen links mit den passenden Antworten rechts. Hören Sie sich dann die drei Reaktionen auf der CD an und sprechen Sie sie nach. Die Übersetzung neuer Ausdrücke finden Sie im Wortschatzfeld rechts.

1. Tú eres española, ¿no? — b
2. ¿Quieres tomar algo? — c
3. Éste es tu cuarto, ¿verdad? — a

a. Sí. Hoy está un poco desordenado.
b. No, soy de México.
c. No, gracias. Estoy muy cansada.

soy de … – *ich bin aus …*
hoy – *heute*

Gut zu wissen:
In dem Satz **No, soy de México.** muss man nach **No** beim Schreiben ein Komma setzen und beim Sprechen eine Pause machen, ansonsten wird er verneint.
No soy de México bedeutet nämlich: *Ich bin nicht aus Mexiko.*

17 (CD 1, TR. 26)

Sie kennen schon die Zahlen von 0 bis 9. Machen wir also weiter. Hören Sie sich auf der CD die Zahlen von 10 bis 19 an. Achten Sie auf die Aussprache und sprechen Sie die Zahlen mehrere Male nach.

10	diez	14	catorce	17	diecisiete
11	once	15	quince	18	dieciocho
12	doce	16	dieciséis	19	diecinueve
13	trece				

▸ § 38 Zahlen

Sprachen in Spanien – Interkulturelles: Madrid

18

TR. 27

Gut zu wissen:
Im Gegensatz zu den anderen Sprachen Spaniens stammt das Baskische nicht aus dem Lateinischen, sondern ist eine vorrömische Sprache. Auf Baskisch heißt sie **euskera**.

Wie Sie sicher schon wissen, wird Spanisch in Lateinamerika und in Spanien gesprochen. Es gibt aber noch andere offizielle Amtssprachen in Spanien. Kennen Sie sie? Hören Sie sich auf der CD die Sprachen an und sprechen Sie sie nach. Schreiben Sie sie dann in die richtigen Kästchen auf der Landkarte.

gallego – vasco (euskera) – catalán – español

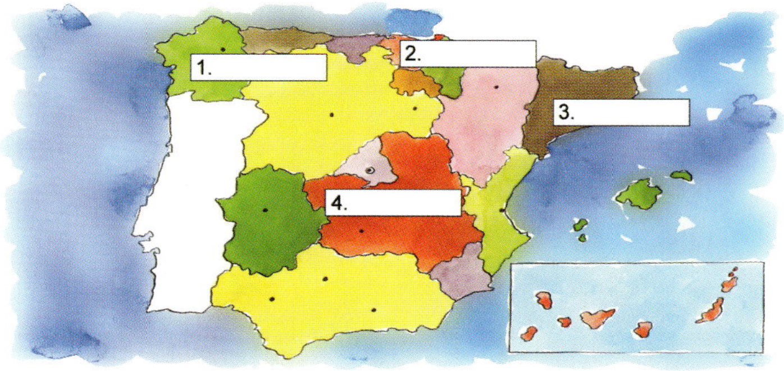

19

Madrid, die Hauptstadt Spaniens, hat über 3 Millionen Einwohner. Die Stadt zeichnet sich durch ein Klima mit heißen Sommern und relativ kalten Wintern aus.

Zu den Höhepunkten eines Besuchs zählen sicherlich die **Puerta del Sol**, das eigentliche Zentrum der Stadt, die **Plaza Mayor**, einer der bekanntesten und eindrucksvollsten Plätze Madrids, oder die großartigen Kunstmuseen **El Prado** und das **Museo de Arte Moderno Reina Sofía**. Weitere Sehenswürdigkeiten sind der **Parque del Retiro**, die wohl schönste Gartenanlage Madrids, in der man herrliche Spaziergänge oder auch eine Bootsfahrt auf einem See unternehmen kann. Eine völlig andere Sehenswürdigkeit von Madrid ist der riesige Flohmarkt, bekannt als **El Rastro**.

Madrid ist eine ausgesprochen lebendige Stadt, mit Cafés, Diskotheken und einem Nachtleben rund um die Uhr. Im Sommer gibt es nichts Schöneres, als auf einer der unzähligen, schönen Sommerterrassen etwas zu trinken.

Interkulturelles

1 TR. 28

Hier lernen Sie die Personen dieser Lektion kennen. Hören Sie sich auf der CD an, wie Rosita, Agustín und Noelia sich vorstellen. Sehen Sie sich dann die Übersetzungen unten an und ordnen Sie sie den entsprechenden spanischen Sätzen zu.

■ a. *Ich arbeite in einer internationalen Firma.* – ■ b. *Ich heiße Rosita und ich bin aus Mexiko.* – ■ c. *Ich studiere an der Universität.* – ■ d. *Ich bin Noelia, Agustíns Tochter.* – ■ e. *Ich arbeite in einem Museum in Madrid.* – ■ f. *Ich bin Leiter der Verkaufsabteilung.* – ■ g. *Ich heiße Agustín.*

2 TR. 29

Hören Sie nun, wie man sich im Spanischen verabschiedet, und sprechen Sie die Wendungen nach.

¡Adiós, buenas noches!	*Auf Wiedersehen, guten Abend/gute Nacht!*
¡Hasta pronto!	*Bis bald!*
¡Hasta mañana!	*Bis morgen!*
¡Hasta la próxima semana!	*Bis nächste Woche!*
¡Hasta luego!	*Bis später!/Tschüss!*

Rosita lernt ihre Nachbarn kennen

3 TR. 30

Gut zu wissen:
Es empfiehlt sich generell, beim Hören nicht gleich den Text mitzulesen, um den Klang und die Intonation der Fremdsprache besser wahrzunehmen.

Es sind schon zwei Tage vergangen, seitdem Rosita in Madrid angekommen ist. Sie geht gerade aus der Wohnung und trifft den Nachbarn Agustín Giménez und seine 19-jährige Tochter Noelia, die gerade nach Hause kommen.
Sehen Sie sich die Bilder an und hören Sie sich den Dialog mehrmals auf der CD an. Sie werden dabei feststellen, dass Sie ihn jedes Mal ein wenig besser verstehen.

4 TR. 30

Hören Sie sich den Dialog nochmals an und lesen Sie die unten stehenden Sätze. Wer sagt was? Schreiben Sie die entsprechenden Zahlen in die Kästchen. Wenn Sie sich nicht sicher sind, hören Sie sich den Dialog einfach noch einmal an. Lesen Sie dann die Übersetzungen unten.

1. 
2. 
3. 

- ■ a. Tengo una beca de investigación.
- ■ b. ¿De dónde eres?
- ■ c. Estoy muy contenta.
- ■ d. Administración de Empresas.
- ■ e. Muchas gracias, muy amable.
- ■ f. Usted es la nueva vecina, ¿verdad?
- ■ g. ¡Me encanta México!
- ■ h. Adiós, ¡igualmente!
- ■ i. Me gusta mucho.
- ■ j. Y usted, ¿cómo se llama?

Gut zu wissen:
Studienfächer schreibt man immer groß, z. B. **Administración de Empresas.**

Y usted, ¿cómo se llama? – *Und Sie? Wie heißen Sie?*
Tengo una beca de investigación. – *Ich habe ein Forschungsstipendium.*
Estoy muy contenta. – *Ich bin sehr zufrieden.*
Muchas gracias, muy amable. – *Vielen Dank, sehr freundlich.*
Usted es la nueva vecina, ¿verdad? – *Sie sind die neue Nachbarin, nicht wahr?*
¡Me encanta México! – *Ich liebe Mexiko!*
Administración de Empresas – *Betriebswirtschaft*
¿De dónde eres? – *Woher kommst du?*
Adiós, igualmente. – *Ebenso. Auf Wiedersehen!*
Me gusta mucho. – *Es gefällt mir sehr.*

5

1 TR. 31

Hören Sie sich einige der Sätze aus dem Dialog an und sprechen Sie sie jeweils nach. Sehen Sie sich dann die Übersetzungen an.

1. Me llamo Rosita Yáñez.	a. *Ich heiße Rosita Yáñez.*
2. ¡Bienvenida!	b. *Willkommen!*
3. Muchas gracias, muy amable.	c. *Vielen Dank, sehr freundlich.*
4. Es mi hija.	d. *Sie ist meine Tochter.*
5. Por supuesto.	e. *Selbstverständlich.*
6. Me gusta mucho.	f. *Es gefällt mir sehr.*
7. Soy mexicana, de la capital.	g. *Ich bin Mexikanerin, aus der Hauptstadt.*
8. ¡Es un país fantástico!	h. *Es ist ein tolles Land!*
9. Y tú, Noelia, ¿qué haces?	i. *Und du Noelia, was machst du?*
10. Encantado de conocerte.	j. *Nett, dich kennen zu lernen.*

6

1 TR. 30

Hören Sie sich den Dialog noch einmal an und lesen Sie ihn jetzt im Begleitheft mit. Er enthält viele Wörter und Ausdrücke, die Sie mittlerweile kennen, wie z. B. **¡Buenas tardes!** Unterstreichen Sie die bekannten Stellen. Sehen Sie sich danach die noch unbekannten Ausdrücke und Wörter an. Können Sie ihre Bedeutung vielleicht erraten? Versuchen Sie es einfach! Ihre Vermutungen können Sie dann mit der Übersetzung des Dialogs im Begleitheft vergleichen.

Lassen Sie sich nicht irritieren, wenn Sie in einem Text auf viele neue Wörter stoßen. Versuchen Sie, über Ähnlichkeiten mit Ihrer eigenen Muttersprache oder einer anderen Ihnen bekannten Sprache die Bedeutung zu erraten. Viele Wörter lassen Sie auch aus dem Zusammenhang erschließen. Lassen Sie sich nicht entmutigen, wenn Sie nicht gleich alle Wörter verstehen, sondern achten Sie lieber darauf, was Sie schon alles können.

Reflexive Verben – Indirekte Pronomen

7

1 TR. 32

▶ § 22 Reflexive Verben

Reflexive Verben sind Verben, die immer von einem reflexiven Pronomen *(mich, dich, sich, ...)* begleitet werden. Das Verb **llamar<u>se</u>** *(heißen*, wörtlich: *sich nennen)*, ist hierfür ein Beispiel.
Hören Sie sich auf der CD folgende Sätze an und setzen Sie die Verbformen in die richtigen Lücken ein.

os llamáis – te llamas – me llamo – nos llamamos – se llama

1. Yo ______________ Rosita. Y tú, ¿cómo ______________?
2. ¿Cómo ______________ ella?
3. Nosotros ______________ Giménez. Y vosotros, ¿cómo ______________?

Achten Sie auf die Position des Pronomens: Es steht direkt vor dem konjugierten Verb (im Infinitiv wird es jedoch angehängt: **llamarse**).
Sehen Sie sich nun alle Verbformen von **llamarse** an.

(yo) **me llamo**	(nosotros / nosotras) **nos llamamos**
(tú) **te llamas**	(vosotros / vosotras) **os llamáis**
(él / ella / usted) **se llama**	(ellos / ellas / ustedes) **se llaman**

Beantworten Sie nun diese Frage: **Y usted, ¿cómo se llama?**

8

▶ § 27 Indirekte Pronomen

Noelia findet Rositas Akzent schön und sagt deshalb: **Me gusta mucho.**
Agustín ist ganz begeistert von Mexiko: **¡Me encanta México!**
me gusta sagt man, wenn einem etwas / jemand gefällt; **me encanta** sagt man, wenn man von etwas begeistert ist, also wenn einem etwas sehr gut gefällt. Diese Formen benötigen ein indirektes Pronomen:

¿<u>Te</u> gusta el piso, Rosita? – Sí, <u>me</u> gusta mucho.
Gefällt <u>dir</u> die Wohnung, Rosita? – Ja, sie gefällt <u>mir</u> sehr.

Sehen Sie sich jetzt die anderen indirekten Pronomen an.

1. ¿**Le** gusta la sangría?	a. *Schmeckt **ihr / ihm / Ihnen** Sangría?*
2. **Nos** encanta la paella.	b. ***Uns** schmeckt Paella sehr.*
3. ¿**Os** gusta Madrid?	c. *Gefällt **euch** Madrid?*
4. ¿**Les** gusta bailar?	d. *Tanzen **Sie** gern? / Tanzen **sie** gern?*

(Wörtlich heißt der letzte Satz: *Gefällt es **Ihnen** zu tanzen?*, d. h. mehrere Personen werden dabei angesprochen, bzw. *Gefällt es **ihnen** zu tanzen?*, d. h. man spricht über andere Personen.)

Gut zu wissen:
Beachten Sie den Artikel: **Me gusta el café.** *(Ich mag Kaffee.)*

Gut zu wissen:
le gusta kann bedeuten: *ihr gefällt / ihm gefällt / Ihnen gefällt* (höfliche Anrede im Singular)

9

Die Ausdrücke **me gusta** oder **me encanta** beziehen sich auf Sachen oder Aktivitäten. Wenn das, was einem gefällt, im Plural steht, muss auch das Verb im Plural stehen: **Me gustan / encantan los restaurantes españoles.** Vervollständigen Sie folgende Sätze mit **gustar** oder **encantar**.

1. Me ________________ los museos.
2. ¿Os ________________ la paella?
3. Me ________________ mucho trabajar en el museo.
4. ¿Les ________________ las habitaciones, señores?

◀ **la habitación** – *Zimmer*

10 (CD 1, TR. 33)

Sie kennen aus der letzten Lektion schon Verben auf **-ar**, wie z. B. **cenar**. Als Chema Rosita das Wohnzimmer zeigt, sagt er: **Y éste es el salón. Aquí comemos y cenamos.** Das Verb **comer** gehört zu einer anderen Gruppe, und zwar zu den Verben auf **-er**.
Versuchen Sie, in Anlehnung an die Konjugation von **cenar** (siehe Konjugationsbox rechts) die Formen von **comer** zu erraten. Schreiben Sie die Endungen in die Tabelle rechts und vergleichen Sie dann Ihre Ergebnisse mit den Formen auf der CD.
Einige Verben sind nur in der ersten Person Singular unregelmäßig:

hacer *(machen, tun)*: **yo hago** | **conocer** *(kennen)*: **yo conozco**
ver *(sehen)*: **yo veo** | **saber** *(wissen)*: **yo sé**

▶ § 13 Regelmäßige Verben

cenar	
cen-o	cen-amos
cen-as	cen-áis
cen-a	cen-an

comer	
com-___	com-___
com-___	com-___
com-___	com-___

11 (CD 1, TR. 34)

Hören und sehen Sie sich folgende Sätze an und markieren Sie die Formen des Verbs **tener**, die <u>anders</u> als in **comer** gebildet werden.

1. Tengo una beca de investigación.
2. Tienes un acento precioso.
3. El piso tiene dos baños.
4. ¿Tenéis terraza en el piso? – No, pero tenemos balcón.
5. Los Giménez tienen en casa un horno microondas.

Schreiben Sie nun alle Formen von **tener** in die Konjugationsbox rechts.

Gut zu wissen:
Bitte beachten Sie: **Tengo 10 años.** – *Ich bin 10 Jahre alt.*

tener	
________	________
________	________
________	________

12

Vervollständigen Sie die Sätze mit den richtigen Verbformen.

1. ¿Cómo *(llamarse)* ______________ ustedes?
2. Yo *(comer)* _________ en la cocina; Ana *(comer)* ________ en el salón.
3. ¿Vosotras *(trabajar)* ___________ o *(estudiar)* ____________ en la universidad?
4. Yo *(estar)* __________ muy cansado, ¿y tú?
5. Nosotros no *(tener)* ______________ horno microondas en la cocina.
6. Rosita *(tener)* __________ una beca de investigación.
7. Tú *(llamarse)* ___________ Noelia y *(ser)* ________ de Madrid, ¿verdad?
8. Nosotros no *(beber)* ___________ cerveza. – Y vosotros, ¿*(beber)* __________ cerveza?

beber – *trinken*

13

1 TR. 35

§ 19 ser / estar

Setzen Sie die Formen der Verben **ser** und **estar** in die Lücken ein und überprüfen Sie Ihre Lösungen mit Hilfe der CD. Was ist der Unterschied zwischen **ser** und **estar**? Überlegen Sie sich anhand der Beispiele eine Regel. Vergleichen Sie sie mit der Erklärung unten.

somos – estoy – está – es

1. ________ muy contenta en Madrid.
2. México ________ un país fantástico.
3. La habitación ________ desordenada.
4. Nosotros _________ médicos.

el médico – *Arzt*

Das Verb **ser** wird für folgende Angaben verwendet:

- Namen (**Soy Chema.**)
- Nationalität (**¿Eres mexicana?**)
- Beruf (**Soy jefe de ventas.**)
- Eigenschaften (**Noelia es muy inteligente.**)

Im Gegensatz dazu drückt das Verb **estar** einen (vorübergehenden) Zustand aus: **Estoy cansada.**

14

Nationalitätsadjektive, die auf **-o** enden, erhalten für die weibliche Form die Endung **-a**: **mexicano – mexicana**
Nationalitätsadjektive, die mit einem Konsonanten enden, bilden das weibliche Adjektiv durch Anhängen von **-a**: **español – española**
Nationalitätsadjektive, die auf **-e** enden, bleiben unverändert:
estadounidense *(US-Amerikaner/in; US-amerikanisch)*
Der Plural wird wie bei den Substantiven gebildet.

§ 7 Nationalitäts-adjektive

1 TR. 36

Welche Nationalität haben diese Personen? Hören Sie sich auf der CD die Nationalitätsadjektive an und vervollständigen Sie die Sätze mit den richtigen Formen. Achten Sie auf Geschlecht und Zahl.

1. Claudine y Isabelle son de París, Francia. Son ________________.
2. Hans y Anja son de Berna, Suiza. Son ________________.
3. Marisa y Cecilia son de Santiago, Chile. Son ________________.
4. Jane y Charles son de Londres, Inglaterra. Son ________________.
5. Ana es de Lisboa, Portugal. Es ________________.
6. Rita y Julia son de Ottawa, Canadá. Son ________________.
7. La señora Ylva es de Estocolmo, Suecia. Es ________________.
8. Jean y Claire son de Bruselas, Bélgica. Son ________________.

Gut zu wissen:
Einige Berufsbezeichnungen haben eine männliche und eine weibliche Form (**el médico – la médica**) *(Arzt – Ärztin)*, andere nur eine Form für beide Geschlechter: **el/la estudiante** *(Student/in)*.

15 1 TR. 37

Sehen Sie sich die Bilder an und schreiben Sie die Berufsbezeichnungen unter die entsprechenden Bilder. Überprüfen Sie dann Ihre Lösungen mit Hilfe der CD.

profesora – arquitecta – taxista – fotógrafo – secretaria – ingeniero

1.

____

2.

____

3.

____

4.

____

5.

____

6.

____

Rollenspiel: Jemanden kennen lernen – Interkulturelles: Mexiko Stadt

16

1 TR. 38

Zwei Nachbarn - Felipe Iriarte und Antonio Ramos - treffen sich im Treppenhaus zum ersten Mal. Hören Sie sich den Dialog auf der CD an und achten Sie vor allem darauf, was Antonio Ramos sagt.
Übernehmen Sie nun die Rolle von Antonio Ramos und vervollständigen Sie den Dialog mit Ihren eigenen Angaben.

Felipe Iriarte: ¡Hola, buenos días!

Sie erwidern den Gruß: ______________________________

Felipe Iriarte: Yo soy el nuevo vecino. Me llamo Felipe Iriarte.

Sie stellen sich auch vor: ______________________________

Felipe Iriarte: ¿Es usted de Madrid?

Sie sagen, woher Sie sind: ______________________________

Felipe Iriarte: Ah, ¡qué interesante! ¿Y qué hace usted aquí?

Sie erzählen, was Sie beruflich machen, und fragen, was er macht:

____

Felipe Iriarte: Yo soy economista y trabajo en un banco. Bueno, pues, mucho gusto.

Sie verabschieden sich: ______________________________

Felipe Iriarte: Hasta pronto.

Interkulturelles

17

Mexiko Stadt (**México D. F.**) ist eine Hauptstadt von wahrhaft gigantischen Ausmaßen. Zwischen 20 und 28 Mio. Einwohner, je nach Schätzung, leben und überleben hier - das ist ein Viertel der mexikanischen Bevölkerung! Die Stadt wurde von den Azteken auf 2240 Metern Höhe unter dem Namen **Tenochtitlán** gegründet.
Der **Zócalo** ist der Hauptplatz im Zentrum; um ihn herum finden Sie die wichtigsten Sehenswürdigkeiten, wie die Kathedrale (16. Jh.), die aztekischen Ausgrabungen, das Einkaufs- und Vergnügungsviertel **Zona Rosa**, die Prachtstraße **Paseo de la Reforma** und den Stadtpark **Bosque de Chapultepec**. Weiter im Süden liegt die Universität mit ihrer sehenswerten Bibliothek.
Etwa 30 km nördlich der Hauptstadt befindet sich die spektakuläre aztekische Pyramidenstadt **Teotihuacán**.

1 TR. 39

Hier sehen Sie die ganze Familie Giménez. Hören Sie sich auf der CD an, wie sich jedes Familienmitglied vorstellt, und sprechen Sie die Sätze nach.

> **Gut zu wissen:**
> Für **madre** und **padre** gibt es auch **mamá** und **papá** – mit Akzent!
> In Lateinamerika sagt man auch **esposo / esposa** für *Ehemann/ -frau.*

¡Hola! Yo soy la hermana de Nacho. Agustín y Charo son mis padres.

¡Hola! Yo soy el marido de Charo y el padre de Noelia y Nacho.

¡Buenas tardes! Yo soy la mujer de Agustín y la madre de Noelia y Nacho.

¡Hola! Yo soy el hijo de Agustín y Charo. Vivo en Inglaterra.

¡Buenas tardes! Yo soy la madre de Agustín y la abuela de Nacho y Noelia.

la abuela – *die Großmutter*	**el padre** – *der Vater*
la hermana – *die Schwester*	**los padres** – *die Eltern*
el hijo – *der Sohn*	**vivo (vivir)** – *ich lebe (leben)*
la madre – *die Mutter*	**Inglaterra** – *England*

2 TR. 40

Lesen Sie diese Wörter und überlegen Sie, welcher Artikel (**el**, **la**, **los**, **las**) dazu passt. Schreiben Sie die Artikel dazu und überprüfen Sie Ihre Lösungen mit Hilfe der CD.

____ agenda

____ móvil

____ monedero

____ llaves

____ gafas

____ bolígrafo

Charo sucht ihren Geldbeutel

3 TR. 41

In der Wohnung von Familie Giménez, den Nachbarn von Rosita, Chema und Jordi, herrscht Aufregung. Charo Giménez, die Mutter, sucht verzweifelt nach ihrem Geldbeutel.
Hören Sie sich den Dialog auf der CD an. Die Bilder helfen Ihnen beim Verstehen.

4 TR. 42

Hören Sie sich auf der CD folgende Ausdrücke aus dem Dialog an und lesen Sie mit. Hören Sie sich die Sätze noch einmal an und sprechen Sie sie nach. Sehen Sie sich dann die Übersetzungen an.

1. ¿Dónde está mi bolso?
a. *Wo ist meine Tasche?*

2. Aquí está.
b. *Hier liegt sie.*

3. ¡Ya lo tengo!
c. *Ich hab sie schon!*

4. No lo veo.
d. *Ich sehe ihn nicht.*

5. ¿Sabes dónde está?
e. *Weißt du, wo es ist?*

6. Quizá lo sabe la abuela.
f. *Vielleicht weiß es Oma.*

7. ¡Falta dinero!
g. *Es fehlt Geld!*

8. ¡En esta casa hay un ladrón!
h. *In diesem Haus gibt es einen Dieb!*

9. ¡Tranquila, mamá!
i. *Beruhige dich mal, Mama!*

5

1 TR. 41

Hören Sie sich den gesamten Dialog nochmals aufmerksam auf der CD an. Lesen Sie die Fragen zum Dialog und kreuzen Sie die richtigen Antworten an. Nur eine Antwort ist richtig!
Die Übersetzung neuer Vokabeln finden Sie im Wortschatzfeld rechts.

1. ¿Dónde está el bolso de Charo?
   - a. ■ en el salón
   - b. ■ en el cuarto
   - c. ■ en la cocina

2. ¿Qué hay en el bolso?
   - a. ■ un móvil
   - b. ■ un monedero
   - c. ■ un bolígrafo

3. En el piso viven …
   - a. ■ Charo y Noelia.
   - b. ■ Noelia y los padres.
   - c. ■ los padres, la hija y la abuela.

4. ¿Dónde está la abuela?
   - a. ■ en su cuarto
   - b. ■ en el parque
   - c. ■ en la cocina

5. ¿Cuánto dinero falta?
   - a. ■ más de 40 (cuarenta) euros
   - b. ■ 14 (catorce) euros
   - c. ■ 4 (cuatro) euros

¿cuánto? – *wie viel?*
el dinero – *Geld*
falta (faltar) – *fehlt*
hay – *es gibt*
el parque – *Park, Stadtgarten*

6

1 TR. 41

Hören Sie sich den Dialog nochmals auf der CD an und lesen Sie den Text im Begleitheft mit.
Können Sie aus dem Dialog erschließen, wie man auf Spanisch „ich weiß es nicht" sagt? Schreiben Sie den Satz in die Sprechblase.

Wenn Sie möchten, können Sie sich nun die Übersetzung des gesamten Dialogs im Begleitheft ansehen.

Regelmäßige Verben auf -ir – Demonstrativa

7

▶ § 13 Regelmäßige Verben

Sie kennen schon die Verben auf **-ar** und **-er**. Im Spanischen gibt es noch eine dritte Konjugation auf **-ir**, z. B. **vivir**. Die Formen der Verben auf **-er** und **-ir** sind gleich, außer den Formen für **nosotros /-as** und **vosotros /-as**.
Die hier fehlenden Formen des Verbs **vivir** sind identisch mit den Formen der Verben auf **-er** (wie **comer**). Hören Sie sich die Sätze auf der CD an und ergänzen Sie die fehlenden Formen.

1 TR. 43

1. Yo ________ en Barcelona y tú, ¿dónde ________ ?
2. La familia Giménez ________ en Madrid.
3. Vosotros vivís en Argentina, ¿verdad? – Sí, vivimos en la capital.
4. Rosita, Chema y Jordi ________ en el mismo piso.

vivir	
viv-_____	viv-_____
viv-_____	viv-_____
viv-_____	viv-_____

Schreiben Sie zum Schluss alle Endungen von **vivir** in die Konjugationsbox links.

8

1 TR. 44

Schreiben Sie alle Formen der Verben **trabajar**, **comer** und **vivir** auf. Wenn Sie Hilfe brauchen, können Sie sich alle Verbformen auf der CD anhören.

9

▶ § 33 Demonstrativa

Die Formen **este / esta / estos / esta**s *(diese/r)* bezeichnen bestimmte Gegenstände oder Personen, die in der unmittelbaren Nähe des Sprechers sind. Sie können allein oder in Verbindung mit einem Substantiv stehen, mit dem sie in Geschlecht und Zahl übereinstimmen.
Sehen Sie sich folgende Sätze an und wählen Sie jeweils die richtige Form aus und schreiben Sie diese in die Lücke.

el árbol – *Baum*

1. En _______ casa hay un ladrón. *(este/estas/esta)*
2. _______ balcones son muy grandes. *(esta/estos/estas)*
3. En _______ parque hay muchos árboles. *(este/estos/esta)*
4. _______ llaves son de Chema, ¿no? *(estos/estas/esta)*

Die Form **esto** bezieht sich auf etwas, das nicht konkret genannt wird, und steht immer allein: **¿Qué es esto? – Es un bolso.**

10

hay ist die unpersönliche Form von **haber** *(haben)* und ist unveränderlich; **hay** bedeutet *es gibt* und meint keine bestimmte Sache bzw. Person. Deshalb steht nach **hay** der unbestimmte Artikel: **¡En esta casa hay un ladrón!** **estar** bezieht sich dagegen auf bestimmte Sachen bzw. Personen. Daher folgt nach **estar** das Substantiv mit bestimmtem Artikel: **¿Dónde está la abuela?**

▸ § 20 **hay / está** bzw. **están**

Wie Sie vielleicht noch wissen, hat Noelia einen Bruder, Nacho, der in England lebt. Hier erzählt er etwas über sich, aber die richtigen Formen von **ser**, **estar** und **hay** fehlen. Vervollständigen Sie bitte den Text.

¡Hola! Me llamo Nacho y ___________ el hijo de Agustín y Charo. Ahora ___________ en Londres, donde estudio inglés. _________ una ciudad fascinante. ___________ muchos museos, tiendas y … “pubs”. Vivo en un piso compartido con dos chicos, Carlos y Mauricio. ____________ venezolanos y muy simpáticos. Uno ___________ estudiante de Medicina y el otro trabaja de camarero. La verdad es que ___________ muy contento aquí.

fascinante – *faszinierend*
la tienda – *Laden, Geschäft*
simpático / a – *sympathisch*
la medicina – *Medizin*

11

Hier sehen Sie die spanischen Possessiva:

▸ § 34 Possessiva

mi bolso y mi agenda	**nuestro bolso y nuestra agenda**
tu abuelo y tu abuela	**vuestro abuelo y vuestra abuela**
su hijo y su hija	**su hijo y su hija**

Nur die Formen **nuestro / a** und **vuestro / a** richten sich im Geschlecht nach dem bezeichneten Objekt. Um den Plural zu bilden, hängt man ein **-s** an: **mis bolsos / nuestras abuelas**

Gut zu wissen:
Die Form **su** kann bedeuten: *sein / e, ihr / e (von ihr / von ihnen)* oder *Ihr / e*.

Vervollständigen Sie die Sätze mit den richtigen Possessiva.

1. *(sein)* ___________ abuelo es cubano.
2. ¿Cómo se llama *(eure)* ___________ hija?
3. Señores, ¿dónde está *(Ihr)* ___________ jefe?
4. *(unser)* ___________ piso es muy grande.

Direkte und indirekte Pronomen

12

▸ § 26 Direkte Pronomen

Als Charo im Dialog nach ihrem Geldbeutel sucht, sagt sie: **¿Y mi monedero? No lo veo. Lo** ist ein direktes Pronomen. Es bezieht sich auf etwas, das gerade erwähnt wurde (hier bezieht sich **lo** auf **el monedero**).
Lo kann auch für einen ganzen Satz stehen:
¿Sabes dónde está mi monedero? – No, no lo sé, mamá.

Lernen Sie nun die anderen direkten Pronomen kennen. Hören sie sich folgende Sätze an und setzen Sie die direkten Pronomen ein.

1 TR. 45

las – la – los

1. ¿Dónde está la abuela? No _____ veo.
2. No veo las gafas. ¿_____ tienes tú?
3. Yo no tengo los 40 euros. _____ tiene la abuela.

Anhand dieser Sätze können Sie Folgendes feststellen:
- Die direkten Pronomen stimmen in Geschlecht und Zahl mit dem zuvor erwähnten direkten Objekt überein.
- Die direkten Pronomen stehen immer unmittelbar vor dem Verb.

13

In diesen Sätzen fehlen die direkten oder indirekten Pronomen. Setzen Sie das jeweils passende Pronomen ein.

nos – te – lo – les – se – las – os – me

la cosa – *Sache*
sino – *sondern*
perdón – *Verzeihung, Entschuldigung*

1. Yo soy Chema. Y tú, ¿cómo _____ llamas?
2. ¿Tienes tú las cosas? Yo no _____ tengo.
3. ¿ _____ gustan estas habitaciones, señores?
4. No _____ llamo María, sino Marisa.
5. A nosotros _____ encanta bailar.
6. ¿_____ gusta nuestro piso?
7. ¿Dónde está el bolso? No _____ veo.
8. Perdón, señora, ¿cómo _____ llama usted?

14 TR. 46

Hören Sie sich auf der CD einige Sätze an, die Formen von **saber** *(wissen)* enthalten. Finden Sie diese Formen in den Buchstabenschlangen und markieren Sie sie.

1. denesabesanmiro
2. nedórbseroséleita
3. berosazsabemadase
4. sesabemosrsabéises
5. serossabenenanzaom

Sie können nun die Transkriptionen der Sätze im Begleitheft nachlesen, um die Formen zu überprüfen. Die erste Person Singular ist die einzige unregelmäßige Form des Verbs **saber**. Schreiben Sie zum Schluss alle Formen von **saber** in die Konjugationsbox rechts.

saber	
________	________
________	________
________	________

15 TR. 47

Hören Sie sich auf der CD an, wie Rosita ihre Familie vorstellt, und lesen Sie mit. Einige der Verwandtschaftsbezeichnungen kennen Sie schon. Können Sie die anderen mit Hilfe des Stammbaums erraten? Ordnen Sie den unterstrichenen Verwandtschaftsbezeichnungen die richtigen deutschen Übersetzungen zu.

1. Mis padres tienen tres hijos y tres <u>nietos</u>.
2. Lourdes es la <u>madre</u> de Luis Miguel.
3. Marta es la <u>esposa</u> de Francisco y madre de Elena y Silvia.
4. Yo soy la <u>tía</u> de Luis Miguel, Elena y Silvia.
5. César es el <u>tío</u> de Elena y Silvia.
6. Francisco es mi <u>cuñado</u>.
7. Elena y Silvia son mis <u>sobrinas</u>.
8. Luis Miguel es mi <u>sobrino</u>.
9. César es mi <u>hermano</u>.
10. Luis es el <u>primo</u> de Elena y Silvia.

■ Nichten – ■ Mutter – ■ Onkel – ■ Enkel – ■ Schwager – ■ Cousin – ■ Ehefrau – ■ Tante – ■ Neffe – ■ Bruder

Zahlen von 20 bis 50 – Spiel: Bingo – Interkulturelles: Spanische Namen

§ 38 Zahlen

Gut zu wissen:
Von 30 aufwärts erscheinen die Zehner und die Einer als zwei Wörter: **treinta y uno**.

16
1 TR. 48

Nun lernen Sie die Zahlen von 20 bis 50. Hören Sie sich auf der CD die Zahlen an und sprechen Sie sie nach.

20	veinte	23	veintitrés	45	cuarenta y cinco
21	veintiuno	31	treinta y uno	50	cincuenta
22	veintidós	34	treinta y cuatro		

17
1 TR. 49

Möchten Sie Bingo spielen? Die CD diktiert Ihnen die Zahlen. Sobald Sie eine Zahl hören, die auf einer Ihrer Bingokärtchen steht, kreuzen Sie sie an. Wenn Sie vier Zahlen in einer Reihe haben (waagrecht, senkrecht oder diagonal), haben Sie **¡Bingo!** Aber nicht mogeln! Überprüfen Sie in der Transkription im Begleitheft, ob Sie wirklich die richtigen Zahlen gehört haben.

25	5	13	48
38	9	30	42
11	36	44	20
41	18	6	10

30	8	35	42
41	2	1	39
22	4	25	32
36	10	47	38

17	49	24	2
4	12	28	33
1	20	5	36
7	21	13	14

Interkulturelles

18

Im Spanischen hat man immer einen Doppelnachnamen: z. B. **Eduardo López García**. Hier entspricht der erste Nachname (**López**) normalerweise dem ersten Nachnamen des Vaters und der zweite (**García**) dem ersten Nachnamen der Mutter. Häufig benutzt man jedoch nur den ersten Nachnamen, wie unsere Person in dieser Lektion, Agustín Giménez.
Doppelvornamen sind auch sehr typisch, z. B. bei traditionellen Namen mit **María** oder **José**. Daher sind Kurzformen von Vornamen in der Umgangssprache sehr häufig:
María Teresa ▸ **Maite**, **José María** ▸ **Chema**
Dies geschieht auch mit einzelnen Vornamen z. B:
Weibliche Namen: **Dolores** ▸ **Lola**, **Josefa** ▸ **Pepa**, **Mercedes** ▸ **Merche**, **Rosario** ▸ **Charo**
Männliche Namen: **Francisco** ▸ **Paco**, **Ignacio** ▸ **Nacho**, **Javier** ▸ **Javi**, **Rafael** ▸ **Rafa**

1 TR. 50

Was würden Sie in den folgenden Situationen sagen? Verbinden Sie die spanischen Sätze mit den passenden Situationen. Hören Sie sich dann die Sätze auf der CD an und sprechen Sie diese nach.

1. Creo que es muy inteligente.
2. ¿Qué significa "empresa"?
3. Me gusta mucho bailar.
4. Mucho gusto.
5. No lo sé.
6. ¡Adiós, buenas noches!
7. ¡De nada!
8. Quizás está en el bolso.

a. *Es wird Ihnen jemand vorgestellt.*
b. *Sie drücken Unwissen über etwas aus.*
c. *Sie reagieren auf ein Dankeschön.*
d. *Sie drücken Ihre Meinung aus.*
e. *Sie fragen, was ein Wort bedeutet.*
f. *Sie sagen, was Sie gerne tun.*
g. *Sie drücken Ihre Vermutung aus.*
h. *Sie verabschieden sich am Abend.*

2

Lesen Sie die Fragen und die jeweiligen Antworten und kreuzen Sie dann die Antwort an, die nicht passt.

1. ¿Qué tal el viaje?
a. ☐ Un poco largo.
b. ☐ Fantástico.
c. ☐ Sí, es verdad.

2. ¿Estás cansada?
a. ☐ Estoy en mi cuarto.
b. ☐ Sí, mucho.
c. ☐ Sí, necesito una siesta.

3. ¿Tu piso tiene terraza?
a. ☐ No, pero balcón sí.
b. ☐ En el baño y en el pasillo.
c. ☐ Sí, pero es muy pequeña.

4. ¿Qué hace tu padre?
a. ☐ Trabaja en una oficina.
b. ☐ Es profesor.
c. ☐ Mi madre no trabaja.

5. ¿Tienes hijos?
a. ☐ Mi madre sí.
b. ☐ No, no tengo hijos.
c. ☐ Sí, un hijo, se llama Óscar.

6. ¿Sabes dónde están los chicos?
a. ☐ Creo que en el parque.
b. ☐ No lo sé.
c. ☐ Son muy simpáticos.

3 TR. 51

Hören Sie sich auf der CD die Frage an und kreuzen Sie die richtige Antwort an.

1. ☐ No, no lo sé. 2. ☐ No, no lo sabemos. 3. ☐ No, no lo sabe.

Richtig reagieren

4

Verbinden Sie die Sätze links mit den passenden Sätzen rechts.

1. Encantado de conocerte.
2. Oye, somos vecinos … nos podemos tratar de tú, ¿no?
3. ¿No quieres tomar nada?
4. Si necesitas algo, ya sabes dónde vivimos.

a. No, gracias.
b. Igualmente, y ¡adiós!
c. Gracias, muy amable.
d. ¡Por supuesto!

5 TR. 52

Hören Sie sich auf der CD vier Fragen an. Ordnen Sie dann die Antworten den passenden Fragen zu. Hören Sie sich die Fragen ruhig mehrmals an.

Frage 1
Frage 2
Frage 3
Frage 4

a. En Roma.
b. Soy de la capital.
c. Es fotógrafo.
d. Juanjo, ¿y tú?

6

Lesen Sie folgende Fragen bzw. Sätze und wählen Sie jeweils die passende Reaktion aus.

1. ¿Os gusta mi casa?
a. ■ Está cansada.
b. ■ Es la cocina.
c. ■ ¡Es preciosa!

2. ¡Muchas gracias!
a. ■ ¡Por supuesto!
b. ■ ¡De nada!
c. ■ ¡Encantada!

7

Lesen Sie die Fragen und beantworten Sie diese für sich selbst.

		sí	no
1.	¿Habla usted inglés?		
2.	¿Es ingeniero/a?		
3.	¿Trabaja en una empresa?		
4.	¿Vive en una ciudad?		
5.	¿Tiene hermanos?		
6.	¿Le gusta el flamenco?		
7.	¿Conoce Madrid?		
8.	¿Sabe dónde está Salamanca?		

8

Erinnern Sie sich noch an die Pluralformen der Artikel sowie an die Pluralbildung von Substantiven und Adjektiven? Wenn nicht, können Sie Ihre Kenntnisse in der Grammatik auffrischen.

▸ § 4 Artikel
▸ § 5 Substantive
▸ § 6 Adjektiv

Sehen Sie sich die folgenden Sätze an und bilden Sie den Plural.

1. La amiga de Ana es una chica muy simpática.
2. El amigo de Antonio es un chico muy inteligente.

9

Vervollständigen Sie die Sätze mit dem in Klammern angegebenen Adjektiv.

1. El piso tiene unas habitaciones muy *(groß)* ______________ .
2. Estos sofás son *(schön)* ______________ , ¿verdad?
3. México es un país muy *(interessant)* ______________ .

10

Erinnern Sie sich an den Unterschied zwischen **ser** und **estar**?
Ser verwendet man zur Angabe des Namens, der Identität, der Herkunft, der Nationalität und charakteristischer Eigenschaften von Personen und Dingen (Beschreibung).
Estar wird bei Ortsangaben im Sinne von „sich befinden" verwendet, um Zustände und vorübergehende Eigenschaften auszudrücken.
Setzen Sie nun die passenden Verben in die Lücken ein.

▸ § 19 **ser / estar**

estamos – somos – soy – están – eres – son – es – está

1. Yo trabajo en Madrid. ___________ arquitecta.
2. El móvil ___________ encima del sofá.
3. Ésta ___________ mi hermana Carmen.
4. Chema y yo ___________ muy contentos con nuestro trabajo.
5. ¡Qué simpáticos ___________ tus amigos!
6. Nosotros ___________ de Sevilla, ¿y vosotros?
7. ¿Dónde ___________ tus padres?
8. ¿De dónde ___________ , Ana?

ser, estar, hay – *Verben im Präsens*

11

§ 20 **hay / está** bzw. **están**

Setzen Sie die passenden Verben in die Lücken.

1. La agenda __________ en mi oficina.
2. En este parque __________ árboles enormes.
3. ¿ __________ tus primas en casa?
4. En el salón __________ tres sillones muy bonitos.

hay
está
hay
están

Die Formen **está / están** werden benutzt, wenn man von einer bestimmten Sache oder Person spricht. Sie kommen zum Beispiel zusammen mit dem bestimmten Artikel vor.
Die Form **hay** wird benutzt, wenn keine bestimmte Sache oder Person gemeint wird. **Hay** wird mit dem unbestimmten Artikel, bei Wörtern im Plural ohne Artikel oder mit Zahlwörtern verwendet.

12

ser, **estar** oder **hay**? Wählen Sie jeweils das richtige Verb aus.

1. La oficina ________ muy desordenada. *(hay/está/es)*
2. En el piso ________ dos baños. *(están/son/hay)*
3. El sofá ________ pequeño, pero bonito. *(es/hay/está)*

13

§ 13 Regelmäßige Verben

§ 14 Unregelmäßige Verben

Vervollständigen Sie folgende Sätze mit den in Klammern angegebenen Verben und schreiben Sie die richtigen Verbformen in die Lücken. Wenn Sie Hilfe zu den Verbformen benötigen, sehen Sie in der Grammatik nach.

1. Mis abuelos *(vivir)* ______________ en la capital.
2. Oye, y tú, ¿cómo *(llamarse)* ______________ ?
3. Mira, éstos *(ser)* ______________ mis amigos.
4. ¿Vosotros *(saber)* ______________ de dónde es ella?
5. Yo *(tener)* ______________ treinta y dos años, ¿y tú?
6. Nosotros siempre *(comer)* ______________ en la cocina.
7. Mi padre *(trabajar)* ______________ en un banco.
8. ¡Me *(encantar)* ______________ los viajes!

14

Schreiben Sie die unten aufgeführten Wörter in die entsprechende Spalte der Tabelle. Am Ende sollte jede Kategorie vier Wörter enthalten.

En el piso	En la empresa	En el bolso

llaves – dormitorio – ingeniero – agenda – departamento – sillón -armario – jefe – pasillo – gafas – secretaria – móvil

15

Finden Sie im Buchstabengitter die Wörter, die zu diesen Bildern passen (waagrecht / senkrecht / diagonal). Viel Spaß beim Suchen!

1.

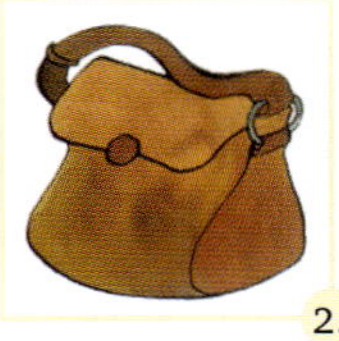

2.

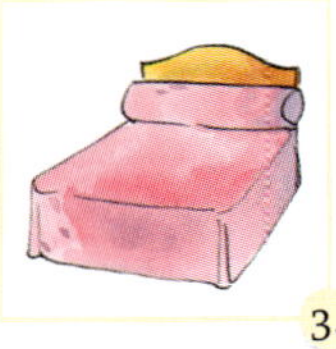

3.

4.

5.

C	V	N	E	R	Z	O	T	P	L	E
O	E	B	P	O	S	F	P	S	S	S
R	A	N	Q	L	J	D	E	O	Y	C
D	O	C	O	R	D	J	R	F	D	R
E	Q	B	E	C	S	I	C	Á	E	I
N	X	E	S	R	A	U	S	H	R	T
A	A	R	A	T	O	M	V	G	T	O
D	U	O	L	U	C	Z	A	F	V	R
O	Z	S	M	E	S	A	E	O	C	I
R	R	E	R	S	L	S	R	L	Q	O
F	B	O	L	Í	G	R	A	F	O	X

6.

7.

Verwandtschaftsbezeichnungen

16 TR. 53

Hören Sie sich auf der CD an, was Chema über die Mitglieder der Familie Giménez sagt, und lesen Sie mit. Wissen Sie, wer jeweils gemeint ist? Schreiben Sie die Namen hinter die Beschreibungen.

1. Es la madre de Agustín y la abuela de Nacho y Noelia. Le gusta mucho estar con sus amigas: ____________________
2. Es el marido de Charo y padre de Noelia y Nacho. Le encanta su trabajo: ____________________
3. Es el nieto de Doña Amparo. Le gusta estudiar inglés. Vive en Londres: ____________________
4. Es la mujer de Agustín y es la madre de Noelia y Nacho: ______________
5. Es la hija de Agustín y Charo. Estudia en la universidad y es muy inteligente: ____________________

17

Sehen Sie sich die Bilder an und lesen Sie die jeweiligen Sätze. In welcher Verwandtschaftsbeziehung stehen diese Personen zu Rosita? Kreuzen Sie die richtige Antwort an.

1. El hijo del hermano de Rosita es su
   a. ■ primo.
   b. ■ tío.
   c. ■ sobrino.

2. El marido de la hermana de Rosita es su
   a. ■ nieto.
   b. ■ cuñado.
   c. ■ padre.

3. La abuela de los sobrinos de Rosita es su
   a. ■ madre.
   b. ■ tía.
   c. ■ hija.

18

Welche Berufe werden gesucht? Bringen Sie die Buchstaben in die richtige Reihenfolge.

1. paroresfo ______________
2. atqetrocui ______________
3. midacé ______________

19

1 TR. 54

Von der CD werden Ihnen neun Zahlen diktiert. Schreiben Sie sie auf. Hören Sie sich die Zahlen noch einmal an und kontrollieren Sie.

20

Vervollständigen Sie die Postkarte, die Rosita von ihrer Schwester bekommen hat, mit Hilfe der angegebenen deutschen Wörter.

wohnt – dir – sind – Wohnung – wie – Schwester – nicht wahr – hat

¡Hola, Rosita!

¿________ estás? Nosotros ________ bien. ¿Qué tal en Madrid?
¿________ gusta la ciudad? ¿Tienes mucho trabajo en el museo?
¿Qué tal con Chema y Jordi? Y el ________ … ¿es bonito? ¿Tiene terraza? Mi amiga Lola también ________ ahora en Madrid; ________ una beca de investigación y trabaja en la universidad. Interesante, ¿________?
La próxima semana te llamo por teléfono.

Besos. Tu ________, Marta

Die Aussprache bestimmter Laute – Einen Dialog hören

21
1 TR. 55

§ 2 Aussprache

Lesen Sie die acht Erläuterungen zur spanischen Aussprache. Welches der angegebenen Wörter enthält den beschriebenen Laut? Schreiben Sie die Wörter hinter die entsprechenden Erklärungen. Überprüfen Sie dann Ihre Lösungen mit Hilfe der CD und sprechen Sie die Wörter nach.

Chile – hola – Mallorca – queso – Gibraltar – cerveza – España – vela

1. Der Laut in diesem Wort klingt wie **gn** in „Cognac“: ________
2. **v** wird am Wortanfang wie **b** in „Ballet“ ausgesprochen: ________
3. Der Laut in diesem Wort klingt wie **tsch** in „Tschüss“: ________
4. **c** vor **e** und **i** sowie **z** werden wie das englische **th** ausgesprochen: ________
5. Der Laut in diesem Wort klingt wie **j** in „ja“ oder wie **lj** in „Billard“: ________
6. Die Kombination **qu** klingt wie **k**: ________
7. **g** vor **e** und **i** sowie **j** werden wie **ch** in „Sache“ ausgesprochen: ________
8. Ein Buchstabe in diesem Wort wird nicht ausgesprochen: ________

22
1 TR. 56

Zwei Arbeitskollegen – Elena und Diego – lernen sich kennen. Hören Sie sich den Dialog zwischen Elena und Diego auf der CD an. Lesen Sie dann die Sätze unten, von denen jeweils nur ein Satz auf den Dialog zutrifft. Hören Sie sich den Dialog noch einmal an und kreuzen Sie jeweils den richtigen Satz an. Wenn Sie möchten, können Sie sich die Transkription des Dialogs im Begleitheft ansehen.

la administrativa – *Verwaltungsangestellte*
la exportación – *Export*

1. a. ■ Elena es administrativa.
   b. ■ Elena es jefa de exportación.
   c. ■ Elena es secretaria.

2. a. ■ Ella es de Valencia.
   b. ■ Ella es de Barcelona.
   c. ■ Ella es de Valladolid.

3. a. ■ Le gusta mucho su ciudad.
   b. ■ Le gusta mucho tomar café.
   c. ■ Le gusta mucho su trabajo.

1 (CD 1, TR. 57)

Was machen die Familie Giménez und die drei aus der WG in ihrer Freizeit (**tiempo libre**)? Sehen Sie sich die Bilder an und hören Sie sich auf der CD die vier Aussagen an. Ordnen Sie dann die Freizeitaktivitäten den passenden Bildern zu.

1 ☐

2 ☐

3 ☐

4 ☐

a. por la noche tomar algo en un bar – b. por la tarde dar un paseo por el parque – c. ir al cine – d. el fin de semana ir a bailar

por la noche tomar algo en un bar – *am Abend in einer Bar etwas trinken*
el fin de semana ir a bailar – *am Wochenende zum Tanzen gehen*
por la tarde dar un paseo por el parque – *am Abend einen Spaziergang im Park machen*
ir al cine – *ins Kino gehen*

2 (CD 1, TR. 58)

Jetzt werden Sie etwas über den Charakter unserer Personen erfahren. Hören Sie sich auf der CD folgende Sätze an und lesen Sie mit. Unterstreichen Sie dann die Charaktereigenschaften der einzelnen Personen.

1. Noelia es una estudiante muy inteligente.
2. Rosita es una chica muy simpática.
3. Doña Amparo, abuela de Noelia, es una señora muy activa.
4. Agustín es siempre muy amable con sus vecinos.
5. Charo es una mujer un poquito nerviosa.
6. Chema es un chico un poco tímido pero es una persona muy interesante.

una señora activa – *eine aktive Dame*
tímido / a – *schüchtern*

Spät abends bei Familie Giménez

3 TR. 59

Doña Amparo, die Großmutter im Haus Giménez, kommt spät nach Hause und Noelia, ihre Enkelin, kommt noch später. Charo ist noch wach und unterhält sich mit ihnen darüber, was sie gemacht haben.
Sehen Sie sich die Bilder an und hören Sie sich den Dialog auf der CD an.

4 TR. 59

Wer hat was gesagt? Hören Sie sich den Dialog noch einmal an. Ordnen Sie dann die Sätze der entsprechenden Person zu. Vielleicht können Sie die Bedeutung der Sätze schon vermuten; vergleichen Sie Ihre Vermutungen mit den Übersetzungen unten.

Gut zu wissen:
Wenn **ir** *(gehen)* und **irse** *(weggehen)* mit Zielangabe verwendet werden, liegt der Unterschied in der Unmittelbarkeit der Handlung:
Voy al museo bedeutet, dass ich vorhabe, ins Museum zu gehen.
Me voy al museo bedeutet, dass ich schon so gut wie unterwegs bin.

1. 
2. 
3. 

- a. No la he visto.
- b. Lo siento.
- c. ¡Hemos pasado la tarde allí!
- d. ¡Qué tarde llegas!
- e. ¡Me ha encantado!
- f. ¿De verdad?
- g. ¡Tengo mucho sueño!
- h. ¿Dónde ha estado?
- i. Me voy a la cama.

No la he visto. – *Ich habe sie nicht gesehen.*
Lo siento. – *Es tut mir Leid.*
¡Hemos pasado la tarde allí! – *Wir haben dort den Abend verbracht!*
¡Qué tarde llegas! – *Du kommst aber spät nach Hause!*
¡Me ha encantado! – *Er hat mir sehr gefallen!*
¿De verdad? – *Wirklich?*
¡Tengo mucho sueño! – *Ich bin sehr müde.*
¿Dónde ha estado? – *Wo sind Sie gewesen?*
Me voy a la cama. – *Ich gehe ins Bett.*

5 TR. 59

Hören Sie sich den Dialog nochmals an und kreuzen Sie an, ob folgende Aussagen richtig oder falsch sind. Bevor Sie antworten, hören Sie sich den Dialog ruhig mehrmals an. Wenn Sie möchten, können Sie den Text dabei auch gleichzeitig im Begleitheft mitlesen.

		richtig	falsch
1.	Die Großmutter ist mit ihren Freundinnen zusammen gewesen.		
2.	Doña Amparo war im Kino.		
3.	Charo fragt die Großmutter, in welcher Bar sie gewesen sind.		
4.	Der Film heißt „Pedro Almodóvar".		
5.	Doña Amparo will ins Bett gehen.		
6.	Chema ist mit Paco in einer Bar gewesen.		
7.	Noelia meint, dass Chema ein langweiliger Typ ist.		
8.	Doña Amparo und Noelia haben sich in Pacos Bar getroffen.		

6 TR. 60

Hören Sie sich jetzt folgende einzelne Sätze aus dem zweiten Teil des Dialogs an und sprechen Sie sie nach. Zum Schluss können Sie die Übersetzung des gesamten Dialogs im Begleitheft nachlesen.

Charo: ¡Hola hija! ¡Qué tarde llegas!
Noelia: Es que he estado con Chema en el bar de Paco.
¡Hemos pasado la tarde allí!
Charo: ¿Quién es Chema?
Noelia: El vecino.
Nos hemos encontrado en la calle
y me ha invitado a tomar algo.
Es un chico un poco tímido, pero muy amable y muy interesante.
Charo: ¿Y no has visto a la abuela en el bar de Paco?
Noelia: No, no la he visto.

muy* und *mucho

7

▸ § 12 **muy / mucho**

Sehen Sie sich die folgenden Sätze aus dem Dialog dieser Lektion an.

¡Es muy tarde!
Nos hemos divertido mucho.
¿Le ha gustado, abuela? – ¡Mucho!
Es un chico un poco tímido, pero muy amable y muy interesante.

Wann benutzt man **mucho** und wann **muy**? Versuchen Sie, eine Regelmäßigkeit zu erkennen und folgende Übung zu lösen, indem Sie die Sätze mit **muy** oder **mucho** vervollständigen.

1. Hola, ¿qué tal? – ________ bien, gracias.
2. Somos un piso ________ interesante.
3. Tienes un acento precioso. Me gusta ________ .
4. Noelia estudia ________ .

Haben Sie die Regel „geknackt"? Überprüfen Sie Ihre Vermutungen anhand folgender Regel:

mucho *(sehr, viel)* bezieht sich auf ein Verb,
z.B.: **me gusta mucho**; **comer mucho**.

muy *(sehr)* benutzt man in allen anderen Fällen, d.h.:
- mit Adjektiven (z.B. **muy amable**, **muy inteligente**)
- mit Adverbien (z.B. **muy tarde**, **muy bien**)

8

Charo ist begeistert von ihrer Familie und möchte Ihnen etwas über sie erzählen. Vervollständigen Sie den Text mit **muy** oder **mucho**. Im Wortschatzfeld links finden Sie den neuen Wortschatz.

la profesión – *Beruf* ▸
pasear – *spazieren gehen*

Agustín, mi marido, tiene una profesión ________ interesante.

Trabaja ________ .

Mi hija Noelia estudia ________ . Es una chica ________ inteligente.

Mi hijo Nacho vive en Londres y está ________ contento.

El Retiro es un parque ________ grande y ________ bonito de Madrid. A la abuela le gusta ________ ir a pasear allí con sus amigas.

9

Die Vergangenheitsform **Pretérito Perfecto** *(Perfekt)* besteht aus zwei Elementen: die Präsensform des Hilfsverbs **haber** *(haben)* und das Partizip eines Verbs:

- **¿Habéis visto esta película?** *(Habt ihr diesen Film gesehen?)*
- **Sí, ya la hemos visto.** *(Ja, wir haben ihn schon gesehen.)*

▸ § 15 Perfekt

Die zwei Elemente des Perfekts dürfen nie getrennt werden. Die Pronomen stehen unmittelbar vor dem Perfekt. Die Verneinung wiederum steht vor den Pronomen.

¿Y no has visto a la abuela en el bar de Paco? – No, no la he visto.

Gut zu wissen:

Im Vergleich zu anderen Sprachen, die das Perfekt mit „haben" oder „sein" bilden (z. B. *ich habe gemacht; ich bin gegangen*), wird im Spanischen immer das Verb **haber** verwendet.

1 TR. 61

Hören Sie sich auf der CD folgende Sätze an und schreiben Sie die fehlenden Formen von **haber** in die Lücken.

1. _____ estado toda la tarde con mis amigas.
2. ¿Y no _____ visto a la abuela en el bar de Paco?
3. Pues ella también _____ estado allí.
4. ¿Y qué _____ hecho?

Schreiben Sie nun alle Formen von **haber** in die Konjugationsbox rechts.

haber	
_______	_______
_______	_______
_______	_______

Das Partizip wird bei Verben auf **-ar** mit der Endung **-ado**, bei den Verben auf **-er** und **-ir** mit der Endung **-ido** gebildet, die jeweils an den Stamm angehängt werden:

estar ▸ estado   **comer ▸ comido**   **vivir ▸ vivido**

Einige Verben haben unregelmäßige Partizipien:

ver ▸ visto   **hacer ▸ hecho**   **decir ▸ dicho**

10

Schreiben Sie die Perfektform der vorgegebenen Verben in die Lücken.

1. Agustín y yo *(invitar)* ______________ a nuestros amigos.
2. ¿ *(ver)* ______________ tú la última película de Almodóvar?
3. Y vosotras, ¿ *(ir)* ______________ de compras esta mañana?
4. Yo nunca *(comer)* ______________ paella, ¿y tú?
5. ¿Qué *(hacer)* ______________ tus primos hoy?
6. El viaje a México *(ser)* ______________ fantástico.

ir de compras – *einen Einkaufsbummel machen*

Die Verwendung des Perfekts

11

▸ § 15 Perfekt

Das Perfekt wird im Spanischen verwendet, um von Ereignissen zu berichten, die vom Sprecher in einem engen Bezug zum Sprechzeitpunkt gesehen werden. Häufig steht das Perfekt in Verbindung mit Zeitangaben wie z.B. **este año** *(dieses Jahr)*, **este mes** *(diesen Monat)*, **esta semana** *(diese Woche)*, **hoy** *(heute)*:

- **¿Has ido al cine esta semana?**
- **Sí, he ido hoy y he visto una película muy buena.**

12

1 TR. 62

el centro – *Zentrum* ▸
nadar – *schwimmen*
la piscina – *Schwimmbad*
el deporte – *Sport*
los Pirineos – *Pyrenäen*
esquiar – *Ski fahren*
un par de veces – *ein paar Mal*
algún libro – *irgendein Buch*
recientemente – *vor kurzem*
he leído (▸ **leer** – *lesen*) – *ich habe gelesen*
la última novela – *der neueste Roman*

Unsere Freunde sind sehr aktiv! Hören Sie sich auf der CD die fünf Dialoge an, um zu erfahren, was jeder gemacht hat. Die Bilder helfen Ihnen beim Verstehen neuer Ausdrücke. Ordnen Sie dann die Sätze den passenden Bildern zu.

1 

2 

3 

4 

5 

a. Esta semana he hecho mucho deporte.
b. Este mes he leído la última novela de Isabel Allende.
c. Este año he esquiado un par de veces.
d. Hoy hemos ido de compras al centro.
e. Esta mañana hemos ido a nadar a la piscina.

13 TR. 63

Mit Hilfe folgender Wörter lassen sich Ereignisse der Vergangenheit zeitlich einteilen: **primero** *(zuerst)*, **después** oder **luego** *(dann)* und **finalmente** *(zum Schluss)*.

Rosita erzählt, was sie heute gemacht hat. Lesen Sie sich die Sätze durch und unterstreichen Sie die Wörter, mit denen Rosita ihre Erzählung zeitlich einteilt. Hören Sie sich dann die Sätze auf der CD an und sprechen Sie sie nach.

Primero he estado en el museo. Después he comido con unos colegas en un restaurante y luego hemos ido a pasear al parque del Retiro.

14

▸ § 26 Direkte Pronomen

Die direkten Pronomen der dritten Person **lo**, **la**, **los**, **las** kennen Sie bereits. Es gibt auch noch andere Formen. Noelia sagt z. B.: **Chema me ha invitado a tomar algo**. Das Pronomen **me** steht für das direkte Pronomen *mich*. Hier sehen Sie alle direkten Pronomen:

me *(mich)*	**nos** *(uns)*
te *(dich)*	**os** *(euch)*
lo / la *(ihn, es, Sie / sie, es, Sie)*	**los / las** *(sie, Sie)*

Die direkten Pronomen stehen immer unmittelbar vor dem Verb.

15 TR. 64

Hier sehen Sie vier Minidialoge. Welche direkten Pronomen fehlen? Schreiben Sie sie in die richtigen Lücken und überprüfen Sie Ihre Lösungen mit Hilfe der CD.

1. • ¿Has visto a Chema?
   ○ No, no _____ he visto. Creo que no ha llegado todavía.
2. • _____ invitamos a comer con nosotros, ¿qué decís?
   ○ ¿_____ invitáis de verdad? ¡Qué bien!
3. • ¿Has visto las fotos de mi familia?
   ○ Sí, ya _____ he visto.
4. • ¿_____ han llamado hoy por teléfono?
   ○ No, Rosita, no _____ ha llamado nadie.

me | las | nos | os | te | lo

todavía – *noch*
¿qué decís? (▸ **decir** – *sagen*) – *was haltet ihr davon?*
nadie – *niemand*

Zahlen von 51 bis 100 – Interkulturelles: ***Don*** *und* ***Doña***

§ 38 Zahlen

Gut zu wissen:

Erinnern Sie sich? Die Zehner und die Einer werden bei den Zahlen ab 30 als zwei Wörter geschrieben: **ochenta y tres**, **ochenta y cuatro**, **ochenta y cinco**.

16

1 TR. 65

Lernen Sie jetzt die Zahlen von 51 bis 100. Hören Sie sich auf der CD die Zahlen an und sprechen Sie sie nach.

cincuenta y uno

sesenta

sesenta y dos

setenta

setenta y tres

ochenta

noventa

cien

Gut zu wissen:

Telefonnummern kann man unterschiedlich angeben. Eine Mischung aus zwei- und einstelligen Blöcken ist durchaus üblich: 8-77-40 (**ocho – setenta y siete – cuarenta**).

17

1 TR. 66

Hören Sie sich auf der CD fünf Minidialoge an und schreiben Sie die Telefonnummern, die Sie hören, auf. Sie können die Dialoge so oft anhören, wie sie möchten. Können Sie Ihre eigene Telefonnummer auch schon auf Spanisch sagen?

Interkulturelles

18

Wie Sie schon wissen, verwendet man in Spanien sehr häufig die Form **tú** *(du)*. Die Höflichkeitsform **usted** zeugt von Respekt gegenüber Älteren oder Vorgesetzten. Charo, zum Beispiel, siezt ihre Schwiegermutter als Respektsbeweis, was momentan bei der älteren Generation noch üblich ist. Jüngere Generationen duzen ihre Schwiegereltern.

Die Formen **Don** *(Herr)* und **Doña** *(Frau)* werden im Spanischen nur vor dem Vornamen verwendet. Es handelt sich dabei um eine respektvolle Anrede, die aber in der Regel nur gegenüber bekannten Personen benutzt wird. Generationen ab etwa Mitte 40 verwenden diese Anrede gegenüber älteren Personen sowie die Älteren untereinander.

Obst- und Gemüsearten – Wochentage – Zeitangaben

1 TR. 67

Sehen Sie sich diesen Obst- und Gemüsestand an. Hören Sie sich auf der CD alle Begriffe an und sprechen Sie sie nach. Ordnen Sie dann die Übersetzungen den entsprechenden spanischen Wörtern zu.

Gut zu wissen:
Achten Sie darauf, dass Mengenangaben immer mit der Präposition **de** verbunden werden:
un kilo de fresas, medio kilo de tomates

a. *ein halbes Kilo Tomaten*
c. *ein Kilo Erdbeeren*
d. *die Kartoffeln*
b. *die Pistazien*
i. *die Karotten*
e. *die Bananen*
g. *die Äpfel*
f. *die Salatköpfe*
h. *die Paprika*
j. *die Orangen*

2 TR. 68

Hören Sie sich auf der CD folgende Wochentage und Zeitangaben an und sprechen Sie sie jeweils nach.

lunes	*Montag*
martes	*Dienstag*
miércoles	*Mittwoch*
jueves	*Donnerstag*
viernes	*Freitag*
sábado	*Samstag*
domingo	*Sonntag*
por la mañana	*morgens/vormittags*
por la tarde	*nachmittags/abends*
por la noche	*abends/nachts*

Gut zu wissen:
Die Wochentage sind alle männlich und werden mit Kleinbuchstaben geschrieben: **el lunes, el martes**, …

Noelia kauft auf dem Markt ein

3 1 TR. 69

Noelia kauft auf dem Markt ein. Dort trifft sie zufällig Chema und verabredet sich mit ihm. Hören Sie sich den Dialog auf der CD an und sehen Sie sich die Bilder an.

4 1 TR. 69

Hier sind einige Fragen zum Dialog zwischen Noelia und Chema auf dem Markt. Versuchen Sie, die Fragen zu beantworten, und kreuzen Sie die richtigen Lösungen an. Damit Sie die Fragen beantworten können, hören Sie sich den Dialog vorher ruhig noch mehrmals an.

1. ¿Qué compra Noelia además de manzanas?
(Was kauft Noelia noch außer Äpfeln?)
a. ■ naranjas y fresas
b. ■ naranjas, plátanos y fresas
c. ■ naranjas, pistachos y fresas

2. ¿Cuántas fresas compra Noelia?
(Wie viele Erdbeeren kauft Noelia?)
a. ■ un kilo y medio (1,5 kg.)
b. ■ medio kilo (1/2 kg.)
c. ■ un kilo (1 kg.)

3. ¿Cuánto es todo? *(Wie viel kostet alles zusammen?)*
a. ■ 13,50 euros b. ■ 30,50 euros c. ■ 13,15 euros

4. ¿Cuándo van a ir al cine Noelia y Chema?
(Wann werden Noelia und Chema ins Kino gehen?)
a. ■ el lunes por la noche
b. ■ el lunes por la tarde
c. ■ el domingo por la tarde

5. ¿A qué hora quedan? *(Um welche Uhrzeit verabreden sie sich?)*
a. ■ a las seis b. ■ a las diez c. ■ a las nueve

Gut zu wissen:

Die Struktur **ir** + **a** + Infinitiv drückt eine nahe Zukunft aus: **Mañana voy a viajar a París.** *(Morgen werde ich nach Paris reisen.)*

5 (CD 1, TR. 70)

Im Dialog sagt Noelia u.a. Folgendes. Hören Sie sich die Sätze auf der CD an und lesen Sie sie mit. Sprechen Sie sie dann nach.

Quería un kilo de manzanas.

Ich hätte gern ein Kilo Äpfel.

¿Me pone medio kilo?

Geben Sie mir ein halbes Kilo?

¿Puedo probarlas?

Darf ich sie probieren?

¿Cuánto es?

Was macht das?

Bueno, aquí tiene.

Gut, hier, bitte.
(wörtl.: *Gut, hier haben Sie.*)

6 (CD 1, TR. 69)

Hören Sie sich jetzt den Dialog noch einmal an und lesen sie den Text im Begleitheft mit. Was sagt man, wenn man einen Vorschlag annehmen möchte? Im Dialog gibt es drei Ausdrücke dafür. Finden Sie diese im Dialog und schreiben Sie sie in die Sprechblasen. Zum Schluss können Sie die Übersetzung des gesamten Dialogs im Begleitheft nachlesen.

Die unregelmäßige Verben ***poner, querer*** *und* ***poder***

7 TR. 11

poner	
________	ponemos
pones	ponéis
pone	ponen

§ 27 Indirekte Pronomen

Im Dialog kommt das Verb **poner** (hier: *geben*) vor; **poner** ist im Präsens regelmäßig, mit Ausnahme der ersten Person Singular **yo**.
Hören Sie sich auf der CD an, wie die unregelmäßige Form lautet, und schreiben Sie diese in die Konjugationsbox links.
Im Dialog steht **poner** zusammen mit einem indirekten Pronomen (**¿Qué te pongo?**). Erinnern Sie sich an alle Formen? Wenn nicht, können Sie sie in der Grammatik nachlesen.
Vervollständigen Sie folgende Fragen mit den indirekten Pronomen.

Gut zu wissen:
Das Verb **faltar** *(fehlen)* kann ebenfalls mit einem indirekten Pronomen verwendet werden: **Me faltan algunas cosas.** *(Mir fehlen einige Sachen.)*

1. ¿Qué *(Ihnen)* _____ pongo, señoras?
2. ¿ *(mir)* _____ pones unas manzanas, Manolo?
3. ¿ *(uns)* _____ pone dos cafés, por favor?
4. ¿ *(euch)* _____ falta algo, chicos?

8

Die Verben **querer** *(wollen)* und **poder** *(können, dürfen)* sind unregelmäßige Verben der zweiten Konjugation (Endung auf **-er**). Sehen Sie sich folgende Sätze an und unterstreichen Sie die konjugierten Formen der Verben **querer** und **poder**.

Lo siento, Chema, pero no puedo.
El lunes quiero terminar un diseño.

el diseño – *Zeichnung*

Bei beiden Formen ändert sich der Stammvokal (**poder ▸ puedo**; **querer ▸ quiero**). Dies geschieht bei den Formen, bei denen die Betonung auf dem Wortstamm liegt: **quiero**, **puedo**.
Sehen Sie sich nun alle Formen von **querer** und **poder** in der Grammatik an.

§ 14 Unregelmäßige Verben

TR. 12

Gut zu wissen:
Die Form **siento** in dem Ausdruck **lo siento** *(es tut mir Leid)* kommt vom Verb **sentir**. Der Stammvokal dieses Verbs ändert sich (**e ▸ ie**) wie beim Verb **querer**.

Setzen Sie die passenden Verbformen in die Lücken und überprüfen Sie Ihre Lösungen mit Hilfe der CD.

quieren – podéis – quieres – quieren

1. ¿ ________________ tomar algo, Noelia?
2. Si ustedes ________________, ________________ ver el piso hoy.
3. Chicos, ¿ ________________ llamar a Chema, por favor?

9

Im Dialog auf dem Markt sagt Noelia zu Chema: **¡Hola, Chema! ¿Tú también de compras?** Darauf antwortet er mit: **Sí ... Hoy tengo que cocinar yo y me faltan algunas cosas.**
Chema muss an diesem Tag kochen und das drückt er mit **tengo que cocinar** aus; **tener + que** (+ Infinitiv) bedeutet also *müssen*.

1 TR. 73 Hören Sie sich auf der CD drei Minidialoge an und sprechen Sie jeweils die Antworten nach.

1. ¿Qué tienes que hacer hoy? – Hoy tengo que ir a la oficina.
2. ¿Qué tenéis que hacer ahora? – Tenemos que hablar con el jefe.
3. ¿Qué tal en la empresa? – Muy bien, pero tenemos que trabajar mucho.

10

1 TR. 74

Versuchen Sie, die Verbformen in die richtigen Lücken zu setzen, und vergleichen Sie dann Ihre Lösungen mit den Sätzen auf der CD.

van – vas – va – vais

1. Yo voy mañana a la piscina. ¿Tú cuándo _____ ?
2. ¿Tu hija _____ a la universidad?
3. Nosotros vamos al museo del Prado. Y ustedes ¿_____ al Retiro?
4. ¿Por qué no _____ al cine?

Wie Sie vielleicht schon vermuten, ist das Verb **ir** *(gehen, fahren)* unregelmäßig. Ergänzen Sie nun die fehlenden Formen von **ir** in der Konjugationsbox rechts.

ir	
_______	_______
vas	vais
va	van

11

Vervollständigen Sie den Dialog mit den angegebenen Verben.
Wenn Sie Hilfe zu den unregelmäßigen Verben benötigen, sehen Sie in der Grammatik nach.

▶ § 14 Unregelmäßige Verben

- ● Vosotros, ¿a qué hora *(ir)* ________ hoy al cine?
- ○ A las diez, pero antes *(tener)* ________ que comprar las entradas.
- ● ¿ *(poder)* ________ ir Carla y yo con vosotros?
- ○ ¿ *(querer)* ________ venir con nosotros? ¡Qué bien!

antes – *vorher*
la entrada – *Eintrittskarte*
venir – *(mit)kommen*

Die Uhrzeit – Sich verabreden

12

1 TR. 75

Gut zu wissen:
In der Alltagssprache wird die Uhrzeit meist im 12-Stunden-Rhythmus angegeben (**a las tres**). In offiziellen Zeitangaben, z. B. Fahrplanangaben, wird der 24-Stunden-Rhythmus benutzt (**a las 15 horas**).

Nach der Uhrzeit fragt man mit **¿Qué hora es?** *(Wieviel Uhr ist es?)*. Hören Sie sich auf der CD zehn Dialoge an, in denen jeweils eine Uhrzeit angegeben wird. Lesen Sie die Uhrzeiten mit und sprechen Sie diese nach.

1. Es la una. (1.00)
2. Son las dos y cinco. (2.05)
3. Son las tres y diez. (3.10)
4. Son las cuatro y cuarto. (4.15)
5. Son las cinco y veinte. (5.20)
6. Son las seis y media. (6.30)
7. Son las siete menos veinticinco. (6.35)
8. Son las ocho menos veinte. (7.40)
9. Son las nueve menos cuarto. (8.45)
10. Son las diez en punto. (10.00)

Wie Sie hier sehen, verwendet man für *Es ist ein Uhr* die Form **es** (**Es la una**), aber ab zwei Uhr die Form **son** (**Son las dos**).

13

1 TR. 76

Gut zu wissen:
Der Satz **Por favor, ¿tiene hora?** wird benutzt, um die Uhrzeit formeller zu erfragen.

Hören Sie sich auf der CD fünf Minidialoge an. Welche Uhrzeiten werden darin jeweils genannt? Schreiben Sie die entsprechende Zahl (1–5) zu der Uhr mit der passenden Uhrzeit.

14

1 TR. 77

Gut zu wissen:
Der Artikel ist bei Wochentagen notwendig: **¿Quedamos el sábado?**

Um sich zu verabreden, kann man das Verb **quedar** (hier: *verbleiben, sich verabreden*) verwenden. Hören Sie sich folgenden Dialog an und lesen Sie mit.

- Oye, ¿quedamos el sábado para tomar un café?
- Vale, ¿a qué hora?
- ¿Te va bien a las cinco y media?

Auf die Frage **¿A qué hora?** *(Um wie viel Uhr?)* kann man mit **a la una** *(um ein Uhr)*, **a la una y cuarto**, **a las dos** antworten.

¿Te va bien a las seis menos cuarto?
Passt Ihnen das oder möchten Sie vielleicht eine andere Uhrzeit vorschlagen?

15

TR. 78

Agustín trifft einen alten Freund, Manolo, auf der Straße und verabredet sich mit ihm. Hier sehen Sie einen Teil ihrer Unterhaltung, der jedoch durcheinander geraten ist. Bringen Sie die Sätze in die richtige Reihenfolge und nummerieren Sie sie mit den Zahlen 1–8. Hören Sie sich dann den ganzen Dialog zwischen Agustín und Manolo auf der CD an und vergleichen Sie.

- *Agustín:* ¿Os va bien a la una y media?
- *Manolo:* Es una buena idea. Bueno, y ¿a qué hora quedamos?
- *Agustín:* Podemos ir a comer al restaurante nuevo del barrio.
- *Manolo:* Perfecto.
- *Agustín:* Vale, pues quedamos el domingo a esa hora.
- *Manolo:* ¿El domingo? De acuerdo.
- *Agustín:* Lo siento, Manolo, mañana no podemos porque ya tenemos un compromiso pero, ¿qué tal el domingo?
- *Manolo:* Oye, Agustín, ¿por qué no salimos mañana a cenar con las mujeres?

salimos ▸ **salir** – *ausgehen*
el compromiso – *Verabredung, Termin*
¿qué tal …? – *wie wäre es …?*
de acuerdo – *einverstanden*
el barrio – *Stadtviertel*
la idea – *Idee*

16

TR. 79

Und noch mehr Zahlen! Hören Sie sich diese auf der CD an, sprechen Sie nach und ergänzen Sie die fehlenden Zahlen.

100 cien	600 ____________	10.000 diez mil
101 ciento uno	700 setecientos	100.000 ________________
200 doscientos	800 ____________	1.000.000 un millón
300 trescientos	900 novecientos	2.000.000 dos millones
400 ____________	1000 mil	3.000.000 tres __________
500 **quinientos**	2000 dos mil	1.000.000.000 mil millones

▸ § 38 Zahlen

Gut zu wissen:
Nur zwischen Zehnern und Einern steht immer **y**:
mil novecientos noventa y nueve (1999).

17

Erinnern Sie sich noch an die spanischen Wörter für diese Obst- und Gemüsearten? Schreiben Sie jeweils das angegebene Gewicht in Worten und Gramm (**gramo**) sowie die Obst- bzw. Gemüseart auf, z. B. **doscientos cuarenta y nueve gramos de tomates**.

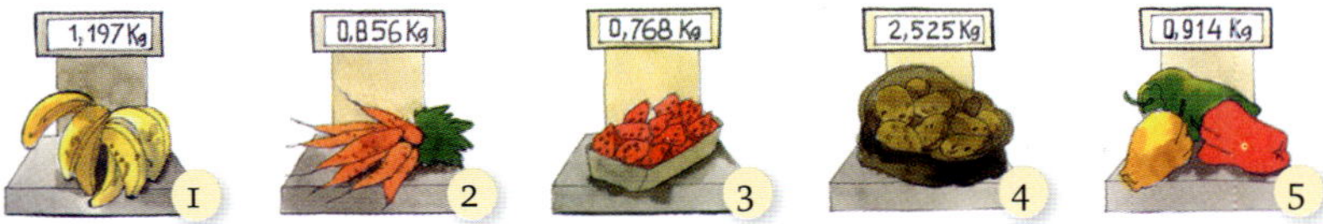

Gut zu wissen:
Denken Sie daran, dass Mengenangaben immer mit der Präposition **de** verbunden werden.

Rollenspiel: Auf dem Markt – Interkulturelles: Wortschatzunterschiede

18 1 TR. 80

a ver – *also, mal sehen*
la ensalada – *Salat*
la lechuguita – *kleiner Kopfsalat* (verniedlichte Form)
¡cómo no! – *aber klar!*

Chema ist auf dem Markt und kauft ein. Hören Sie sich das Gespräch zwischen Chema und dem Verkäufer an. Übernehmen Sie dann die Rolle von Chema und vervollständigen Sie den Dialog.

Verkäufer: A ver, ¿qué te pongo?
Sie fragen, ob er Tomaten hat: ______________________
Verkäufer: Por supuesto.
Sie möchten eineinhalb Kilo Tomaten: ______________________
Verkäufer: ¿Algo más?
Sie möchten noch ein halbes Kilo Karotten: ______________________
Verkäufer: Éstas están muy buenas. ¿Quieres una lechuga también?
Sie hätten gern lieber zwei: ______________________
Verkäufer: Pues dos lechuguitas.
Sie hätten auch gerne Erdbeeren und wollen eine probieren:
____
Verkäufer: ¡Claro, hombre! Están muy ricas. Son del país.
Sie möchten 500 Gramm: ______________________
Verkäufer: ¡Cómo no!
Sie fragen, wie viel alles kostet: ______________________
Verkäufer: Son 5 euros 30.
Sie geben ihm das Geld, bedanken und verabschieden sich:
____

19

Interkulturelles

Denkt man an die weite geographische Verbreitung der spanischen Sprache und an die über 400 Millionen Sprecher des Spanischen, so ist es verständlich, dass der spanische Wortschatz regionale Unterschiede innerhalb Spaniens, aber auch zwischen Spanien und Lateinamerika sowie innerhalb Lateinamerikas aufweist.

Hier sehen Sie einige Beispiele aus dem Obst- und Gemüsebereich:

- **plátano** *(Banane)* heißt **guineo** in Puerto Rico, **cambur** in Venezuela und **banana** in Argentinien.
- **cacahuete** *(Erdnuss)* heißt **maní** in fast ganz Lateinamerika.
- **maíz** *(Mais)* heißt **choclo** in Südamerika.
- **papa** *(Kartoffel)* wird in Lateinamerika, Andalusien und auf den Kanarischen Inseln benutzt, **patata** im Rest von Spanien.
- In Mexiko und Kuba sagt man **frijoles** *(Bohnen)*, aber in Puerto Rico **habichuelas**, in Venezuela **caraotas** und im Rest von Südamerika **porotos**. In Spanien dagegen heißen sie **alubias** oder **judías**.

Gut zu wissen:

Ein anderes Wort für **coche** *(Auto)* ist **automóvil**. In Lateinamerika sagt man auch **carro**.

1 (CD 1, TR. 81)

Auf diesem Bild sehen Sie verschiedene Verkehrsmittel. Lesen Sie die spanischen Begriffe und hören Sie sich diese auf der CD an. Mit Hilfe der Bilder können Sie die Bedeutungen sicherlich erraten. Hören Sie sich die Wörter nochmals an und sprechen Sie sie nach.

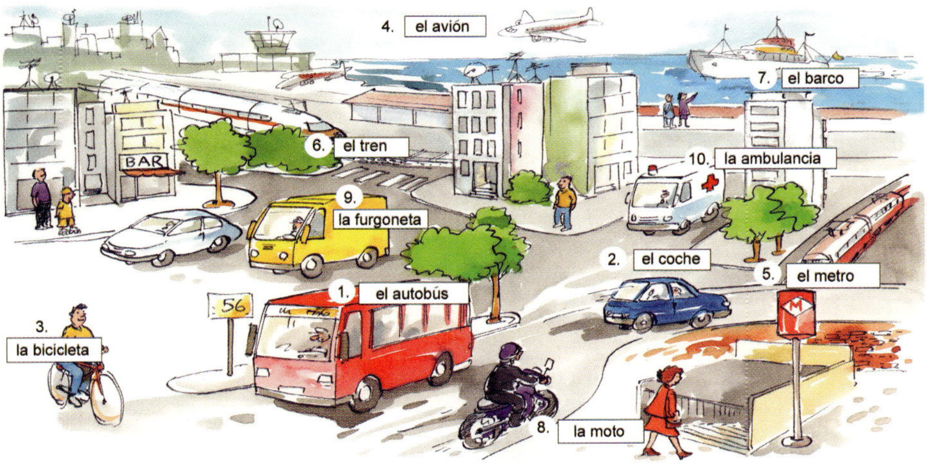

2 (CD 1, TR. 82)

¿Dónde está nuestro coche? *(Wo ist unser Auto?)*
Sehen Sie sich die Bilder an, lesen Sie die Sätze und hören Sie sich diese auch auf der CD an. Schreiben Sie dann die deutschen Übersetzungen für die Ortsangaben in das Wortschatzfeld unten.

El coche está a la derecha de la bicicleta.

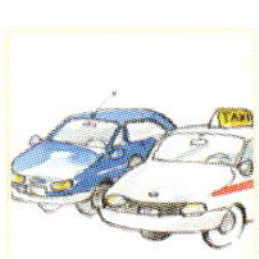

El coche está a la izquierda del taxi.

El coche está enfrente de la parada de autobús.

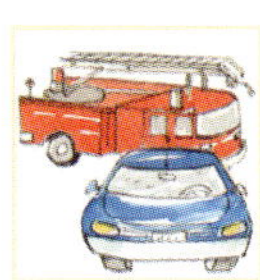

El coche está delante del coche de bomberos.

El coche está detrás de la furgoneta.

a la derecha – ____________________ **delante** – ____________________

a la izquierda – ____________________ **detrás** – ____________________

enfrente – ____________________

Gut zu wissen:

del entsteht aus der Zusammensetzung der Präposition **de** mit dem Artikel **el**. Dasselbe passiert mit der Präposition **a** + Artikel **el** ▸ **al**: **¿Vamos al restaurante?**

◂ **la parada** – *Haltestelle*
el coche de bomberos – *Feuerwehrauto*

Rosita hat eine Verabredung – Wegbeschreibung

3

1 TR. 83

Rosita hat eine Verabredung in einem Restaurant. Zu Hause fragt sie Jordi und Chema, wie sie am besten hinkommt. Sehen Sie sich die Bilder an und hören Sie sich den Dialog mehrmals an.

Keine Sorge, wenn Sie nicht immer alles verstehen! Konzentrieren Sie sich auf bekannte Dinge und nutzen Sie die Bilder; mit deren Hilfe können Sie sich den Kontext des Dialogs viel besser vorstellen.

4

1 TR. 84

Hören Sie sich auf der CD diese Wegbeschreibung an und versuchen Sie, die Sätze nachzusprechen. Sehen Sie sich dann die Übersetzung an.

¿Cómo quieres ir, en metro o en autobús?	*Wie willst du hinfahren, mit der U-Bahn oder mit dem Bus?*
Tienes que bajar en la parada Tribunal y tomar la salida Fuencarral.	*Du musst an der Haltestelle Tribunal aussteigen und den Ausgang Fuencarral nehmen.*
Luego sigues todo recto por Fuencarral y giras a la derecha en la tercera bocacalle.	*Danach gehst du an Fuencarral entlang geradeaus und biegst rechts an der dritten Seitenstraße ab.*

5 TR. 83

Kreuzen Sie an, ob die folgenden Aussagen richtig (**correcto**) oder falsch (**falso**) sind. Den Dialog können Sie sich so oft anhören, wie Sie möchten. Im Wortschatzfeld rechts finden Sie Vokabelhilfen.

		correcto	falso
1.	Rosita tiene que ir al museo.		
2.	La dirección es calle Colón, número 76.		
3.	El lugar no está muy lejos.		
4.	Rosita quiere ir en metro.		
5.	La línea de metro es directa desde su casa.		
6.	Rosita ha quedado con un compañero de trabajo.		
7.	Rosita ha quedado a las ocho de la tarde.		
8.	Chema cree que Rosita ha quedado con un amigo.		

la dirección – *Adresse*
el lugar – *Ort*
lejos – *weit*
la línea de metro – *die U-Bahn-Linie*
el compañero – *Kollege*

6 TR. 83

Hören Sie sich nun den Dialog noch einmal an und lesen Sie ihn dabei im Begleitheft mit. Was sagt man, um sich selbst zu korrigieren? Schreiben Sie diesen Ausdruck in die Sprechblase.

In diesem Dialog kommt vier Mal ein Ausdruck vor, der bedeutet, dass man etwas tun muss. Unterstreichen Sie die vier Stellen im Dialog.
Wenn Sie möchten, können Sie zum Schluss die Übersetzung des Dialogs im Begleitheft nachlesen.

Unregelmäßige Verben: ***conocer*** *und* ***decir*** *– Präpositionen:* ***a*** *und* ***en***

7

TR. 85

conocer	
conozco	______
______	______
______	______

Das Verb **conocer** *(kennen)* ist – mit Ausnahme der ersten Person Singular – ein regelmäßiges Verb auf **-er** wie **comer**. Hören Sie sich auf der CD die unregelmäßige Form an, sprechen Sie nach und schreiben Sie dann die fehlenden regelmäßigen Formen von **conocer** in die Konjugationsbox links.
Auch die erste Person von **decir** *(sagen)* ist unregelmäßig: **yo digo**
Der Vokal im Stamm **dec-** wird zu **dic-**, wenn die Betonung auf der ersten Silbe liegt. Hier sehen Sie alle Formen von **decir**.

yo digo	**nosotros / nosotras decimos**
tú dices	**vosotros / vosotras decís**
él / ella / usted dice	**ellos / ellas / ustedes dicen**

8

Gut zu wissen:
Beim Verb **seguir** wird der Vokal **seg-** zu **sig-** in den Formen, deren Betonung auf dem Wortstamm liegt (wie bei **decir**): **sigo / digo; seguimos / decimos**.

Ergänzen Sie diese Minidialoge mit den passenden Verbformen.

1. • ¿ *(ihr / kennen)* ______________ a mi hermano?
   ○ Pues claro que lo *(wir / kennen)* ______________.
2. • Perdona, ¿qué *(du / sagen)* ______________?
   (ich / sagen) __________ que *(wir / müssen)* __________ que irnos.
3. • Oye, ¿cómo *(wir / können)* ______________ llegar al centro?
   ○ Es muy fácil. *(ihr / weitergehen)* __________ esta calle y *(ihr / überqueren)* __________ la plaza. *(ihr / nehmen)* __________ la segunda bocacalle y después *(ihr / abbiegen)* __________ a la izquierda.

9

▶ § 37 Präpositionen

Das Verb **ir** bedeutet *gehen* sowie *fahren* und wird zur Angabe des Verkehrsmittels mit der Konstruktion **ir + en ...** verwendet:

Yo voy al trabajo en coche.

Eine Ausnahme bildet **ir a pie** *(zu Fuß gehen)*:

Mi casa no está lejos. Podemos ir a pie.

Wie kommen Sie zur Arbeit? **¿Cómo va usted al trabajo?**
Geben Sie eine Antwort und benutzen Sie dabei die Wendungen **en coche**, **en bicicleta**, **en autobús**, **a pie**.

10 TR. 86

Welche Wörter fehlen hier? Vervollständigen Sie die Sätze und überprüfen Sie Ihre Vermutungen dann mit Hilfe der CD.

▸ § 37 Präpositionen

1. Voy _____ un restaurante en la calle Colón.
2. El restaurante está _____ la calle Colón.
3. La abuela no está _____ casa.
4. ¡Tengo mucho sueño! Me voy _____ la cama.

Die Präposition **a** verwendet man, um auszudrücken, wohin man geht (je nachdem mit oder ohne Artikel):

Mañana tengo que ir a la oficina. / ¿Queréis ir al cine?
¿Vamos a casa / a Sevilla?

Die Präposition **a** steht auch immer zwischen **ir** und einem Infinitiv:

Voy a cenar. / Vamos a bailar.

Wie Sie schon wissen, verwendet man **estar en**, um einen (Stand-) Ort anzugeben: **El piso está en el Paseo de la Castellana.**

Gut zu wissen:
Wenn man jemanden besucht, wird auch **ir a casa** verwendet: **Voy a casa de Chema. ¿Vamos a casa de los primos?**

11 TR. 87

Sie wissen bereits, dass die Uhrzeit in der Alltagssprache meist im 12-Stunden-Rhythmus angegeben wird. Zur Unterscheidung der Tageszeiten wird, wenn es nicht aus dem Zusammenhang hervorgeht, **de la mañana**, **de la tarde**, **de la noche** hinzugefügt.
Hören Sie sich folgende Uhrzeiten an und sprechen Sie diese nach.

Son las diez y cuarto de la mañana.

Son las cinco y media de la tarde.

Son las once menos cuarto de la noche.

Wenn man Tageszeiten nicht in Verbindung mit einer Uhrzeit nennt, wird **por** verwendet: **¿Trabajas también por la tarde?**

Wegbeschreibung – Pröpositionen

12

Sie sind irgendwo in Spanien und wollen nach dem Weg fragen.
So können Sie Passanten ansprechen:

Oiga, perdone, ... (Sie-Form) **Perdón, ...**
Oye, perdona, ... (Du-Form) **Por favor, ...**

Dann können Sie Ihre Frage so formulieren:
¿Sabe dónde está la Plaza Mayor?
¿Sabes si hay una farmacia por aquí cerca *(eine Apotheke hier in der Nähe)?*

Die Antwort könnte folgende Wendungen enthalten:
Tiene que ... *(Sie müssen ...)* **Tienes que ...** *(Du musst ...)*

bajar en la parada Tribunal
tomar la primera *(erste)* / **segunda** *(zweite)* / **tercera** *(dritte)* **calle**
seguir *(weitergehen)* **todo recto hasta el semáforo** *(Ampel)*
torcer / girar / doblar *(abbiegen)* **a la derecha / a la izquierda en la primera bocacalle**
cruzar *(überqueren)* **la calle / la plaza** *(Platz)*

1 TR. 88 Hören Sie sich nun den Dialog auf der CD an. Was wird gesucht?

13

Schreiben Sie die fehlenden Präpositionen in die Lücken.

1. ¿Cómo vas _____ la oficina? ¿_____ pie o _____ metro?
2. ¿Sabéis si la biblioteca está _____ la calle Alcalá?
3. ¿El ayuntamiento está enfrente _____ bar o _____ lado?
4. El autobús circula desde las seis _____ la mañana. _____ la noche no hay servicio.
5. • _____ favor, ¿hay un estanco _____ aquí cerca?
   ○ Sí, tiene que girar _____ la derecha y seguir _____ el semáforo.

la biblioteca – *Bibliothek*
el ayuntamiento – *Rathaus*
circular – *fahren*
el servicio – *Dienst*
el estanco – *Tabakladen*

Gut zu wissen:
In einem spanischen **estanco** *(Tabakladen)* werden nicht nur Tabakwaren, sondern auch **sellos** *(Briefmarken)* und **periódicos** *(Zeitungen)* verkauft.

14

Schreiben Sie – falls notwendig – die richtige Form des bestimmten oder unbestimmten Artikels in die Lücken.

1. ● Perdone, ¿dónde está _____ catedral?
   ○ Detrás de _____ Plaza Mayor.
2. ● Oye, perdona, ¿dónde hay _____ parada de taxi?
   ○ Delante del parque.
3. ● Perdón, ¿hay _____ banco por aquí cerca?
   ○ Sí, está entre _____ cine y _____ Correos.
4. ● ¿Sabe dónde está _____ hotel "Reconquista"?
   ○ Sí, está en _____ Plaza Mayor.

15

Manche Wörter tragen einen Akzent, da sie nicht den Betonungsregeln des Spanischen folgen. Einen Akzent verwendet man aber auch:

- bei allen Fragewörtern:
  ¿Qué? *(Was?)* **¿Quién?** *(Wer?)* **¿Cómo?** *(Wie?)*
  ¿Dónde? *(Wo?)* **¿De dónde?** *(Woher?)* **¿Adónde?** *(Wohin?)*
  Diese tragen den Akzent auch in indirekten Fragen, z. B.:
  Noelia no sabe dónde está la abuela.
- zur Unterscheidung der Bedeutung einsilbiger Wörter:

tú *(du)*	**tu** *(dein, deine)*	**sé** *(ich weiß)*	**se** *(sich)*
él *(er)*	**el** *(der)*	**sí** *(ja)*	**si** *(wenn, ob)*
té *(Tee)*	**te** *(dich, dir)*		

▶ § 3 Betonung und Akzentsetzung

▶ § 36 Fragewörter

Gut zu wissen:
Das Fragewort **¿quiénes?** ist die Pluralform von **¿quién?** *(wer?)*. Vergleichen Sie: **¿Quién es usted? ¿Quiénes son ustedes?**

Sehen Sie sich folgende Sätze an und setzen Sie die fehlenden Akzente.

1. ¿Como se llama tu mujer?
2. Yo no se donde vive el; y ¿tu?

Gut zu wissen:
Durch Anhängen der Pluralendung **-es** kann es vorkommen, dass ein Wort den Akzent verliert oder bekommt, damit die Betonung erhalten bleibt: **catalán – catalanes, joven – jóvenes.**

Bildergeschichte – Spiel: Buchstabenraten – Interkulturelles: Spanische Adressen

16

1 TR. 89

Diese Bilder sind durcheinander geraten. Hören Sie sich den Dialog an und bringen Sie die Bilder in die richtige Reihenfolge, indem Sie sie von 1–6 nummerieren. Dann können Sie sich den Dialog nochmals anhören und den Text im Begleitheft mitlesen.

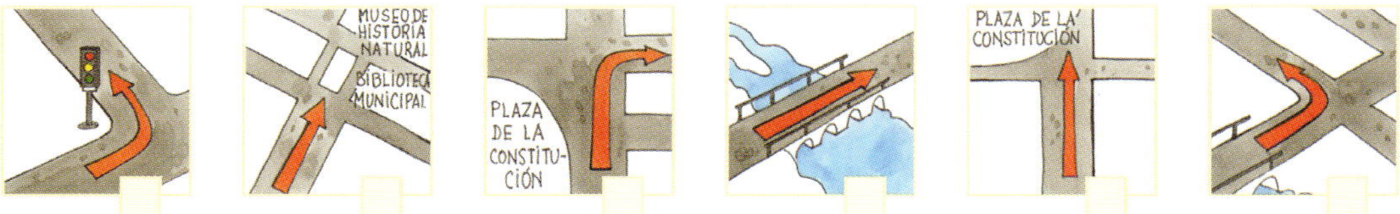

17

Zum Schluss noch ein kleines Spiel: Erraten Sie die gesuchten Begriffe bzw. Sätze! Viel Spaß!

1. *Nicht fahren:* __ _ ___
2. *Ein Geschäft:* ___ ________
3. *Fragen, wie jemand zur Arbeit kommt:* ¿____ ___ __ _______?
4. *Mit einem Verkehrsmittel fahren:* __ __ _______
5. *Eine Uhrzeit:* _ ___ ____

Interkulturelles

18

Bei der Angabe einer Adresse (**la dirección**) wird zuerst der Straßenname und dann die Hausnummer genannt. Dabei werden verschiedene Abkürzungen verwendet:

Calle *(Straße)* wird mit **C /** abgekürzt,
Avenida *(Straße oder Allee)* mit **Avda.**,
Plaza *(Platz)* mit **Pza.**,
sin número *(ohne Hausnummer)* mit **s / n**,
escalera *(Treppe)* mit **esc.**,
derecha *(rechts)* mit **dcha.** und
izquierda *(links)* mit **izqda.**

Es ist wichtig, dass Sie, wenn Sie jemanden in Spanien besuchen wollen, außer dem Straßennamen und der Hausnummer auch die Nummer und den Buchstaben der Wohnung kennen, da an der Haustür üblicherweise keine Namen stehen.

1 TR. 90

Auf den Bildern sehen Sie einige Geschenkartikel. Hören Sie sich die spanischen Wörter auf der CD an und sprechen Sie diese nach.

un ramo de flores

cosméticos

una caja de bombones

unos patines en línea

un libro

un casco protector

joyas y bisutería

ropa

2 TR. 91

Die Leute auf diesem Bild sind sehr aktiv und treiben verschiedene Sportarten. Lesen Sie die spanischen Wörter für die Sportarten, hören Sie sich diese auf der CD an und sprechen Sie sie nach.

Chema und Rosita kaufen ein Geschenk für Noelia

3 1 TR. 92

Chema und ihre Mitbewohnerin Rosita sind in einem Einkaufszentrum. Rosita soll Chema helfen, ein geeignetes Geburtstagsgeschenk für Noelia zu finden.
Sehen Sie sich die Bilder an und hören Sie sich den Dialog auf der CD an.

4 1 TR. 93

Hören Sie sich folgende Sätze auf der CD an und sprechen Sie sie nach.
Sehen Sie sich dann die Übersetzungen an.

¿Le gustan los cosméticos? ¡A mí me encantan!

No me atrevo a comprárselos.

¿Cómo es su carácter, qué le gusta?

Tiene una elegancia natural, no sé cómo decirte.

¿Qué tal si le compramos unos patines en línea?

Mag Sie Kosmetika? Ich liebe sie!

Ich traue mich nicht, sie ihr zu kaufen.

Wie ist ihr Charakter, was mag sie?

Sie hat eine natürliche Eleganz, ich weiß nicht, wie ich's dir sagen soll.

Wie wär's, wenn wir ihr Inlineskates kaufen?

5 TR. 92

Hören Sie sich den gesamten Dialog an und beantworten Sie die folgenden Fragen, indem Sie die richtigen Lösungen ankreuzen.

1. ¿Por qué Chema no le compra cosméticos?
   a. ■ porque a ella no le gustan
   b. ■ porque es una cosa muy personal
   c. ■ porque no sabe qué cosmético prefiere

2. ¿Qué le gusta a Noelia?
   a. ■ la bisutería
   b. ■ las joyas
   c. ■ la ropa moderna

3. ¿Qué deporte practica Noelia?
   a. ■ el motociclismo
   b. ■ el patinaje
   c. ■ el footing

4. ¿Qué quieren comprar Chema y Rosita?
   a. ■ un perfume
   b. ■ un casco protector
   c. ■ unos patines en línea

5. ¿Cuánto cuesta el regalo que compran?
   a. ■ € 85,50
   b. ■ € 150
   c. ■ € 58,50

6. ¿Qué le gusta a Rosita del regalo?
   a. ■ el color
   b. ■ el precio
   c. ■ la calidad

personal – *persönlich*
prefiere ▸ **preferir** – *vorziehen, lieber mögen*
practicar – *treiben*
el motociclismo – *Motorradsport*
el perfume – *Parfüm*
cuesta ▸ **costar** – *kosten*
el regalo – *Geschenk*
el color – *Farbe*

Gut zu wissen:
Die Beträge mit Cents kann man mit **con** oder **y** ausdrücken, z. B. € 6,80: **seis euros con ochenta céntimos / seis euros y ochenta céntimos.**

6 TR. 92

Hören Sie sich den gesamten Dialog nochmals an und lesen Sie ihn im Begleitheft mit. Wie fragt Chema nach Rositas Meinung? Suchen Sie die Frage im Dialog und schreiben Sie sie in die Sprechblase.

Wenn Sie möchten, können Sie sich jetzt die Übersetzung des Dialogs im Begleitheft ansehen.

*Das Verb **costar** – Das Fragewort **cuánto** – Demonstrativa*

7 TR. 94

Gut zu wissen:
Neben **¿Cuánto cuesta(n)?** kann man auch mit **¿Qué precio tiene(n)?** nach dem Preis fragen, z. B.:
¿Qué precio tiene este casco protector?
¿Qué precio tienen estos patines?

Das Verb **costar** *(kosten)* ist unregelmäßig (**o ▸ ue**). Es wird in der dritten Person benutzt, um nach dem Preis einer bestimmten Ware zu fragen:
¿Cuánto cuesta?
Hören Sie sich den folgenden Dialog zwischen einem Kunden und einer Verkäuferin an. Übernehmen Sie dann die Rolle des Kunden und vervollständigen Sie den Dialog.

Kunde / Kundin: ______________________

Verkäuferin: 150 euros.

Kunde / Kundin: ______________________

Verkäuferin: Los patines cuestan 200 euros.

8

▸ § 36 Fragewörter

Gut zu wissen:
Das Fragewort **cuánto** wird an das Substantiv angeglichen, auf das es sich bezieht:
Quería unas fresas. – Sí, ¿cuántas?

Setzen Sie die Fragewörter in die richtigen Lücken.

cuántos – cuánta – cuántas – cuánto

1. ¡ __________ ropa tienes! – Es que me encanta ir de compras.
2. ¿ __________ dinero tienes? – Tengo 15 euros, ¿y tú?
3. ¡ __________ flores!, ¡y qué bonitas son! – Me las ha regalado mi vecino.
4. Y tú, ¿ __________ años tienes? – Tengo 25 años.

9

▸ § 33 Demonstrativa

Gut zu wissen:
Ein Akzent auf dem Pronomen ist obligatorisch, um Missverständnisse zu vermeiden:
Dice que <u>ésta</u> *(eine Frau)* **mañana no tiene tiempo.**
Ansonsten ist der Akzent fakultativ.
Eso / esto tragen dagegen nie einen Akzent.

Wie Sie schon wissen, bezeichnen die Formen **este / esta / estos / estas** *(diese / r / s)* bestimmte Gegenstände oder Personen, die sich in der unmittelbaren Nähe des Sprechers befinden.
Die Demonstrativa **ese / esa / esos / esas** *(diese / r / s da)* dagegen bezeichnen Gegenstände oder Personen, die vom Sprecher weiter entfernt sind.

Beide Formen können allein oder in Verbindung mit einem Substantiv stehen, mit dem sie in Geschlecht und Zahl übereinstimmen müssen.

¿Cuánto cuesta este casco? – ¿Éste? 85 euros con 50.

Die Form **eso** (genauso wie **esto**) bezieht sich auf etwas, das nicht konkret genannt wird (Neutrum), und steht immer allein z. B.:

Es una persona abierta y eso me gusta.

10

▶ § 33 Demonstrativa

◀ **rojo / a** – *rot*

Sehen Sie sich die Bilder an und vervollständigen Sie die Sätze mit den richtigen Demonstrativa (**esta / este / estas / estos** bzw. **esa / ese / esas / esos**).

1. 

______ libro es muy interesante.

2. 

¿Cuánto cuestan ______ flores?

3. 

______ señora de la foto es tu madre, ¿no?

4. 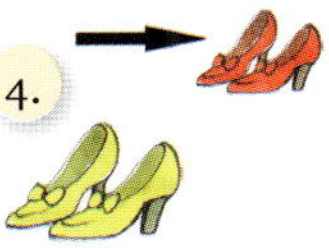

¿Te gustan ______ zapatos rojos?

5. 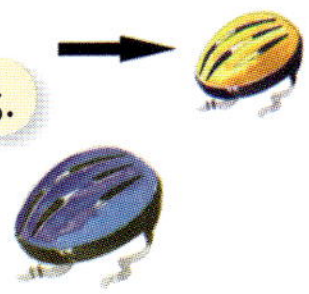

¿Por qué no le compramos ______ casco?

11

▶ § 27 Indirekte Pronomen

Im Spanischen kann das indirekte Pronomen (*mir*, *dir*, usw.) zweimal vorkommen. Zusätzlich zu den unbetonten Pronomen (**me**, **te**, **le**, **nos**, **os**, **les**) können auch die betonten Pronomen verwendet werden: **<u>A mí</u> me encantan los cosméticos.**
Anstelle des betonten Pronomens kann ein Name im Satz stehen:
¿<u>A Noelia</u> le gustan los cosméticos?
Diese Wiederholung dient zur Hervorhebung der Person und vermeidet Missverständnisse (vor allem in der dritten Person, denn **le** kann *ihm*, *ihr* oder *Ihnen* bedeuten und **les** *ihnen* oder *Ihnen*).

Hier sehen Sie alle betonten Pronomen:

a mí	**a nosotros / a nosotras**
a ti	**a vosotros / a vosotras**
a él / a ella / a usted	**a ellos / a ellas / a ustedes**

Gut zu wissen:
Achten Sie darauf, dass **mí** einen Akzent braucht, um sich von der Form **mi** *(mein/e)* zu unterscheiden.

1 TR. 95

Setzen Sie die betonten indirekten Pronomen in die entsprechenden Lücken ein und überprüfen Sie Ihre Lösungen mit Hilfe der CD.

a ustedes – a vosotros – a mí – a ellas – a ti – a nosotros – a él

1. ¿______________ te falta algo?
2. ______________ no le gustan los museos, pero a mí sí.
3. ______________ nos gusta mucho viajar.
4. ______________ os encanta el cine, ¿verdad?

12

▸ § 27 Indirekte Pronomen

In Verbindung mit Präpositionen wie z.B. **para** *(für)*, **con** *(mit)* und **sin** *(ohne)* werden die gleichen betonten Pronomen wie bei der Präposition **a** verwendet: **Este regalo es para ti.**

Übersetzen Sie die in Klammern angegebenen Ausdrücke ins Spanische und schreiben Sie sie in die Lücken.

1. ¿Este ramo de flores es *(für mich)* ________________ ?
2. Ana trabaja *(mit Ihnen)* ________________ , ¿verdad?
3. Si queréis, podéis ir *(ohne mich)* ________________ .
4. *(ohne dich)* ________________ , no vamos a la fiesta.

In Verbindung mit der Präposition **con** sind die 1. und 2. Person Singular unregelmäßig: **conmigo** *(mit mir)* / **contigo** *(mit dir)*
¿Quieres venir conmigo? / Me encanta trabajar contigo.

13

▸ § 28 Kombinierte Pronomen

Wird in einem Satz ein indirektes und ein direktes Pronomen benutzt, so steht das indirekte vor dem direkten. Beide stehen vor dem Verb:

- ● ¿Te gusta mi bicicleta?
- ○ Sí, mucho.
- ● ¡Pues te la regalo!

Die indirekten Pronomen **le / les** werden zu **se**, wenn **lo / la / los / las** folgt:

- ● ¿Le has comprado ya a tu madre el regalo?
- ○ No, todavía no se lo he comprado.

14

Vervollständigen Sie folgende Dialoge mit den richtigen Pronomen.

1. ● ¿Quién te ha regalado estas flores?
   ○ ______ ______ ha regalado un amigo.
2. ● ¿Le habéis comprado la bufanda a la abuela?
   ○ Sí, ______ ______ hemos comprado esta tarde.
3. ● ¿Quién os ha regalado los patines?
   ○ ______ ______ han regalado los tíos.

15

Bei Infinitivkonstruktionen mit Verben wie **querer**, **poder** oder Strukturen wie **tener que** + Infinitiv können die Pronomen vorangestellt oder angehängt werden:

▸ § 29 Stellung der Pronomen

Hola, buenos días. ¿Les puedo ayudar en algo?
Hola, buenos días. ¿Puedo ayudarles en algo?

Ändern Sie diese Sätze, indem Sie das Pronomen anhängen.

1. Te quiero regalar este libro.
2. Os tengo que decir una cosa.

Gut zu wissen:
Achten Sie darauf, dass die Pronomen direkt an den Infinitiv angehängt werden.

Bei angehängten Pronomen soll die Betonung auf der gleichen Silbe des Verbs bleiben, d.h. man muss bei zwei angehängten Pronomen immer einen Akzent setzen: **No me atrevo a comprárselos.**

16 1 TR. 96

Hören Sie sich auf der CD sechs Sätze an. Schreiben Sie diese Sätze um, indem Sie die Pronomen an den Infinitiv anhängen, z.B.: **No te lo puedo decir ▸ No puedo decírtelo.** Denken Sie an die Akzentsetzung!

Gut zu wissen:
Farben sind männlich: **el (color) blanco.** Sie gleichen sich an das Substantiv an: **los coches azules.** Die Farben **naranja** und **rosa** sind jedoch unveränderlich: **el casco rosa.**

17 1 TR. 97

Sehen Sie sich den Regenbogen und die Farben auf Spanisch an. Hören Sie sich diese auf der CD an und sprechen Sie sie nach.

Spiel: Bingo – Interkulturelles: Öffnungszeiten in Spanien

18

TR. 98

Möchten Sie Bingo spielen? Die CD diktiert Ihnen verschiedene Wörter. Sobald Sie ein Wort hören, das Sie auf einem Ihrer Bingokärtchen sehen, kreuzen Sie es an. Wenn Sie drei Kreuze in einer Reihe haben (waagerecht, senkrecht oder diagonal), haben Sie **¡Bingo!** Aber nicht mogeln! Überprüfen Sie in der Transkription im Begleitheft, ob Sie wirklich die richtigen Bilder angekreuzt haben.

19

In Spanien sind die Öffnungszeiten sehr unterschiedlich. Kleinere Geschäfte öffnen normalerweise von Montag bis Samstag zwischen 10.00 und 13.30 Uhr und nachmittags zwischen 16.30 oder 17.00 und 20.00 oder sogar 21.00 Uhr.
Größere Geschäfte oder diejenigen, die im Zentrum der Städte anzutreffen sind, machen oftmals keine Mittagspause und andere haben sogar 24 Stunden geöffnet.
Durchgehend von 10.00 Uhr bis 22.00 Uhr, einschließlich samstags, öffnen die **centros comerciales** *(Einkaufszentren)*, **grandes almacenes** *(Kaufhäuser)* und **hipermercados** *(große Supermärkte)*.
Banken und Post sind meist von Montag bis Samstag von 8.30 bis 14.00 Uhr für den Publikumsverkehr geöffnet. Behördengänge können in der Regel von Montag bis Freitag zwischen 8.30 und 14.00 Uhr gemacht werden.

TR. 99 Hören Sie sich den Minidialog auf der CD an und finden Sie heraus, wohin die Person anschließend geht.

1

Welche Antwort passt nicht? Kreuzen Sie sie an.

1. ¿Tienes que hacer algo mañana?
a. ■ Sí, quiero ir al centro para comprar una mesa.
b. ■ He estado con mis amigos.
c. ■ Tengo que terminar el proyecto.
d. ■ Pues, no; podemos hacer algo, si quieres.

2. ¿Tú sabes dónde está la parada de autobús?
a. ■ Sí, delante del cine.
b. ■ Creo que está enfrente del parque.
c. ■ Vive cerca de la estación.
d. ■ Al lado del supermercado hay una.

3. Perdone, ¿qué precio tienen estos zapatos?
a. ■ Un momento, por favor, ahora se lo digo.
b. ■ ¿Ésos? 44 euros.
c. ■ Cuestan 63 euros.
d. ■ Los quiero en negro.

4. ¿Tiene hora, por favor?
a. ■ Sí, es la una y media.
b. ■ No, lo siento.
c. ■ A las once y cuarto.
d. ■ Son las ocho menos veinte.

5. ¿Cómo quieres viajar?
a. ■ ¡Qué moto más bonita!
b. ■ En coche.
c. ■ Mejor en autobús.
d. ■ Creo que en tren es más rápido.

2

2 TR. 01

Die Reihenfolge dieser Bilder ist durcheinander geraten. Hören Sie sich den Dialog an und bringen Sie die Bilder in die richtige Reihenfolge, indem Sie sie von 1 - 6 nummerieren.

la Oficina de Información y Turismo – *Fremdenverkehrsamt*

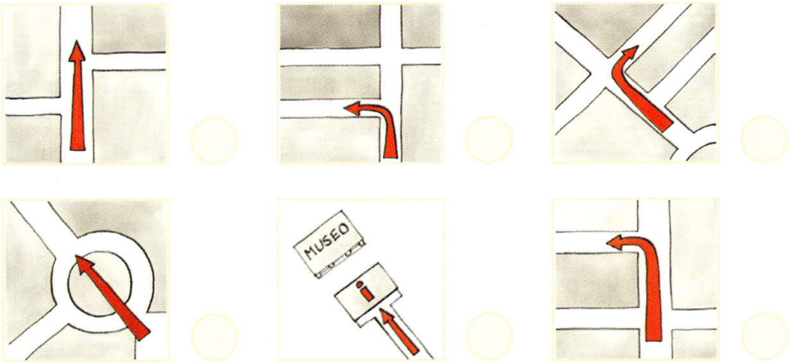

Fragen beantworten

la corbata – *Krawatte*

3

TR. 02

Verbinden Sie die spanischen Sätze rechts mit den entsprechenden Umschreibungen links. Überprüfen Sie dann Ihre Lösungen mit Hilfe der CD und sprechen Sie die Sätze nach.

1. *eine Meinung äußern*	a. ¿Quedamos el viernes para ir al cine?
2. *eine Erklärung einführen*	b. ¿Me puede enseñar alguna corbata en marrón?
3. *jemanden ansprechen und nach dem Weg fragen*	c. Lo siento mucho, no he podido llegar en punto.
4. *auf dem Markt etwas kaufen*	d. ¿Qué te parece este bolso rojo?
5. *im Kaufhaus nach etwas fragen*	e. Hoy no puedo salir. Es que tengo que trabajar, ¿sabes?
6. *einen Vorschlag machen*	f. ¡Tu idea me parece estupenda!
7. *sich entschuldigen*	g. Quería medio kilo de fresas.
8. *nach der Meinung fragen*	h. Oiga, perdone, ¿sabe si hay una farmacia por aquí cerca?

4

Beantworten Sie die folgenden Fragen und versuchen Sie dabei, die erlernten Vokabeln anzuwenden. Wenn Sie Hilfe brauchen, schlagen Sie im Wortverzeichnis im Begleitheft nach.

1. ¿Qué le gusta hacer después de trabajar?
2. ¿Qué productos compra usted en el mercado?
3. ¿Cómo va al trabajo?

5

Lesen Sie die folgenden Fragen und beantworten Sie sie. Im Begleitheft stehen Antwortvorschläge.

1. ¿Qué deporte/s practica usted?
2. ¿Cómo es usted? ¿Qué carácter tiene?
3. ¿Qué color le gusta más?
4. ¿Qué hace usted para divertirse?
5. ¿A qué hora cena?
6. ¿Qué le han regalado en su último cumpleaños?
7. ¿Qué película ha visto en el cine recientemente?
8. ¿Qué ha hecho esta semana?

6

Erinnern Sie sich noch an diese unregelmäßigen Verben? Schreiben Sie die fehlenden Formen in die Tabelle.

▶ § 14 Unregelmäßige Verben

querer	poder	decir
		digo
quieres		dices
	puede	
queremos	podemos	
		decís

Bei diesen Verben ändert sich der Stammvokal bei den Formen, deren Betonung auf dem Wortstamm liegt:
e ▶ ie: querer ▶ quiero **o ▶ ue: poder ▶ puedes** **e ▶ i: decir ▶ digo**

7

Vervollständigen Sie die folgenden Sätze mit den Präsensformen der in Klammern angegebenen Verben. Wenn Sie Hilfe zu den unregelmäßigen Verben benötigen, sehen Sie in der Grammatik nach.

▶ § 14 Unregelmäßige Verben

1. Oye, Jordi, ¿*(tener)* ____________ que hacer algo mañana?
2. ¿Cuánto *(costar)* ____________ estos zapatos?
3. ¿Cuánto le *(poner)* ____________, señora?
4. Tú *(seguir)* ____________ por aquí, y, al final, está el teatro.
5. Perdone, ¿*(haber)* ____________ una farmacia por aquí cerca?
6. Yo no *(conocer)* ____________ a esa persona, ¿y tú?

8

Vervollständigen Sie die folgenden Sätze mit **muy** oder **mucho**.

▶ § 12 muy / mucho

1. Ese chico es simpático y ________ inteligente.
2. A nosotros nos gusta ________ hacer montañismo.
3. Esa raqueta me parece ________ cara.
4. Usted habla ________ bien el español.

la raqueta – *Tennisschläger*

Pronomen

9 TR. 03

▸ § 27 Indirekte Pronomen

Hier sehen Sie vier Minidialoge. Setzen Sie die Kombinationen aus Präposition und Pronomen in die passenden Lücken. Achten Sie dabei auf den Zusammenhang und überprüfen Sie dann Ihre Lösungen mit Hilfe der CD.

sin vosotros – para mí – a ti – conmigo – para ti – sin ti – contigo – a mí

1. • Oye, quería hablar __________ un momento.
   ○ ¿__________? Está bien.
2. • He comprado este libro __________.
   ○ ¿__________? ¡Qué amable eres!
3. • Oye, Jordi, ¿__________ te han dicho algo del nuevo proyecto?
   ○ No, __________ nadie me ha dicho nada.
4. • No quiero ir __________.
   ○ Y nosotros __________ tampoco.

10 TR. 04

▸ § 28 Kombinierte Pronomen

Vervollständigen Sie die folgenden Minidialoge, indem Sie die direkten und indirekten Pronomen in die richtigen Lücken setzen. Überprüfen Sie Ihre Lösungen mit Hilfe der CD und sprechen Sie die Sätze nach. Achtung! Einige Pronomen bleiben übrig. Wenn Sie Hilfe brauchen, sehen Sie in der Grammatik nach.

le – me – te – os – los – la – les – se – las – nos – lo – se

1. • ¿Por qué no me decís quién es?
   ○ No ______ ______ podemos decir todavía.
2. • ¿Quién os ha regalado estas gafas?
   ○ ______ ______ ha regalado nuestra abuela.
3. • ¿Le has dado la agenda a la secretaria?
   ○ Sí, ______ ______ he dado esta mañana.
4. • ¿Les habéis comprado los regalos a vuestros padres?
   ○ Sí, ______ ______ hemos comprado hoy.

11

Sehen sie sich die Sätze an. Welche Präposition fehlt, um den Satz zu vervollständigen? Wählen Sie jeweils die richtige Präposition aus.

§ 37 Präpositionen

1. _____ la tarde he quedado con unos amigos. *(de/a/por)*
2. Yo siempre viajo _____ coche. *(en/con/a)*
3. En la primera bocacalle tienes que girar _____ la izquierda. *(de/por/a)*
4. Son las diez _____ la mañana. *(a/de/por)*

12

In diesem Text erzählt Rosita Ihnen, was sie heute gemacht hat. Vervollständigen Sie den Text mit dem passenden Verb im Perfekt. Wenn Sie die Bildung des Perfekt wiederholen möchten, lesen Sie das entsprechende Kapitel in der Grammatik.

§ 15 Perfekt

Hoy por la mañana _____________ unas compras en el centro. Después, a mediodía, _____________ en un restaurante y _____________ un café en una terraza. Luego _____________ en el museo y _____________ hasta las ocho. Después _____________ al supermercado y _____________ una lechuga. Mi madre me _____________ por teléfono, ¡y las dos _____________ hasta las once de la noche!

_____________ una ensalada, _____________ un poco la televisión y ahora me voy a la cama.

¡Hasta mañana!

Gut zu wissen:
Einige Verben haben unregelmäßige Partizipien:
ver ▸ **visto** *(gesehen)*
hacer ▸ **hecho** *(gemacht, getan)*

13

Schreiben Sie die Perfektform der in Klammern vorgegebenen Verben in die Lücken.

1. Yo a ellos no les *(decir)* _____________ nada.
2. Y tú, ¿qué *(hacer)* _____________ este fin de semana?
3. La secretaria *(ser)* _____________ muy amable con nosotros.
4. Y vosotros, ¿*(ver)* _____________ esa película también?

Uhrzeiten – Mengen-, Häufigkeits- und Ortsangaben

14

Sie hören auf der CD jeweils drei Minidialoge zu jedem Bild. Welcher Dialog passt zu der abgebildeten Uhrzeit? Kreuzen Sie an.

2 TR. 05

A

- Dialog 1
- Dialog 2
- Dialog 3

2 TR. 06

B

- Dialog 1
- Dialog 2
- Dialog 3

2 TR. 07

C

- Dialog 1
- Dialog 2
- Dialog 3

15

Ordnen Sie die Begriffe in absteigender Reihenfolge je nach ihrer Bedeutung – von mehr bis weniger und von häufiger bis weniger häufig – an.

poco – demasiado – bastante – nada – mucho

nunca – siempre – a veces – muchas veces

16

Verbinden Sie die Sätze rechts mit den entsprechenden Bildern links.

1.

a. Chema está enfrente de Jordi.

2.

b. Rosita está a la izquierda de Chema.

3.

c. Rosita está a la derecha de Jordi.

17 TR. 08

Hören Sie sich die Glückszahlen in der Lotterie an und schreiben Sie sie auf.

18

Vervollständigen Sie die Postkarte, die Rosita an ihre Freundin schreibt, mit Hilfe der angegebenen deutschen Wörter.

ihr – nicht wahr – Dienstag – Geschenk – sehr – helfen – sympathisch – Stadt

¡Hola, Lupita!

¿Cómo estás? Madrid es una __________ muy bonita y me gusta __________ trabajar en el museo.

Jordi y Chema, mis compañeros de piso, son unos chicos muy ____________________; siempre me __________ en todo, ¡incluso cocinan!

Este __________ he ido con Chema a comprar un regalo de cumpleaños para Noelia, la vecina.

Al final __________ hemos comprado un casco protector porque a ella le encanta patinar. Un __________ muy original, ¿__________?

Un beso, Rosita

Intonation – Betonung und Akzentsetzung

19

Zu jeder Aufgabe hören Sie jeweils drei Sätze. Achten Sie beim Hören auf die Intonation. Welcher von den drei Sätzen ist ein Fragesatz? Kreuzen Sie an. Die Bilder helfen Ihnen beim Verstehen der Sätze bzw. Fragen.

2 TR. 09

1. 

a. ☐
b. ☐
c. ☐

2 TR. 10

2. 

a. ☐
b. ☐
c. ☐

2 TR. 11

3. 

a. ☐
b. ☐
c. ☐

2 TR. 12

4. 

a. ☐
b. ☐
c. ☐

2 TR. 13

5. 

a. ☐
b. ☐
c. ☐

2 TR. 14

6. 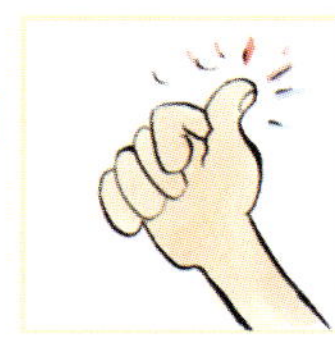

a. ☐
b. ☐
c. ☐

20

In den folgenden Sätzen fehlen die Akzente! Setzen Sie die fehlenden Akzente.

1. ¿Donde trabaja tu marido?
2. Si quereis, podemos tomar te.
3. Tu no sabes quien es el, pero yo si lo se.

Am besten lernen Sie alle Wörter immer gleich mit den entsprechenden Akzenten.

21

2 TR. 15

Die CD diktiert Ihnen vier Sätze. Schreiben Sie sie auf und vergessen Sie nicht, die Akzente zu setzen, wo es notwendig ist.

1

Sehen Sie sich diese Getränke an. Welche davon trinken Sie gern? Unterstreichen Sie Ihre Lieblingsgetränke.

un vino blanco

un vino tinto

un vino rosado

un vaso de leche

una caña de cerveza

un mosto

un refresco

agua sin gas

agua con gas

un zumo de naranja

2

Sehen Sie sich an, was die Personen gerade machen. Versuchen Sie, die Ausdrücke den Personen zuzuordnen und entsprechend von 1–8 zu nummerieren. Können Sie nun die Übersetzungen den spanischen Sätzen zuordnen?

■ está cortando cebolla – ■ están comiendo – ■ está viendo la televisión – ■ está llamando por teléfono – ■ está leyendo el periódico – ■ está enseñando un nuevo programa – ■ está preparando la cena – ■ están durmiendo

■ a. *sie telefoniert gerade*
■ b. *sie essen gerade*
■ c. *sie schlafen gerade*
■ d. *sie sieht gerade fern*
■ e. *er schneidet gerade Zwiebeln*
■ f. *er liest gerade die Zeitung*
■ g. *er zeigt gerade ein neues (Computer)programm*
■ h. *sie bereitet gerade das Abendessen vor*

Gespräch zwischen Charo und Agustín

3
2 TR. 16

Es ist Abend: Herr und Frau Giménez (Charo und Agustín) sind zu Hause. Sie unterhalten sich über die neue Nachbarin Rosita.
Sehen Sie sich die Bilder an und hören Sie sich den Dialog an.

4
2 TR. 17

Hier sehen Sie einige Sätze aus dem vorigen Dialog. Hören Sie sich diese auf der CD an und sprechen Sie sie nach. Lesen Sie dann die Übersetzungen unten.

1. ¡Estoy preparando algo de cena! ¿No tienes hambre?
2. Aquí tienes el cuchillo. ¿Puedes cortar las cebollas también?
3. A ti Chema te cae muy bien, ¿verdad?
4. El chico le está enseñando un nuevo programa de ordenador.
5. Se llevan muy bien los dos … ¿Puedes preguntarle si quiere cenar con nosotros?

a. *Ich koche gerade etwas zum Abendessen! Hast du keinen Hunger?*

b. *Hier hast du das Messer. Kannst du bitte auch die Zwiebeln schneiden?*

c. *Du magst Chema, nicht wahr?*

d. *Der Junge zeigt ihr gerade ein neues Computerprogramm.*

e. *Die beiden verstehen sich sehr gut … Kannst du ihn fragen, ob er mit uns zu Abend essen will?*

Gut zu wissen:

Das Verb **tener** wird für viele Ausdrücke verwendet, wie z. B. **tener hambre / sed** *(Hunger / Durst haben)*, **tener frío / calor** *(jemandem ist kalt/warm)*, **tener prisa** *(in Eile sein)*, **tener 20 años** *(20 Jahre alt sein)*, **tener sueño** *(müde sein)*.

5

2 TR. 16

Sind folgende Aussagen richtig oder falsch? Kreuzen Sie an. Im Wortschatzfeld rechts finden Sie Hilfe zum Vokabular. Sie können sich den Dialog noch einmal anhören, bevor Sie antworten.

		correcto	falso
1.	Agustín no tiene hambre.		
2.	Agustín corta las patatas y las cebollas.		
3.	Rosita siempre vuelve a casa muy pronto.		
4.	Charo cree que Rosita tiene muchos amigos.		
5.	A Charo Chema le parece buen chico.		
6.	No hay vino para la cena.		
7.	Agustín para beber prefiere vino.		
8.	Agustín quiere comprar una botella de vino tinto y una cerveza.		

◂ **vuelve ▸ volver** – *zurückkehren*
pronto – *früh*
prefiere ▸ preferir – *vorziehen, lieber mögen*

6

2 TR. 16

Hören Sie sich den Dialog auf der CD an und lesen Sie den Text im Begleitheft mit. Unterstreichen Sie die Sätze, in denen jemand um einen Gefallen gebeten wird.

Was sagt man, um auszudrücken, dass man etwas vorzieht? Schreiben Sie den Ausdruck in die Sprechblase.

Zum Schluss können Sie sich die Übersetzung des gesamten Dialogs im Begleitheft durchlesen.

*Das Verb **preferir** – Das Verb **traer***

7
2 TR. 18

▶ § 14 Unregelmäßige Verben

Das Verb **preferir** *(vorziehen)* ist ein unregelmäßiges Verb, mit einer Änderung des Stammvokals (**e ▶ ie**). In der Grammatik finden Sie die ganze Konjugation des Verbs.
Hören Sie sich auf der CD den Minidialog an. Übernehmen Sie die zweite Rolle und schreiben Sie Ihre Antwort auf. Was trinken Sie lieber? Sie können die Getränke aus dem Bild auswählen.

Gastgeberin: ¿Qué prefieres para beber: agua o vino?

Gast: ______________________________

Gastgeberin: Yo tomo un agua.

8
2 TR. 19

Lesen Sie die Fragen. Hören Sie sich nun auf der CD pro Frage jeweils vier Antwortmöglichkeiten an und wählen Sie aus, was Sie lieber mögen. Sie können mehr als eine Antwort ankreuzen.

1. ¿Cómo prefiere cenar? a b c d
2. ¿Qué comida prefiere? a b c d
3. ¿Qué prefiere beber para cenar? a b c d
4. ¿Qué prefiere comprar en el mercado? a b c d

9
2 TR. 20

Versuchen Sie, die Formen des Verbs **traer** *(bringen)* in die richtigen Lücken zu setzen. Überprüfen Sie Ihre Lösungen mit Hilfe der CD.

traen – traemos – traes – traigo – trae – traéis

tú ________	Ana y tú ________	yo ________
Antonio ________	nosotras ________	ustedes ________

Beachten Sie:
Das Verb **traer** ist in der ersten Person Singular (**yo**) unregelmäßig.

10

2 TR. 21

Um eine Handlung zu beschreiben, die gerade stattfindet, verwendet man **estar** + Gerundium: **¡Estoy preparando algo de cena!** *(Ich bereite gerade etwas zum Abendessen vor!)*
Man bildet das Gerundium durch Anhängen einer Endung an den Verbstamm: **-ando** bei Verben auf **-ar** bzw. **-iendo** bei Verben auf **-er / -ir.**
Hören Sie sich folgende drei Sätze auf der CD an und schreiben Sie die fehlenden Formen von **estar** + Gerundium in die Lücken.

1. La vecina ____________________ por teléfono.
2. Los niños ____________________ la televisión.
3. ¿Qué ____________________?

Wenn der Verbstamm auf einem Vokal endet, wird die Endung **-endo** zu **-yendo**: **leer** *(lesen)* ▸ **leyendo**
Andere unregelmäßige Gerundien sind:
ir ▸ yendo **decir ▸ diciendo** **dormir ▸ durmiendo**

▸ § 18 Gerundium

Gut zu wissen:
Wenn der Satz ein Pronomen enthält, steht dieses entweder vor dem Verb **estar** oder es wird an das Gerundium angehängt: **Le estoy escribiendo una carta. / Estoy escribiéndole una carta.** Im zweiten Fall ist ein Akzent erforderlich, damit die Betonung auf der gleichen Silbe des Verbs erhalten bleibt.

11

Was machen diese Personen gerade? Vervollständigen Sie die Sätze mit dem entsprechenden Verb im Gerundium.

1. Agustín está ____________ en la oficina.

2. Jordi está ____________ un plátano.

3. Rosita está ____________ una novela.

4. Charo está ____________ la siesta.

12

Ergänzen Sie die Sätze mit den angegebenen Verben in der Form **estar** + Gerundium.

1. Las chicas *(patinar)* ____________________.
2. ¿Qué *(beber)* ____________________, Ana?
3. Rosita y yo *(comprar)* ____________________ el regalo para Noelia.
4. Rosita *(escribir)* ____________________ a sus padres.
5. Y vosotros, ¿también *(buscar)* ____________________ un piso en el centro?

Adjektive vs. Adverbien – ***el mismo / la misma / lo mismo***

13

▶ § 9 Adverb

▶ § 6 Adjektiv

Gut zu wissen:
Ähnlich wie beim Adverb **bien** und den Adjektiven **buen(o)**, **buena**, **buenos**, **buenas** ist auch die Verwendung des Adverbs **mal** und der Adjektive **mal(o)**, **mala**, **malos**, **malas** *(schlecht)*. Als Adjektiv wird **malo** zu **mal** (wie **bueno** zu **buen**), wenn es vor einem Substantiv steht: **No es un mal chico.**

bien ist ein Adverb, das heißt, es bezieht sich auf ein Verb (**estar bien**); **bueno / -a** dagegen ist ein Adjektiv und bestimmt die Eigenschaften eines Substantivs näher (**es una buena idea**).
Die Adjektive stehen im Spanischen meist nach dem Substantiv: **un piso pequeño**. Aber manchmal können sie vorangestellt werden, z. B. wenn eine subjektive Bewertung ausgedrückt wird: **Es una buena película**.
Wenn die männliche Form **bueno** vor dem Substantiv steht, wird sie zu **buen** verkürzt: **un buen vino**; **buena** dagegen wird nie verkürzt.

Setzen Sie die Wörter in die richtigen Lücken.

buen – bien – buen – bien

1. A ti Chema te cae muy ________, ¿verdad?
3. Me parece ________ chico.
3. Se llevan muy ________ los dos.
4. ¿Puedes comprar un ________ vino tinto?

14

el mismo bedeutet *derselbe* und als Adjektiv wird es an das Substantiv, auf das es sich bezieht, angeglichen. So gibt es die Formen **el mismo / la misma / los mismos / las mismas** *(der / die / das gleiche, der- / die- / dasselbe)*, die sich in Geschlecht und Zahl nach dem Substantiv richten, zu dem sie gehören.

Vervollständigen Sie die Sätze mit der entsprechenden Form.

1. A Juan y a Carlos les gusta ____________ chica.
2. ¿Sabes qué? Tú y yo tenemos ____________ perfume.
3. A mis amigos y a mí nos gusta practicar ____________ deportes.
4. Ese chico tiene ____________ gafas que tú.

el mismo / la misma / los mismos / las mismas können auch allein stehen. In diesem Fall kommt noch eine Neutrum-Form dazu: **lo mismo** *(dasselbe)*: **Noelia me ha comentado lo mismo.**

15

Wie Sie schon wissen, wird das Perfekt verwendet, um Handlungen und Ereignisse auszudrücken, die vom Sprecher in einem engen Bezug zum Sprechzeitpunkt gesehen werden. Es steht oft in Verbindung mit Angaben wie **este año** *(dieses Jahr)*, **este mes** *(diesen Monat)*, **esta semana** *(diese Woche)*, **hoy** *(heute)*, **todavía no** *(noch nicht)*, **ya** *(schon)*.
Man verwendet das Perfekt auch in Verbindung mit Zeitangaben wie **alguna vez** *(einmal)*, **muchas veces** *(viele Male)*, **un par de veces** *(ein paar Mal)*, **nunca** *(nie / niemals)*:

▸ § 15 Perfekt

- **¿Has estado alguna vez en Latinoamérica?**
- **No, no he estado nunca, ¿y tú?**

Gut zu wissen:
Wenn **nunca** nach dem Verb steht, ist eine doppelte Verneinung erforderlich: **No he estado nunca en Latinoamérica.** Steht **nunca** dagegen vor dem Verb, ist die doppelte Verneinung nicht möglich: **Nunca he estado en Latinoamérica.**

Lesen Sie die zwei Fragen und geben Sie jeweils eine Antwort. Verwenden Sie dabei die Ausdrücke **nunca**, **una vez**, **un par de veces**, **muchas veces**.

¿Ya ha estado en España? *(Waren Sie schon einmal in Spanien?)*
¿Ha comido paella alguna vez? *(Haben Sie schon einmal Paella gegessen?)*

16

Lesen Sie die folgenden Sätze. Trifft dies auch auf Sie zu? Wenn ja, antworten Sie mit **sí**, ansonsten mit **no**.

		sí	no
1.	He viajado muchas veces a Barcelona.		
2.	Todavía no he comido nada.		
3.	Este año he comprado un coche nuevo.		
4.	Ya he leído el periódico de hoy.		
5.	He estado un par de veces en México.		
6.	Nunca he practicado la vela.		
7.	He tenido que trabajar mucho esta semana.		
8.	He viajado una vez en el transiberiano.		

Die ***tortilla***

17

2 TR. 22

Chema und Rosita sind in der Küche. Chema zeigt ihr, wie die spanische **tortilla** zubereitet wird. Lesen Sie zuerst, was man alles für die Zubereitung einer **tortilla** braucht. Hören Sie sich dann den Dialog mehrere Male an und versuchen Sie, die Bilder in die richtige Reihenfolge zu bringen und entsprechend von 1-6 zu nummerieren.

ingredientes *(Zutaten)*:
- 1 kg. de patatas
- 6 huevos *(Eier)*
- 1 cebolla pequeña
- ½ litro de aceite de oliva *(halber Liter Olivenöl)*
- 2 cucharaditas de sal *(Teelöffel Salz)*

otras cosas:
- una sartén para freír las patatas *(eine Pfanne, um die Kartoffeln zu braten)*
- un bol para batir los huevos *(eine Schale, um die Eier zu schlagen)*
- un plato para darle la vuelta a la tortilla *(ein Teller, um die Tortilla umzudrehen)*

18

Die **tortilla de patatas** - das beliebte Omelett aus Kartoffeln und Eiern - ist für Spanien so typisch, dass es unter dem Namen **tortilla española** als Nationalgericht bekannt ist. Man isst **tortilla** oft zum Abendessen oder als **tapas** in einer Bar.

Heute macht man in Spanien mit fast allem eine **tortilla**: mit Spinat oder Bohnen, mit Schinken oder Pilzen. Außerdem gibt es viele regionale Varianten. Für die einfachste Madrider Variante brät man die Kartoffeln zusammen mit fein geschnittenen Zwiebeln oder Knoblauchzehen an. Die Masse wird dann mit den Eiern zu einem Omelett verarbeitet. Diese **tortilla** ist so populär, dass sie oft für das Ur-Rezept der **tortilla de patatas** (allerdings ohne Zwiebeln) gehalten wird.

Mit **tortilla** wird in Mexiko, Zentralamerika und in der Karibik dagegen etwas völlig Anderes bezeichnet. Hier sind es Maispfannkuchen, die aus Maismehl gemacht werden. In Mexiko werden sie z.B. mit Fleisch gefüllt und **enchiladas** genannt.

*Spanische **tapas** - Den Tagesablauf beschreiben*

1 (CD 2, TR. 23)

So sieht eine typische Bartheke in Spanien aus. Hören Sie sich auf der CD an, wie die verschiedenen **tapas** *(Häppchen)* heißen, und sprechen Sie nach. Sehen Sie sich dann die Übersetzungen an.

1. *Frittierte Babytintenfische* – 2. *Kutteln* – 3. *Russischer Salat* – 4. *Frittierte Tintenfische* – 5. *Fleischbällchen* – 6. *Scharfe Kartoffeln* – 7. *Frittierte Sardellen* – 8. *Roher Schinken* – 9. *Kroketten* – 10. *Oliven*

2 (CD 2, TR. 24)

Wie ist Agustíns Tagesablauf? Sehen Sie sich die Bilder an und hören Sie sich auf der CD an, was Agustín erzählt. Ordnen Sie dann die Sätze unten den entsprechenden Bildern zu. Informationen zu den neuen Vokabeln finden Sie rechts.

1.

2.

3.

4.

5.

a. Desayuno un café con leche y un cruasán. – b. Almuerzo con mis compañeros en la cantina. – c. Por las mañanas me levanto temprano. – d. Me acuesto siempre bastante tarde. – e. Termino de trabajar a las seis.

Gut zu wissen:

Die Verbformen **almuerzo** und **me acuesto** sind die Formen der 1. Person Singular der unregelmäßigen Verben **almorzar** *(zu Mittag essen)* und **acostarse** *(ins Bett gehen)*.

me levanto
levantarse – *aufstehen*
temprano – *früh*
desayunar – *frühstücken*
el cruasán – *Croissant*
terminar – *aufhören, beenden*

In der Stammbar

3 TR. 25

Chema und Jordi sind in ihrer Stammbar und bestellen bei Paco, dem Kellner, kleine Häppchen. Dabei erzählen sie von ihrem unterschiedlichen Tagesablauf bei der Arbeit.
Sehen Sie sich das Bild an und hören Sie sich den Dialog auf der CD an.

4 TR. 26

Hören Sie sich folgende Sätze aus dem Dialog auf der CD an und lesen Sie mit. Können Sie die Übersetzungen den entsprechenden spanischen Sätzen zuordnen? Mit ein bisschen Intuition und Fantasie finden Sie bestimmt die zueinander gehörenden Sätze!

1. ¿Nos pones una tapa de patatas bravas?
2. ¿Qué tal te van las prácticas en la empresa?
3. La ventaja es que termino antes.
4. Comer en tan poco tiempo es menos sano.
5. Comer no es tan importante como el tiempo libre.
6. En la empresa se empieza a trabajar a las ocho.
7. Yo prefiero comer con más tranquilidad.
8. Así puedo hacer deporte después del trabajo.
9. Veo que te levantas siempre muy temprano.
10. Se almuerza en la cantina.

a. *Man isst in der Kantine.*
b. *Essen ist nicht so wichtig wie Freizeit.*
c. *Wie läuft denn das Praktikum in der Firma?*
d. *So kann ich nach der Arbeit Sport treiben.*
e. *Es ist ungesünder, in so kurzer Zeit zu essen.*
f. *Der Vorteil ist, dass ich früher fertig bin.*
g. *Ich sehe, dass du immer sehr früh aufstehst.*
h. *In der Firma fängt man um acht Uhr zu arbeiten an.*
i. *Gibst du uns eine **Tapa** mit **Patatas bravas**?*
j. *Mir ist es lieber, mit mehr Ruhe zu essen.*

5 TR. 25

Hören Sie sich zuerst den Dialog an. Welche der folgenden Aussagen macht Chema und welche Jordi? Kreuzen Sie an. Überlegen Sie dann, ob diese Aussagen auch auf Sie zutreffen.

	Chema	Jordi	Usted
1. Está contento en su empresa.			
2. Se levanta siempre muy temprano para ir a trabajar.			
3. Tiene tiempo de desayunar y de leer el periódico por la mañana.			
4. Empieza a trabajar a las nueve de la mañana.			
5. A mediodía almuerza en un restaurante con los colegas.			
6. Le gusta comer con tranquilidad.			
7. Sale temprano del trabajo.			
8. Hace deporte después del trabajo.			

6 TR. 25

Hören Sie sich den gesamten Dialog noch einmal an und lesen Sie den Text im Begleitheft mit. Können Sie aus dem Dialog erschließen, was man auf Spanisch sagt, um das Thema der Unterhaltung zu wechseln? Schreiben Sie diesen Ausdruck in die Sprechblase.

Noch unbekannte Wörter können Sie nun unterstreichen und aus dem Zusammenhang erschließen oder im Wortverzeichnis nachschlagen.

Reflexive Verben – Die unpersönliche Form ***se***

7

▸ § 21 Reflexive Verben

Folgende Sätze enthalten die zwei reflexiven Verben **levantarse** *(aufstehen)* und **acostarse** *(ins Bett gehen)*:
Te levantas siempre temprano. *(Du stehst immer früh auf.)*
Rosita se acuesta siempre muy tarde. *(Rosita geht immer sehr spät ins Bett.)*
Mehr zu den reflexiven Verben finden Sie in der Grammatik.

8

Vervollständigen Sie die Sätze mit der passenden Form im Präsens.

1. Jordi *(afeitarse)* ______________________ en diez minutos.
2. Yo siempre *(adaptarse)* ______________________ a todo rápidamente.
3. Creo que ustedes *(preocuparse)* ________________ demasiado por ella.
4. Eva y yo *(encontrarse)* ____________________ muchas veces en la calle.
5. Sus amigos no *(atreverse)* ______________________ a decirle nada.
6. Vosotros dos *(llevarse)* ______________________ muy bien, ¿verdad?

9

▸ § 22 Unpersönliche Form **se**

En la empresa se empieza a trabajar a las ocho.
(In der Firma fängt man um acht Uhr an zu arbeiten.)
Bei allgemeinen Formulierungen wird im Spanischen die unpersönliche dritte Person **se** *(man)* verwendet. Das Verb steht dann in der 3. Person Singular.

Vervollständigen Sie diesen Satz mit der unpersönlichen Form **se**.

1. En el bar de Paco *(comer)* ____________ un jamón muy bueno.

Sehen Sie sich nun folgenden Satz an:
En ese bar se comen *(man isst)* **unas croquetas muy ricas.**
Wenn also das Objekt des Satzes ein Substantiv im Plural ist, so steht auch das Verb in der 3. Person Plural.

Vervollständigen Sie diese Sätze mit der unpersönlichen Form **se**.

2. En el supermercado *(comprar)* ____________ muchos productos.
3. En México *(hablar)* ____________ español.

10

Vervollständigen Sie die Sätze über die spanischen Gewohnheiten mit der unpersönlichen Form **se**.

▶ § 22 Unpersönliche Form **se**

1. En España normalmente *(desayunar)* ________________ poco.
2. *(almorzar)* ________________ entre la una y las tres y media.
3. *(cenar)* ________________ entre las nueve y las diez de la noche.
4. *(salir)* ________________ mucho los fines de semana.
5. En los bares *(tomar)* ________________ tapas y *(hablar)* ________________ mucho.
6. *(tratar)* ________________ a la gente de tú con mucha frecuencia.
7. No sólo *(bailar)* ________________ flamenco.

11

Para mí hacer deporte es <u>tan</u> importante <u>como</u> salir con los amigos. *(Für mich ist Sport zu treiben genauso wichtig wie mit Freunden auszugehen.)*
Wenn man beim Vergleich Gleichheit ausdrücken will, verwendet man folgende Struktur:

tan + Adjektiv (z.B. **importante**) **+ como**
genauso + Adjektiv (z.B. *wichtig*) *+ wie*

Wenn der Gegenstand des Vergleichs ein Substantiv ist, verwendet man **tanto / -a / -os / -as** statt **tan**:
Chema tiene <u>tantos</u> amigos como Jordi.
(Chema hat genauso viele Freunde wie Jordi.)
Achten Sie darauf, dass **tanto / -a / -os / -as** mit dem Substantiv in Geschlecht und Zahl übereinstimmen muss.

▶ § 10 Vergleich

Vervollständigen Sie die Sätze, indem Sie die Wörter in die richtigen Lücken setzen.

tan – tanto – tanta – tantas

1. Yo tengo ____________ dinero como tú.
2. Aquí hay ____________ comida como en un restaurante.
3. En esa empresa hay ____________ secretarias como jefes.
4. Las patatas bravas están ____________ ricas como los chopitos.

12

§ 10 Vergleich

Sie haben gerade den Vergleich bei Gleichheit gelernt. Diese Gleichheit kann man auch verneinen:
Comer en casa no es tan práctico como comer en la cantina.
(Zu Hause zu essen ist nicht so praktisch wie in der Kantine zu essen.)

Dies könnte man auch durch einen anderen Vergleich formulieren, bei dem Überlegenheit ausgedrückt wird:
Comer en la cantina es más práctico que comer en casa.
(In der Kantine zu essen ist praktischer als zu Hause zu essen.)

Oder auch durch einen Vergleich der Unterlegenheit:
Comer en casa es menos práctico que comer en la cantina.
(Zu Hause zu essen ist weniger praktisch als in der Kantine zu essen.)

Bei einige Adjektiven wird der Vergleich nicht durch **más** oder **menos** ausgedrückt, sondern sie haben eigene, unregelmäßige Vergleichsformen z. B.:
bueno / -a *(gut)* ▸ **mejor** *(besser)*
malo / -a *(schlecht)* ▸ **peor** *(schlechter)*

Vervollständigen Sie die Sätze, indem Sie die angegebenen Wörter ins Spanische übersetzen.

1. Yo trabajo *(mehr)* ______ horas *(als)* ______ tú.
2. Tú trabajas *(weniger)* ______ horas *(als)* ______ yo.
3. Tú no trabajas *(genauso viele)* ______ horas *(wie)* ______ yo.

13

Vervollständigen Sie die Sätze, indem Sie die angegebenen Wörter ins Spanische übersetzen.

1. Nacho no es *(so schüchtern wie)* ____________________ Noelia.
2. Esta novela no es *(so gut wie)* ____________________ la otra.
3. Esos zapatos rojos son *(extravaganter als)* ____________________ éstos.
4. Tu jefa es *(sympathischer als)* ____________________ mi secretaria.
5. Tienes *(so viele Pflanzen wie)* ____________________ mi vecina.
6. En esa tienda tienen *(so viele Sofas wie)* ____________________ en la otra.
7. El autobús es *(praktischer als)* ____________________ el coche.
8. Aquí hay *(weniger Leute als)* ____________________ en el bar de Paco.

14

Sie kennen schon Sätze mit **estar** + Gerundium (z. B. **estoy comiendo**). Das Gerundium kann auch in Verbindung mit anderen Verben stehen, wie zum Beispiel dem Verb **pasar** *(verbringen)*.

▶ § 18 Gerundium

2 TR. 27

Hören Sie sich an, was Jordi erzählt, und vervollständigen Sie den Satz mit den fehlenden Wörtern.

Así puedo hacer un poco de deporte después del trabajo, salir con amigos o, si estoy muy estresado, pasar la tarde tranquilamente en casa ______________ un libro o ________________ la tele …

Wie Sie an diesem Beispiel sehen, steht das Gerundium für einen Nebensatz, der im Deutschen mit „indem" eingeleitet wird. Das Gerundium kann auch allein vorkommen und steht dann für andere Nebensätze, die auf Deutsch z. B. durch „wenn" eingeleitet werden:
Comiendo en la cantina se ahorra tiempo y dinero.
(Wenn man in der Kantine isst, spart man Zeit und Geld.)

Gut zu wissen:
Man findet das Gerundium außerdem in festen Ausdrücken wie z. B.:
Oye Jordi, y hablando de otro tema, …
(Sag mal Jordi, was ganz Anderes, …)

15

In diesen Sätzen wird Zustimmung bzw. Widerspruch ausgedrückt:
<u>Sí</u>, <u>tienes razón</u>, aunque comer en tan poco tiempo es menos sano.
<u>Sí</u>, <u>pero</u> para mí comer mejor al mediodía no es tan importante como tener más tiempo libre.

2 TR. 28

Verbinden Sie die Sätze auf der linken Seite mit den passenden Reaktionen rechts. Überprüfen Sie Ihre Lösungen mit Hilfe der CD.

1. Hacer deporte es algo muy sano.	a. Sí, pero demasiado serio, ¿no crees?
2. Tu jefe me ha parecido muy amable.	b. No es verdad, era muy divertida.
3. Creo que no te ha gustado la película.	c. Estoy totalmente de acuerdo.

*Rollenspiel: Eine Umfrage – Interkulturelles: Die **Tapas**-Bars*

el entrevistador – *Interviewer*
la encuesta – *Umfrage*
los horarios – *Arbeitszeiten*
las costumbres – *Gewohnheiten*
responder – *antworten*
la pregunta – *Frage*
por último – *als Letztes*

16 (2, TR. 29)

Agustín kommt von der Arbeit nach Hause zurück und trifft auf der Straße einen Interviewer, der eine Umfrage macht. Hören Sie sich den Dialog an. Versuchen Sie dann, auf die Fragen Auskunft über Ihre eigenen Gewohnheiten zu geben und aufzuschreiben.

Entrevistador: Perdone, señor. Estamos haciendo una encuesta sobre los horarios y las costumbres de los españoles. ¿Puede responder a un par de preguntas?

Usted: ______________________

Entrevistador: Muy bien. Usted, ¿a qué hora se levanta?

Usted: ______________________

Entrevistador: ¿Y a qué hora empieza a trabajar?

Usted: ______________________

Entrevistador: ¿Almuerza en su casa?

Usted: ______________________

Entrevistador: ¿Y a qué hora termina de trabajar?

Usted: ______________________

Entrevistador: ¿Lee el periódico todos los días?

Usted: ______________________

Entrevistador: Y ya por último, ¿a qué hora se acuesta usted?

Usted: ______________________

Entrevistador: Eso ha sido todo. Muchas gracias por su ayuda.

Usted: ______________________

17

Interkulturelles

Bars gibt es überall in Spanien - in Städten sowie Dörfern. Die Bar spielt eine besondere Rolle als sozialer Treffpunkt. Dort frühstückt man mit Kaffee, **churros** *(frittiertes Spritzgebäck)* oder einem **cruasán** *(Croissant)*. Mittags geht man in die Bar, um eine Kleinigkeit zu essen, die **tapas**.

Auch am Ende des Tages isst man häufig nochmals **tapas** und trinkt dazu meist Wein oder Bier. Die Bars sind normalerweise sehr voll, und es herrscht eine entspannte, fröhliche Atmosphäre. Es wird laut gesprochen, gelacht und viel geraucht. Die Bar als allgemeiner Treffpunkt, wo man in lockerer Atmosphäre isst, trinkt und plaudert, ist ein wichtiger Ausdruck der spanischen Lebensweise, ebenso wie abends durch verschiedene **Tapas**-Bars zu ziehen (**ir de tapeo**).

Körperteile – Körperliche Beschwerden beschreiben

1

2 TR. 30

Hören Sie sich die Bezeichnungen der Körperteile auf der CD an und sprechen Sie sie nach. Die Bedeutungen der Wörter können Sie mit Hilfe des Bilds sicherlich erraten!

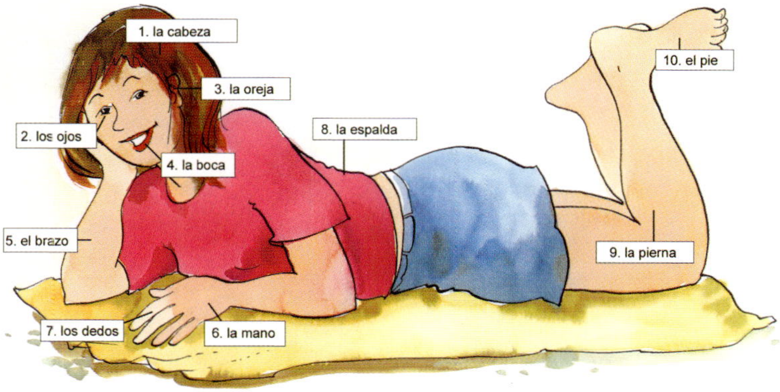

Gut zu wissen:

Achtung! Trotz der Endung auf **-o** ist **mano** ein weibliches Substantiv: **la mano / las manos.**

2

2 TR. 31

Sehen Sie sich die Personen auf dem Bild an. **¿Qué les pasa?** *(Was ist los mit ihnen?)*. Hören Sie sich auf der CD an, welche Beschwerden sie haben, und versuchen Sie, die Sätze nachzusprechen. Lesen Sie dann die Übersetzungen unten.

1. *Ich habe Fieber.* – 2. *Ich glaube, ich habe Grippe.* – 3. *Ich fühle mich schlecht.* – 4. *Ich habe Kopfschmerzen.* – 5. *Ich habe Husten.* – 6. *Mir tun die Beine weh.* – 7. *Ich habe Halsschmerzen.* – 8. *Ich habe Zahnschmerzen.* – 9. *Ich bin erkältet.* – 10. *Mein Rücken tut weh.*

Im Wartezimmer des Hausarztes

3 (CD 2, TR. 32)

Noelia und Rosita treffen sich zufällig im Wartezimmer des Hausarztes. Sie sprechen über ihre Beschwerden und … über Männer! Sehen Sie sich die Bilder an und hören Sie sich den Dialog mehrmals an.

4 (CD 2, TR. 33)

Hören Sie sich auf der CD einige Sätze aus dem Dialog an und sprechen Sie sie nach. Lesen Sie dann die Übersetzungen.

1. ¡Qué casualidad!	a. *Was für ein Zufall!*
2. ¿Qué te pasa?	b. *Was ist mit dir?*
3. ¡Vaya!	c. *So ein Pech!*
4. Parecen síntomas de estrés …	d. *Das scheinen Stresssymptome (zu sein) …*
5. Eso no es sano.	e. *Das ist nicht gesund.*
6. Es importante descansar …	f. *Es ist wichtig, sich auzuruhen …*
7. ¿A qué te refieres?	g. *Wie meinst du das?*
8. Chema no es mi tipo.	h. *Chema ist nicht mein Typ.*
9. ¡Jordi es demasiado delgado!	i. *Jordi ist (mir) zu schlank!*
10. ¡Que te mejores!	j. *Gute Besserung!*

5 (2, TR. 32)

Hören Sie sich den Dialog nochmals an. Markieren Sie dann, ob diese Aussagen richtig oder falsch sind.

		correcto	falso
1.	Noelia está resfriada pero no tiene fiebre.		
2.	Rosita tiene dolor de espalda y se siente cansada.		
3.	Noelia cree que Rosita tiene estrés.		
4.	Rosita trabaja mucho y duerme siete horas al día.		
5.	Noelia le dice a Rosita que tiene que dormir más.		
6.	A Rosita le gusta Chema.		
7.	Noelia opina que Jordi es demasiado delgado.		
8.	Rosita está contenta con sus compañeros de piso.		

Gut zu wissen:

Bei dem Verb **dormir** *(schlafen)* ändert sich der Stammvokal **o** zu **ue** in den Formen, in denen die Betonung auf den Stammvokal fällt: **Rosita duerme poco.**

6 (2, TR. 32)

Hören Sie sich den Dialog noch einmal an und lesen Sie den Text im Begleitheft mit. Wie wünscht Noelia Rosita eine gute Besserung? Schreiben Sie den Ausdruck in die Sprechblase.

Noelia gibt Rosita einige Ratschläge. Finden Sie diese Stellen im Text und unterstreichen Sie sie.

7 (2, TR. 34)

Hören Sie sich folgende Ratschläge an und sprechen Sie nach.

Hay que tomar mucha vitamina C.
Man muss viel Vitamin C nehmen.

Para relajarse es muy bueno hacer yoga.
Um sich zu entspannen, ist es sehr gut Yoga zu machen.

Un jarabe hace bien contra el dolor de garganta.
Ein Sirup tut gut gegen Halsschmerzen.

Gut zu wissen:

Bitte beachten Sie: *etwas gegen den Schmerz* wird im Spanischen mit **algo contra** aber auch **algo para el dolor** ausgedrückt.

*Die Verben **doler** und **sentirse** – Adverbien*

8

▸ § 14 Unregelmäßige Verben

Das Verb **doler** *(weh tun)* ist unregelmäßig, denn der Stammvokal **o** ändert sich zu **ue** in den Formen, in denen die Betonung auf den Stammvokal fällt:

Me duelen las piernas. *(Meine Beine tun weh.)*

Übersetzen Sie folgenden Satz.

Tun deine Füße weh? – ______________________________

Gut zu wissen:
Im Spanischen ist die Formulierung mit dem Possessiv nicht üblich. Man sagt: **Me duele la cabeza.**

Das reflexive Verb **sentirse** *(sich fühlen)* ist auch ein unregelmäßiges Verb, bei dem der Stammvokal **e** in den stammbetonten Formen zu **ie** wird:

Me siento muy cansada. *(Ich fühle mich sehr müde.)*

Vervollständigen Sie die folgenden Sätze mit dem Verb **sentirse**.

1. ¿Cómo ______________, mamá?
2. Nosotros ______________ muy bien aquí.
3. Las chicas ______________ un poco mal.

9

▸ § 9 Adverb

Adverbien können von Adjektiven abgeleitet werden, indem man die Endung **-mente** an die weibliche Form des Adjektivs anhängt:

seguro / -a *(sicher)* ▸ **seguramente** *(sicherlich)*

Gut zu wissen:
Achtung: Wenn das Adjektiv einen Akzent trägt, bleibt dieser auch beim Adverb erhalten (z. B. **fácilmente**).

Wenn das Adjektiv nur eine Form für männlich und weiblich hat, wird direkt die Endung **-mente** angehängt:

fácil *(leicht)* ▸ **fácilmente** *(leicht, mühelos)*

Bilden Sie von folgenden Adjektiven jeweils das Adverb.

1. amable – 2. estupendo – 3. normal – 4. sincero

10

▸ § 9 Adverb

Vervollständigen Sie die Sätze mit dem entsprechenden Adverb.

1. Hemos ido *(directo / a)* ______________________ al hospital.
2. ¿Por qué no se lo dices *(personal)* ______________________?
3. Te ha mirado muy *(serio / a)* ______________________.
4. Me ha dicho *(tímido / a)* ______________________ que sí.
5. Tienes que volver a casa *(rápido / a)* ______________________.

11

▸ § 23 Infinitivkonstruktionen

Unpersönliche Wendungen kann man durch die Struktur **(no) es** + Adjektiv + Infinitiv ausdrücken:

<u>Es importante</u> descansar. *(Es ist wichtig, sich auszuruhen.)*
<u>No es fácil</u> encontrar compañeros de piso tan agradables.
(Es ist nicht leicht, so freundliche Mitbewohner zu finden.)

2 TR. 35

Hören Sie sich folgende Sätze auf der CD an und ergänzen Sie die fehlenden unpersönlichen Ausdrücke.

1. ______________________ compartir piso con amigos.
2. ______________________ tener siempre dolor de cabeza.
3. ______________________ dormir tan poco.

12

Sie kennen schon die Wendung **tener que** + Infinitiv, um eine Verpflichtung oder Notwendigkeit auszudrücken, z. B.:

Tengo que trabajar. *(Ich muss arbeiten.)*

Dies kann man auch unpersönlich mit **hay que** ausdrücken, z. B.:

Hay que trabajar. *(Man muss arbeiten.)*

So formuliert auch Noelia ihren Ratschlag an Rosita:

Hay que dormir siete horas como mínimo.
(Man muss mindestens sieben Stunden schlafen.)

2 TR. 36 Hören Sie sich folgende drei Ratschläge für ein gesundes Leben an.

Betonte Possessiva – Personen beschreiben

13

▶ § 34 Possessiva

Pero tu familia está cerca, ¡y la mía está tan lejos!
(Aber deine Familie ist in der Nähe, und meine ist so weit weg!)
Die betonten Possessiva (mit bestimmtem Artikel) verwendet man, um ein schon genanntes Substantiv nicht zu wiederholen.
Hier sehen Sie alle Formen der betonten Possessiva:

mío, mía / míos, mías	**nuestro, nuestra / nuestros, nuestras**
tuyo, tuya / tuyos, tuyas	**vuestro, vuestra / vuestros, vuestras**
suyo, suya / suyos, suyas	**suyo, suya / suyos, suyas**

Gut zu wissen:
Fragt man nach dem Besitzer, steht kein Artikel vor dem Possessiv:
- • **¿Son tuyas estas flores?** *(Sind es deine Blumen?* bzw. *Sind diese Blumen von dir?)*
- ○ **Sí, son mías.** *(Ja, sie sind meine* bzw. *Sie sind von mir.)*

Übersetzen Sie die angegebenen Possessiva ins Spanische.

1. • Mis hijos van al cine con mucha frecuencia.
   ○ *(meine)* ________, también, pero *(ihre)* ________, prefieren ver la tele.
2. • Su hermana es enfermera.
   ○ *(unsere)* ________ también; y *(deine)* ________, ¿qué hace?

14

2 TR. 37

Hören Sie sich folgende Personenbeschreibungen auf der CD an und sprechen Sie sie nach. Versuchen Sie dann, die Übersetzungen unten den entsprechenden spanischen Sätzen zuzuordnen.

Gut zu wissen:
Die Verben **ser** und **tener** stehen für dauerhafte Merkmale: **Es alta, tiene el pelo liso.** Für vorübergehende Merkmale wird das Verb **llevar** *(tragen)* benutzt: **Lleva el pelo corto.**

■ a. *Er hat kurze Haare.* – ■ b. *Er ist jung.* – ■ c. *Er hat blonde Haare.* – ■ d. *Er ist ein älterer Mann.* – ■ e. *Sie hat lockige Haare.* – ■ f. *Er hat einen Bart.* – ■ g. *Er ist dunkelhaarig.* – ■ h. *Sie hat glatte Haare.* – ■ i. *Sie ist weder groß noch klein.* – ■ j. *Sie hat kastanienbraune Augen.*

15 TR. 38

Hören Sie sich die Beschreibungen unserer Freunde an. Schreiben Sie die jeweilige Zahl zu der entsprechenden Person unten im Bild.

1. Es una chica delgada, morena, de ojos negros y tiene el pelo bastante largo.
2. Es bastante alto y muy delgado; es moreno, de ojos negros y tiene el pelo corto.
3. Tiene los ojos castaños y el pelo negro. No lleva barba ni bigote.
4. Es joven: sólo tiene 20 años. Es delgada y tiene el pelo corto y liso.
5. Tiene los ojos castaños. Tiene el pelo castaño y lo lleva un poco largo. También lleva barba.
6. Es una señora mayor; es bajita y tiene el pelo blanco.
7. No es alta ni baja. Tiene los ojos castaños y lleva el pelo corto.

16

A mí también <u>me gustaría</u> ser independiente y compartir piso con amigos.
(Ich würde auch gerne unabhängig sein und eine Wohnung mit Freunden teilen.)
Um einen Wunsch auszudrücken, kann man den Ausdruck **me / te / ... gusta** im Konditional verwenden, d.h. **me / te / ... gustaría**.

TR. 39

Geben Sie persönliche Antworten auf folgende zwei Fragen. Auf der CD können Sie sich Antwortmöglichkeiten anhören.

¿Adónde le gustaría ir este fin de semana?
¿Dónde le gustaría tener una casa?

Ein Lied – Ein Kreuzworträtsel

el burro – *Esel*
la gorrita – *Mützchen*
los zapatitos – *kleine Schuhe*
lila – *lila*
tieso / a – *steif*
el corazón – *Herz*
el limón – *Zitrone*
la pezuña – *Huf, Klauen*

17

2 TR. 40

Hören Sie sich das Lied mit dem Titel **A mi burro** auf der CD an. Es ist ein Kinderlied und enthält daher viele Verkleinerungsformen auf **-ito / -ita**. Bringen Sie die Bilder in die Reihenfolge, wie sie im Lied vorkommen, und nummerieren Sie die Bilder entsprechend von 1 - 6.

18

Lesen Sie die Definitionen und tragen Sie die gesuchten Wörter in das Kreuzworträtsel ein.

1. ¡Una parte del cuerpo muy importante!
2. Si usted tiene fiebre y se siente muy cansado tiene síntomas de…
3. Algo para el dolor de cabeza.
4. Una parte del cuerpo que sirve para hablar.
5. Algo para el dolor de garganta.
6. Una parte del cuerpo que sirve para caminar.
7. Algo que se toma para estar sano.

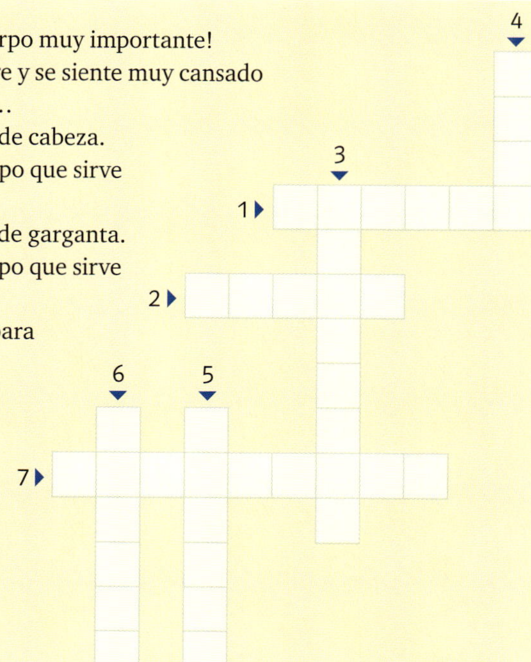

1 TR. 41

Auf dieser Speisekarte fehlen einige Gerichte. Hören Sie sich diese auf der CD an und versuchen Sie, sie an die passende Stelle zu schreiben. Lesen Sie dann die Übersetzungen der Gerichte unten.

ensalada mixta – gazpacho – pulpo a la gallega – merluza a la romana – bacalao al pil pil – flan – fruta del tiempo – helado – pan

el bacalao al pil pil – *Kabeljau mit Chili und Knoblauch*
la chuleta de cordero a la brasa – *gegrilltes Lammkotelett*
la ensalada mixta – *gemischter Salat*
el flan – *Karamellpudding*
la fruta del tiempo – *Frischobst*
el gazpacho – *kalte Gemüsesuppe*
el helado – *Eis*
la merluza a la romana – *panierter Seehecht*
el pollo asado – *Brathähnchen*
el pulpo a la gallega – *Krake nach galicischer Art*
la sopa de pescado – *Fischsuppe*
el yogur – *Joghurt*

el menú – *Menü, Speisekarte*
el primer plato – *erster Gang*
el segundo plato – *zweiter Gang*
el postre – *Nachtisch*
incluido – *inklusive*

Gut zu wissen:
Die spanische **I.V.A. (impuesto sobre el valor añadido)** entspricht der MWSt. *(Mehrwertsteuer)*. Normalerweise ist sie im Preis inbegriffen, sonst wird sie extra angegeben.

2 TR. 42

Hören Sie sich auf der CD an, was diese Leute gestern (**ayer**) bzw. neulich (**el otro día**) gemacht haben. Bei den angegebenen Wörtern handelt es sich um die verwendeten Verbformen.

ayudó

compré

dijo

hicimos

ayudó (▸ **ayudar**) – *er/sie/es half*
compré (▸ **comprar**) – *ich kaufte*
dijo (▸ **decir**) – *er/sie/es sagte*
hicimos (▸ **hacer**) – *wir machten*

Noelias Geburtstag

3 (2, TR. 43)

Es ist Noelias Geburtstag und Chema lädt sie ins Restaurant zum Abendessen ein. Sehen Sie sich die Bilder an und hören Sie sich den Dialog mehrmals an.

4 (2, TR. 43)

Hören Sie sich das Gespräch zwischen Chema und Noelia nochmals an und kreuzen Sie die Sätze an, die zum Dialog passen.

1. ■ Noelia pide de primer plato bacalao al pil pil.
2. ■ Chema quiere tomar chuletas de cordero.
3. ■ Noelia quiere beber vino tinto y agua.
4. ■ El camarero le trae a Noelia un vino del Penedés.
5. ■ Chema y Rosita no se llevan muy bien.
6. ■ Noelia cree que a Chema le gusta Rosita.
7. ■ Chema le regala a Noelia un casco.
8. ■ A Noelia le encanta el regalo de Chema.

5 (2, TR. 43)

Hören Sie sich nun den Dialog noch einmal an und lesen Sie den Text im Begleitheft mit. Was haben Chema und Rosita zusammen gemacht? Unterstreichen Sie diese Stellen im Text.
Wie gratuliert man auf Spanisch? Schreiben Sie den Ausdruck in die Sprechblase.

Herzlichen Glückwunsch!

6 CD 2 TR. 44

Hören Sie sich auf der CD drei spanische Geburtstagslieder an und vervollständigen Sie die Liedtexte mit den fehlenden Wörtern.

1. ¡ ________________ feliz!, ¡cumpleaños feliz!
   te ________________ todos, ¡cumpleaños feliz!
2. Es un muchacho ________________ *(3 veces)*
   y ________________ lo será, y siempre lo será.
3. Feliz, feliz en tu ________________, amiguita que Dios te bendiga
   que reine la paz en tu día, ¡y que ________________ muchos más!

¡Feliz cumpleaños! – *Herzlichen Glückwunsch zum Geburtstag!*
excelente – *ausgezeichnet, toll*
siempre lo será – *er wird es immer sein*
que Dios te bendiga – *Gott segne dich*
que reine la paz – *Frieden möge herrschen*
¡Que cumplas muchos más! – *Lange sollst du leben!*

7 CD 2 TR. 45

Hier sehen Sie einen gedeckten Tisch. Hören Sie sich die Wörter an und sprechen Sie sie nach.

8 CD 2 TR. 46

Hören Sie sich folgende Speisen an und sprechen Sie sie nach. Schreiben Sie dann eine Speisekarte und ordnen Sie dazu die Speisen in die Kategorien Vorspeisen (**Entradas**), Fleisch und Fisch (**Carne y pescado**) und Nachtisch (**Postres**).

Almejas a la marinera – *Muscheln nach Seemannsart*
Arroz con leche – *Milchreis*
Consomé de pollo – *Hühnerkraftbrühe*
Cordero asado con patatas – *Lammbraten mit Kartoffeln*
Crema catalana – *Katalanische Creme*
Crema de espárragos – *Spargelcremesuppe*
Escalope de ternera – *Kalbsschnitzel*
Merluza a la cazuela – *Seehecht in der Kasserolle*

Gut zu wissen:
Bestimmte Arten der Zubereitung kommen in der spanischen Küche häufig vor: **al ajillo** *(mit Knoblauch)*, **a la romana** *(paniert)*, **a la plancha** *(vom Grill)*, **al horno** *(im Ofen gebacken)*, **asado** *(gebraten)*, **cocido** *(gekocht)*, **frito** *(frittiert)* etc.

Gut zu wissen:
Achten Sie darauf: Um über das Essen zu sprechen, wird das Verb **estar** verwendet: **Este gazpacho está muy rico.**

Fragewörter – Relativsätze

9

▶ § 36 Fragewörter

Das Fragewort **¿cuál?** (Pl.: **¿cuáles?**) bedeutet *welche/r/s?*:
Me gustaría tomar un vino blanco. ¿Cuál me recomienda?
(Ich würde gern einen Weißwein trinken. Welchen empfehlen Sie mir?)
Das Fragewort **¿qué?** kann auch *welche/r/s?* bedeuten, aber es begleitet immer ein Substantiv und ist unveränderlich:
¿Qué vino me recomienda? *(Welchen Wein empfehlen Sie mir?)*

2 TR. 47

Setzen Sie die Fragewörter in die richtigen Lücken und überprüfen Sie Ihre Lösungen mit Hilfe der CD.

1. De estos platos, ¿ ________ no te gustan?
2. ¿ ________ es tu plato favorito?
3. A ti, ¿ ________ postre te gusta más?

cuál
qué
cuáles

10

Vervollständigen Sie diese Minidialoge mit **cuál**, **cuáles** oder **qué**.

1. • ¿ ________ número de teléfono tienes?
   ○ ¿ ________ quieres: el número de casa o el de la oficina?
2. • Mira, éstos son mis primos.
   ○ ¿ ________ ?, ¿los de Madrid?
3 • ¿ ________ libros has comprado?
   ○ He comprado los libros que me dijiste.

11

▶ § 35 Relativpronomen

Der Kellner im Dialog sagt zu Noelia:
Tenemos un vino del Penedés <u>que está muy bueno</u>.
(Wir haben einen Wein aus dem Penedés, der sehr gut ist.)
Der unterstrichene Satz ist ein so genannter Relativsatz, der **vino** näher bestimmt. Das Relativpronomen **que** *(der, die, das)* verbindet hier die Sätze:
Tenemos un vino del Penedés. + El vino está muy bueno.

Gut zu wissen:
Wie Sie in der Übung sehen können, gilt das Relativpronomen **que** für männliche und weibliche Substantive, im Singular und Plural, als Objekt oder als Subjekt.

Bitte verbinden Sie die folgenden Sätze.

1. Rosita es una chica. Ella siempre está dispuesta a ayudar.
2. Chema y Rosita son dos compañeros de piso. Ellos se llevan muy bien.

12 TR. 48

Im Dialog dieser Lektion kommt eine für Sie neue Vergangenheitsform vor, das Indefinido. Hören Sie sich auf der CD zwei Sätze an, die die fehlenden Verbformen enthalten und ergänzen Sie damit die Konjugation der Verben auf **-ar**.

▸ § 16 Indefinido

yo	habl-**é**,	nosotros/as	aprovech-_____
tú	cont-**aste**	vosotros/as	compr-**asteis**
él, ella, usted	coment-_____	ellos/as, ustedes	ayud-**aron**

Die Verben auf **-er** und **-ir** werden im Indefinido nach dem gleichen Muster konjugiert:

yo	com-**í**/viv-**í**
tú	com-**iste**/viv-**iste**
él, ella, usted	com-**ió**/viv-**ió**
nosotros, nosotras	com-**imos**/viv-**imos**
vosotros, vosotras	com-**isteis**/viv-**isteis**
ellos, ellas, ustedes	com-**ieron**/viv-**ieron**

Gut zu wissen:
Bei den Verben auf **-ar** und **-ir** ist die erste Person Plural identisch (**-amos**, **-imos**) mit der Präsensform. Durch den Kontext wird aber immer klar, um welche Zeit es sich handelt.

13

Die Formen von **ser** und **ir** im Indefinido sind identisch und unregelmäßig. Um welches Verb es sich handelt, wird aus dem Zusammenhang klar:
Yo fui a su casa ayer. *(Gestern ging ich zu ihm/ihr nach Hause.)*
El otro día no fuiste muy amable con tu abuela.
(Neulich warst du nicht sehr nett zu deiner Großmutter.)
Ustedes fueron ayer al teatro, ¿verdad?
(Gestern gingen/sind Sie ins Theater gegangen, oder?)

▸ § 16 Indefinido

TR. 49

Setzen Sie die Verbformen in die richtigen Lücken und überprüfen Sie Ihre Lösungen mit Hilfe der CD.

fuisteis – fue – fuimos

Rosita _____________ una ayuda fantástica.

Rosita y yo _____________ a buscar un regalo para una amiga.

Rosita y tú _____________ juntos de compras, ¿verdad?

Gut zu wissen:
Einige wichtige Verben haben im Indefinido einen unregelmäßigen Stamm wie z. B. **hacer** ▸ **hic-** und **decir** ▸ **dij-**.

14

▸ § 16 Indefinido

Die Verben **tener** und **estar** haben im Indefinido unregelmäßige Stämme: **tener ▸ tuv-**, **estar ▸ estuv-**. Sehen Sie sich die Formen von **tener** an.

yo	**tuv**-e	nosotros, nosotras	**tuv**-imos
tú	**tuv**-iste	vosotros, vosotras	**tuv**-isteis
él, ella, usted	**tuv**-o	ellos, ellas, ustedes	**tuv**-ieron

2 TR. 50

Setzen Sie die Formen von **estar** in die richtigen Lücken und überprüfen Sie Ihre Lösungen mit Hilfe der CD.

estuvieron – estuvo – estuvimos – estuviste – estuve – estuvisteis

1. Rosita _______________ aquí el otro día.
2. Los chicos _______________ el otro día en un centro comercial.
3. Ayer Agustín y yo _______________ en casa de unos amigos; y vosotros, ¿dónde _______________?
4. Ayer _______________ en el nuevo museo de arte. Y tú, Chema, ¿dónde _______________?

15

Vervollständigen Sie die folgenden Sätze mit der passenden Form der angegebenen Verben im Indefinido.

1. El otro día *(nosotros/cenar)* ___________ en el restaurante Casa Pancho.
2. ¿Dónde *(estar)* _______________ ayer, Rosita?
3. Mi abuelo *(viajar)* _______________ a Cuba en el año 1930.
4. Y vosotras, ¿por qué no *(ir)* _______________ a la fiesta de cumpleaños?
5. ¿Qué te *(decir)* _______________ ayer los compañeros?
6. La abuela *(ver)* _______________ ayer la última película de Almodóvar.
7. ¿Qué *(hacer)* _______________ ustedes la semana pasada?
8. Vosotras no me *(decir)* _______________ eso.
9. Ellos *(conocerse)* _______________ el año pasado.
10. El otro día *(yo/tener)* _______________ que hablar seriamente con él.

16

Durch das Indefinido berichtet man über vergangene Ereignisse, die zu einem bestimmten Zeitpunkt bzw. Zeitraum erfolgt sind und keinen Bezug zum Zeitpunkt des Sprechens haben. Deshalb steht das Indefinido häufig in Verbindung mit folgenden Zeitangaben: **el otro día** *(neulich)*, **ayer** *(gestern)*, **la semana pasada** *(letzte Woche)*, **el mes pasado** *(letzten Monat)*, **el año pasado** *(letztes Jahr)*, **en 1970** *(1970)*.

▶ § 16 Indefinido

Gut zu wissen:

Das Indefinido wird in einigen Regionen Spaniens und in den meisten Ländern Lateinamerikas anstelle des Perfekts benutzt: **¿Adónde fuiste hoy?** statt **¿Adónde has ido hoy?**

2 TR. 51

Hören Sie sich folgende Sätze an und setzen Sie die Zeitangaben in die richtigen Lücken.

el otro día – ayer – el año pasado – el sábado por la noche

1. Mi familia y yo estuvimos en Sevilla ______________________.
2. ¿No fuiste al cine ______________________?
3. ____________ vi a doña Amparo paseando con sus amigas.
4. __________ no cenaron en casa; fueron al restaurante de Pancho.

17

2 TR. 52

Hören Sie sich den Dialog zwischen Rosita und einer Freundin an und bringen Sie die Bilder in eine chronologische Reihenfolge. Nummerieren Sie die Bilder entsprechend von 1 - 6.

Rollenspiel: Im Restaurant – Interkulturelles: Im Restaurant in Spanien

18

2 TR. 53

Agustín ist heute auf Geschäftsreise in Barcelona und isst im Restaurant. Hören Sie sich den Dialog zwischen Agustín und dem Kellner an. Übernehmen Sie die Rolle von Agustín und bestellen Sie, was Sie gerne essen möchten.

Camarero: ¡Buenas tardes, señor!
Sie erwidern den Gruß und fragen, was es heute für ein Menü gibt:

____

Camarero: Pues de primero tenemos crema de espárragos, gazpacho y ensalada mixta y, de segundo, cordero asado con patatas, merluza a la cazuela y escalope de ternera.
Sie bestellen, was Sie gerne möchten:

____

Camarero: Muy bien. ¿Y para beber?
Sie bestellen etwas zum Trinken: ______________________________
Camarero: Enseguida.
Sie bedanken sich: ______________________________
- – -
Camarero: ¿Qué tal la merluza?
Sie sagen, ob es Ihnen schmeckt: ______________________________
Camarero: ¿Desea tomar algo de postre? Hay fruta del tiempo, helado, flan, yogur, queso, arroz con leche, …
Sie bestellen einen Nachtisch: ______________________________
Camarero: Muy bien.
- – -
Camarero: ¿Desea algo más?
Sie bestellen einen Kaffee und bitten um die Rechnung:

____

Interkulturelles

19

Essen und Essengehen haben in Spanien eine besondere soziale und kommunikative Funktion. Beim Essen wird sogar Geschäftliches besprochen. All dies verleiht den Restaurants eine besonders lebhafte Stimmung. Gewöhnlich zahlt einer die Rechnung für alle, wobei es unter jungen Leuten auch vorkommt, dass jeder selbst zahlt.
Beim Trinkgeld (**la propina**) wird der Betrag aufgerundet. Nur wenn der Service ganz besonders zuvorkommend war, gibt man vielleicht etwas mehr Trinkgeld als sonst. Das Trinkgeld wird nach dem Bezahlen auf dem Tellerchen liegen gelassen, auf dem gewöhnlich der Kellner das Wechselgeld bringt, oder einfach auf dem Tisch.

1

Verbinden Sie die spanischen Sätze rechts mit den entsprechenden Umschreibungen links.

1. *über das Essen sprechen*
2. *jemandem gratulieren*
3. *ein Geschenk überreichen*
4. *einen Rat geben*
5. *um einen Gefallen bitten*

a. ¿Puedes ayudarme en la cocina?
b. Este regalo es para ti.
c. Tienes que beber más agua.
d. ¡Muchas felicidades, hija!
e. La paella está muy rica.

2 2 TR. 54

Verbinden Sie die Sätze links mit den passenden Reaktionen rechts und überprüfen Sie Ihre Lösungen mit Hilfe der CD.

1. ¿Qué te gustaría hacer el día de tu cumpleaños?
2. ¿Qué hicisteis el domingo pasado?
3. ¿Adónde preferís ir los sábados por la noche?
4. Os hemos traído algo de Salamanca.
5. ¿Desea tomar alguna cosa de postre?

a. La verdad es que todavía no lo he pensado.
b. ¿Tienen crema catalana?
c. Pero, ¿por qué os habéis molestado?
d. Estuvimos cenando en casa de unos amigos.
e. Yo al cine, pero a mi mujer le gusta más ir a bailar.

Fragen beanworten – Das Aussehen beschreiben

3

Lesen Sie die Fragen und markieren Sie die Antwort bzw. Antworten, die auf Sie zutreffen.

1. ¿Qué hace después del trabajo?
   a. ■ Me gusta leer el periódico / un libro.
   b. ■ Veo la televisión.
   c. ■ Hago deporte.
   d. ■ Salgo con los amigos.

2. ¿Cómo se siente hoy?
   a. ■ ¡Estupendamente!
   b. ■ Bastante bien.
   c. ■ No muy bien.
   d. ■ Mal.

3. ¿A qué país le gustaría viajar?
   a. ■ A Perú.
   b. ■ A México.
   c. ■ A Chile.
   d. ■ A Cuba.

4

Setzen Sie die Verben in die richtigen Lücken.

tiene – lleva – es

Ella ______ morena, ______ los ojos negros y ______ gafas.

Erinnern Sie sich noch, wie man das Aussehen beschreibt?
Die Verben **ser** und **tener** werden für dauerhafte und charakteristische Merkmale benutzt: **es rubio** *(er ist blond)*, **tiene los ojos azules** *(er / sie hat blaue Augen)*.
Für vorübergehende und veränderliche Merkmale wird das Verb **llevar** benutzt: **lleva bigote** *(er hat einen Schnurrbart)*, **lleva el pelo corto** *(er / sie trägt die Haare kurz)*.

2 TR. 55

Hören Sie sich nun den Dialog zwischen Chema und Jordi an, in dem sie sich über das Aussehen einer Freundin von Jordi unterhalten. Und Sie, wie sehen Sie aus? Beschreiben Sie Ihr Aussehen. Sie können den Dialog als Hilfe mehrmals hören. Im Begleitheft stehen Lösungsvorschläge.

5

Erinnern Sie sich an die Form **estar** + Gerundium? Wenn nicht, wiederholen Sie das entsprechende Kapitel in der Grammatik.

▸ § 18 Gerundium

Vervollständigen Sie folgende Sätze, indem Sie die entsprechende Form **estar** + Gerundium in die Lücken eintragen.

1. Los chicos *(estudiar)* ______________________ en la biblioteca.
2. ¿Qué *(beber)* ______________________ ustedes?
3. Y vosotras, ¿dónde *(vivir)* ______________________ ahora?
4. Perdone, ¿*(esperar)* ______________________ usted al autobús?
5. Rosita y yo *(hacer)* ______________________ una tortilla.
6. ¿*(leer)* ______________________ este libro, Jordi?
7. Yo no te *(decir)* ______________________ eso.
8. La abuela *(dormir)* ______________________ la siesta.

6

Was machen diese Leute gerade? Sehen Sie sich die Bilder an und vervollständigen Sie die Sätze mit der Form **estar** + Gerundium.

1. Agustín ______________ con unos colegas en la cantina.

2. Las chicas ______________ de sus problemas de salud.

3. Noelia y Chema ______________ en un restaurante.

7

Verbinden Sie die folgenden Sätze mit dem Relativpronomen **que**.

▸ § 35 Relativpronomen

1. Salamanca es una ciudad. La ciudad de Salamanca me gusta.
2. Rosita tiene muchos amigos. Sus amigos trabajan en el museo.

*Der Vergleich – Die unpersönliche Form **se** – Adverb vs. Adjektiv*

8

▸ § 10 Vergleich

Gut zu wissen:
Achten Sie bitte auf die unregelmäßigen Vergleichsformen:
mejor (◂ **bueno / -a**)
peor (◂ **malo / -a**)

Wissen Sie noch, wie man auf Spanisch Vergleiche anstellt? Wenn Sie sich nicht mehr sicher sind, sehen Sie in der Grammatik nach.

Welches Wort fehlt in diesen Sätzen? Setzen Sie die Wörter in die richtigen Lücken.

tanto – tan – mejor – más – tantos – como – tantas – más

1. Chema tiene ________ trabajo como Jordi.
2. Ese restaurante es ________ caro como Casa Pancho.
3. Rosita se siente hoy ________ que ayer.
4. Agustín trabaja ________ horas que su secretaria.
5. El cordero está ________ rico que el pollo asado.
6. Ella tiene ________ problemas como tú.
7. Tu coche no es tan rápido ________ el mío.
8. Aquí hay ________ tapas como en el bar de Paco.

9

▸ § 22 Unpersönliche Form **se**

Wandeln Sie die folgenden Sätze um, indem Sie die unpersönliche Form **se** verwenden.

1. En este restaurante comes muy bien por muy poco dinero.
2. En Madrid puedes hacer muchas cosas interesantes.

10

▸ § 6 Adjektiv

▸ § 9 Adverb

Vervollständigen Sie die folgenden Sätze, indem Sie das Adverb **bien** oder das Adjektiv **buen(o) / -a / -os / -as** einsetzen.

1. Casa Pancho es un ________________ restaurante.
2. ¿Os lleváis ________________ con el jefe?
3. Noelia es una ________________ estudiante.
4. No me parece ________________ eso que estás haciendo.
5. Los vinos de aquí son muy ________________.

11

Jede angegebene Form in diesen drei Tabellen muss in den anderen beiden Zeiten eingetragen werden. Steht z. B. in der ersten Zeile **soy**, dann müssen Sie in den anderen zwei Tabellen ebenso in der ersten Zeile die Form im Perfekt und Indefinido von **ser** eintragen und zwar auch in der gleichen Person *(erste, zweite, …)*.

§ 14 Unregelmäßige Verben
§ 15 Perfekt
§ 16 Indefinido

Präsens	Perfekt	Indefinido
soy		
	has tenido	
		hizo
estamos		
	habéis ido	
		dijeron

12

Wiederholen Sie den Unterschied zwischen Perfekt und Indefinido:

§ 15 Perfekt
§ 16 Indefinido

Das Perfekt wird verwendet, um Handlungen und Ereignisse auszudrücken, die vom Sprecher in einem engen Bezug zum Sprechzeitpunkt gesehen werden.

Das Indefinido wird verwendet, um Handlungen und Ereignisse auszudrücken, die keinen Bezug zum Zeitpunkt des Sprechens haben.

Vervollständigen Sie die folgenden Sätze, indem Sie die angegebenen Verben in die entsprechende Zeit (Perfekt oder Indefinido) setzen und in die Lücken schreiben.

1. El año pasado Jordi *(hacer)* ________________ unas prácticas en Barcelona.
2. Rosita y yo no *(poder)* ____________________ ir esta semana a la piscina.
3. Rosita *(ir)* ____________________ al médico la semana pasada.
4. ¿Tú *(estar)* ____________________ alguna vez en Salamanca?
5. Yo sólo la *(ver)* ____________________ un par de veces.
6. Noelia y Chema *(cenar)* ____________________ el otro día en un restaurante.
7. Yo no *(hablar)* ____________________ con ella todavía.
8. Nosotros lo *(conocer)* ____________________ en Barcelona en 1995.

Essen und Getränke – Den Tisch decken

13

Was ist hier gemeint? Versuchen Sie, in diesen Buchstabenschlangen den Begriff für die Umschreibungen zu finden und zu markieren.

1. Algo que puede ser de naranja, de manzana, de plátano, … :

   botrefreszumocomostelevino

2. Un postre que puede ser de chocolate, de fresa, de nata, … :

   flaramelgurotagurheladotaso

3. Algo muy español que hay en muchos bares:

   canapisalbonditortillamatisol

4. Algo que se toma como tapa:

   quesimanaceitunasoranpanos

5. Una sopa fría:

   pescadigazpachogallecalgoto

14

Um den Tisch zu decken, braucht man diese Gegenstände. Wie heißen sie auf Spanisch?

15

Ordnen Sie die Begriffe rechts den entsprechenden Bildern links zu.

1. 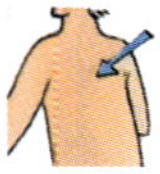
2. 
3. 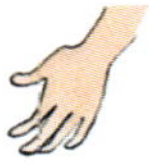

a. los ojos

b. la mano

c. la espalda

16

Lesen Sie die Fragen und kreuzen Sie die richtige Antwort an.

1. Was ist **la propina**?
a. ■ Die Rechnung.
b. ■ Das Rückgeld.
c. ■ Das Trinkgeld.

2. Mexikanische **tortillas** sind
a. ■ aus Maismehl.
b. ■ aus Kartoffeln.
c. ■ aus Kartoffeln und Eiern.

17

Vervollständigen Sie die Postkarte, die Rosita an ihre Freundin schreibt.

¡Hola, Juanita!

¿Cómo estás? Ya ________ he adaptado a todo aquí: a la ciudad, al trabajo, al piso, … ¡y a la comida española!
En España ________ desayuna muy ________. Yo ahora tomo sólo un café y un cruasán; a ________, incluso, no desayuno nada.
La semana pasada ________ en Salamanca, la ciudad ________ te gusta tanto. ________ con unos amigos y nos divertimos mucho.
Hoy no he ido al museo porque no me ________ bien. El ________ me ha dicho que tengo que trabajar ________.
Un saludo, Rosita

Wortbindung – Den Tagesablauf beschreiben

18

In der spanischen Sprache werden die Wörter innerhalb des Satzes verbunden. Diese Bindung findet vor allem statt, wenn ein Wort mit Vokal endet und das nächste auch mit Vokal beginnt:

2 TR. 56 Hören Sie sich die folgenden Sätze an und achten Sie dabei auf die jeweiligen Wortbindungen. Sprechen Sie die Sätze nach.

Por las mañanas se levanta pronto par**a** **i**r al museo
y s**e** **a**cuesta siempre muy tarde.

Traig**o** **u**na botella de tinto **y** **u**na de cerveza, ¿vale?

El otro día os v**i** **a** los dos en el Centro Comercial San Isidro.

Wenn zwei oder drei gleiche Vokale aufeinander folgen, werden sie wie einer ausgesprochen, allerdings ein wenig länger:

2 TR. 57 Hören Sie sich folgende zwei Sätze an und sprechen Sie sie nach.

Ella me dij**o** **o**tra cosa.

Siempr**e** **e**stá dispuest**a** **a** **a**yudar.

19 2 TR. 58

Diese Bilder sind durcheinander geraten. Hören Sie sich auf der CD an, wie der junge Mann seinen Tagesablauf beschreibt, und bringen Sie die Bilder in die chronologische Reihenfolge, indem Sie sie von 1 - 6 nummerieren.

Das Wetter – Gefühle und Stimmungen beschreiben

1 TR. 59

Wie ist das Wetter in Lateinamerika? Hören Sie sich die Ausdrücke auf der CD an. Können Sie die Bedeutungen dieser Ausdrücke mit Hilfe des Bilds erraten? Vergleichen Sie Ihre Vermutungen mit den Übersetzungen unten.

1. *Es ist heiß.* – 2. *Die Temperatur ist angenehm.* – 3. *Es ist sonnig.* – 4. *Es ist neblig.* – 5. *Es regnet viel.* – 6. *Es ist windig.* – 7. *Das Wetter ist schön.* – 8. *Es schneit.* – 9. *Es ist bewölkt.* – 10. *Es ist sehr kalt.*

Gut zu wissen:
Beachten Sie: Viele Wetterausdrücke werden mit dem Verb **hacer** gebildet: **hace buen / mal tiempo, hace sol / calor / frío / viento.**

2 TR. 60

Hören Sie sich auf der CD an, welche Gefühle und Stimmungen diese Personen haben. Ordnen Sie dann die Ausdrücke den entsprechenden Bildern zu. Die Übersetzungen finden Sie im Wortschatzfeld rechts.

a. Está contenta. – b. Está preocupada. – c. Está enfadado. – d. Está enfermo. – e. Está aburrido. – f. Está triste. – g. Está agotada.

Gut zu wissen:
Um vorübergehende Gefühle und Stimmungen auszudrücken, wird das Verb **estar** verwendet: **estar bien / nervioso / cansado.**

preocupado / a – *besorgt*
aburrido / a – *gelangweilt*
enfadado / a – *verärgert*
triste – *traurig*
enfermo / a – *krank*
agotado / a – *erschöpft*
contento / a – *froh*

Noelia kommt nach Hause

3 (CD 2, TR. 61)

Nach dem Abendessen mit Chema kommt Noelia erst spät abends nach Hause. Ihre Mutter schimpft mit ihr. Kurz darauf kommt auch die Großmutter heim. Sehen Sie sich die Bilder an und hören Sie sich den Dialog mehrmals an.

4 (CD 2, TR. 61)

Hören Sie sich den gesamten Dialog noch einmal an und beantworten Sie die Fragen, indem Sie die richtigen Lösungen ankreuzen.

1. ¿A qué hora llega a casa Noelia?
   a. ■ A las doce de la noche.
   b. ■ A la una.
   c. ■ A las dos.

2. ¿Cómo fue la cena con Chema?
   a. ■ Fue una cena estupenda.
   b. ■ Fue una cena interesante.
   c. ■ Fue una cena aburrida.

3. ¿Qué le parece a Charo el regalo de Chema?
   a. ■ Muy práctico.
   b. ■ Muy bonito.
   c. ■ Poco romántico.

4. Charo está …
   a. ■ muy preocupada porque la abuela no ha llegado todavía.
   b. ■ enfadada porque la abuela no ha llamado.
   c. ■ nerviosa porque no sabe a quién llamar.

5. ¿Qué hizo la abuela por la noche?
   a. ■ Fue a dar un paseo con Noelia.
   b. ■ Fue a cenar a un restaurante.
   c. ■ Estuvo con las amigas tomando algo.

5 (2, TR. 62)

Hören Sie sich folgende Sätze auf der CD an und sprechen Sie sie nach. Lesen Sie dann die Übersetzungen.

1. El restaurante era precioso.
2. La comida estaba muy buena.
3. Es una broma.
4. No sé si llamar a la policía.
5. ¡Es un chico majísimo!
6. Yo era una chica muy bonita.

a. *Das Restaurant war wunderschön.*
b. *Das Essen war sehr lecker.*
c. *War nur ein Scherz.*
d. *Ich weiß nicht, ob (ich) die Polizei anrufen (soll).*
e. *Er ist ein sehr netter Junge!*
f. *Ich war ein sehr schönes Mädchen.*

6 (2, TR. 61)

Hören Sie sich den Dialog noch einmal an und lesen Sie den Text im Begleitheft mit. Welcher Ausdruck wird im Dialog für „o.k." benutzt? Schreiben Sie ihn in die Sprechblase.

Wenn Sie möchten, können Sie sich nun die Übersetzung des Dialogs im Begleitheft durchlesen.

7 (2, TR. 63)

Hören Sie sich auf der CD die Jahreszeiten und die dazu gehörenden Monate an. Ordnen Sie sie dann den passenden Bildern zu. Nun können Sie sie sich noch einmal anhören und nachsprechen.

1.

2.

3.

4.

Gut zu wissen:
Achten Sie darauf: Die Monate werden im Spanischen immer klein geschrieben.

- a. invierno: enero, febrero, marzo
- b. verano: julio, agosto, septiembre
- c. primavera: abril, mayo, junio
- d. otoño: octubre, noviembre, diciembre

*Die Endung **-ísimo** – Unbestimmte Pronomen*

8

▸ § 11 Steigerung

Gut zu wissen:
Die Endungen -**ísimo/-a/-os/-as** tragen immer einen Akzent auf dem ersten **i**.

Sehen Sie sich folgenden Satz an: **El restaurante estaba llenísimo.**
(Das Restaurant war sehr/äußerst voll.)

Die Endung **-ísimo** wird an Adjektive angehängt und drückt den sehr hohen Grad aus. Sie ist veränderlich wie andere Adjektive auf **-o**.
Bei Adjektiven, die auf Konsonant enden, wird direkt **-ísimo** angehängt:
muy fácil ▸ facilísimo

Bei Adjektiven, die auf Vokal enden, wird **-ísimo** anstelle des Endvokals angefügt: **muy caro ▸ carísimo** **muy grande ▸ grandísimo**

2 TR. 64

Gut zu wissen:
Bei einigen Adjektiven ändert sich die Schreibweise, damit die Aussprache erhalten bleibt:
muy largo ▸ larguísimo
muy rico ▸ riquísimo

Hören Sie sich folgende Sätze auf der CD an und schreiben Sie die fehlenden Adjektive in die Lücken.

1. ¡Estábamos ________________!
2. ¡Es un chico ________________!
3. Cuando tenía tu edad, tenía ________________ novios.

9

Wie würden Sie folgende Ausdrücke zu einem Wort umformulieren?
(w = weiblich; m = männlich)

1. muy barato – 2. muy cansada – 3. muy elegante *(w)* – 4. muy fácil *(m)*

10

▸ § 32 Unbestimmte Pronomen

Cuando tenía tu edad, tenía muchos novios, ¡muchísimos!:
uno para el lunes, otro para el martes, otro para el ...
Das Pronomen **uno** *(einer, eines)* entspricht dem unbestimmten Artikel **un** ohne Substantiv. Die anderen Formen (weiblich, Singular und Plural) lernen Sie in der folgenden Übung.

2 TR. 65

Hören Sie sich die Sätze an und ergänzen Sie die fehlenden Formen.

1. No tengo aspirinas. ¿Tienes tú ______?
2. Yo siempre llevo gemelos. Ayer me regalaron ______ de oro.
3. Yo no necesito botas de montaña. Ya tengo ______.

11

Verkleinerungsformen sind im Spanischen als Koseformen sehr beliebt und werden durch Anhängen der Endung **-ito / -ita** gebildet:
¿Nos pones una ración de <u>chopitos</u> (< chopo)?

Bei Wörtern auf **-e** oder auf Konsonant wird die Endung **-cito / -cita** benutzt:
¿Tomamos un <u>cafecito</u> (< café) aquí?

Beachten Sie eventuelle Akzentänderungen (siehe letztes Beispiel)!
Bei Wörtern, die **-z-** oder **-c-** in der letzten Silbe haben, kommt es zu folgenden orthographischen Änderungen: **-z-** ▶ **-c- und -c-** ▶ **-qu-**.

▶ § 8 Verkleinerung

Gut zu wissen:
In Mittelamerika, aber auch in anderen Teilen Lateinamerikas werden die Verkleinerungsformen sehr häufig verwendet. Ein Beispiel ist der Name **Rosita** (◀ **Rosa**).

Versuchen Sie nun, diese Regel selbst anzuwenden, und schreiben Sie die Verkleinerungsformen der unterstrichenen Wörter auf.

1. Nos hemos sentado en una <u>terraza</u> a tomar algo. __________
2. Tienes un <u>poco</u> de fiebre. __________

12

Die Präposition **a** steht vor dem direkten Objekt, wenn es sich um Personen bzw. Gruppen von Personen handelt. Vergleichen Sie:

¿Has visto <u>a</u> la abuela? **¿Has visto la película?**
No sé si llamar <u>a</u> la policía.

▶ § 31 Direktes Objekt

Dies gilt auch für Pronomen, die sich auf Personen beziehen, wie **quién**, **alguien** *(jemand)*, **nadie**:

¿Habéis conocido <u>a</u> alguien en Salamanca?

Ergänzen Sie die Präposition **a**, wo es notwendig ist.

1. ¿Conoces __ la mujer de Agustín?
2. ¿__ quién has llamado?
3. ¿Ve usted __ la farmacia allí enfrente?

Bei **buscar** und **necesitar** + Berufsbezeichnung entfällt die Präposition **a**:
La empresa busca una secretaria.
Ebenso beim Verb **tener** + unbestimmter Artikel **un / una / unos / unas**:
Yo tengo una hermana.

13

§ 17 Imperfekt

Im Hauptdialog dieser Lektion kommt eine neue Vergangenheitsform vor, das **Imperfecto** *(Imperfekt)*:
Cuando tenía tu edad, yo era una chica muy bonita y me encantaba ir a bailar a las verbenas y tenía muchos novios, ...

2 TR. 66 Hören und sehen Sie sich die regelmäßigen Imperfekt-Formen der Verben auf **-ar** am Beispiel von **estar** an.

yo	est**aba**	nosotros/-as	est**ábamos**
tú	est**abas**	vosotros/-as	est**abais**
él/ella/usted	est**aba**	ellos/-as, ustedes	est**aban**

2 TR. 67

Versuchen Sie nun, die regelmäßigen Formen der Verben auf **-er** zu ergänzen, und überprüfen Sie Ihre Lösungen mit Hilfe der CD.

yo	ten**ía**	nosotros/-as	________
tú	ten**ías**	vosotros/-as	ten**íais**
él/ella/usted	________	ellos/-as, ustedes	ten**ían**

Gut zu wissen:
Das Imperfekt von **hay** *(es gibt)* lautet **había**.

Die Verben auf **-ir** werden wie die Verben auf **-er** konjugiert.
Es gibt drei unregelmäßige Verben im Imperfekt: **ser, ver, ir.**

ser: era, eras, era, éramos, erais, eran
ver: veía, veías, veía, veíamos, veíais, veían
ir: iba, ibas, iba, íbamos, ibais, iban

14

Doña Amparo erzählt hier, wie das Leben war, als sie jung war. Vervollständigen Sie die Sätze mit der entsprechenden Form im Imperfekt.

cambiar – *sich ändern*
antes – *früher*
cuando – *als*
el vídeo – *Videorekorder*
hoy en día – *heutzutage*
numeroso/a – *zahlreich*
fuera de – *außer*

¡Cómo ha cambiado todo! Antes, cuando yo *(ser)* ________ joven, no *(haber)* ________ ordenadores, ni horno microondas. La gente no *(ver)* ________ películas en vídeo, iba al cine, aunque no se *(salir)* ________ a cenar como hoy en día; se *(cenar)* ________ en casa. Las familias *(ser)* ________ muy numerosas y muy pocas mujeres *(trabajar)* ________ fuera de casa. Los chicos y las chicas no *(ir)* ________ a bailar a la discoteca, sino a la verbena. Mucha gente no *(tener)* ________ coche.

15

▸ § 17 Imperfekt

Das Imperfekt wird verwendet:

a) Um einen Zustand oder eine Situation in der Vergangenheit zu beschreiben, z. B.: **¡Estábamos preocupadísimas!**
El restaurante era precioso y la comida estaba muy buena.

b) Um wiederholte Handlungen und Gewohnheiten in der Vergangenheit zu beschreiben: **Cuando tenía tu edad, iba a bailar a las verbenas.**

Funktion **a** oder **b**? Schreiben Sie den richtigen Buchstaben auf.

1. Cuando tenías mi edad, ¿qué hacías los fines de semana? ____
2. En Salamanca hacía muy buen tiempo. ____

Weiterhin dient das Imperfekt zur Beschreibung einer Situation, die den Hintergrund für eine neu eintretende Handlung bildet (die neue Handlung steht dann im Indefinido oder Perfekt):
... Y como la temperatura era tan agradable, nos hemos sentado en una terracita de la plaza a tomar algo.

16

Wie war es, als Sie klein waren? Beantworten Sie folgende Fragen schriftlich. Im Begleitheft stehen Antwortvorschläge.

1. ¿Dónde vivía?
2. ¿Dónde pasaba los veranos?
3. ¿Le gustaba ir al colegio?
4. ¿Dónde jugaba con sus amigos / amigas?
5. ¿Qué no le gustaba hacer cuando era niño?
6. ¿Qué hacía los fines de semana?

Gut zu wissen:
Das Imperfekt verwendet man auch, um über seine Kindheit zu erzählen: **cuando tenía seis años ..., cuando era pequeño / -a / joven ..., de niño / -a ...** *(als Kind ...).*

17

2 TR. 68

Eva und María unterhalten sich über ihr früheres Studentenleben. Hören Sie sich den Dialog an. Welche der folgenden Aussagen treffen auf Eva, auf María oder auf beide zu? Kreuzen Sie an.

		Eva	María
1.	Iba a la universidad por la mañana.		
2.	Tenía que trabajar tres días a la semana.		
3.	Vivía cerca de la universidad.		
4.	Vivía con su familia.		
5.	Ella y sus compañeras hacían muchas fiestas.		
6.	Tenía un novio que estudiaba en Barcelona.		
7.	A ella y a sus amigas les gustaba un compañero.		

Das Wetter in Spanien - Interkulturelles: Die ***movida***

18

2 TR. 69

Hören Sie sich die Unterhaltung über eine Reise durch Spanien an. Welche Regionen Spaniens werden in Verbindung mit den Wetter-Illustrationen erwähnt? Schreiben Sie die entsprechenden Zahlen zu den Bildern.

A

B
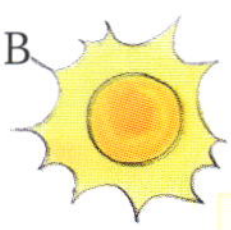

C

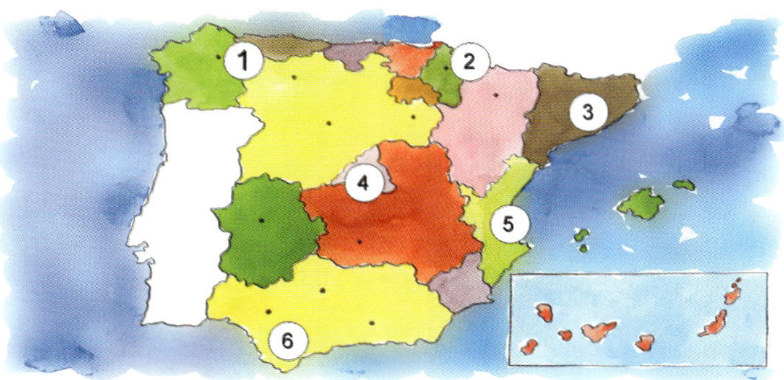

D

E

F

19

Die **movida** hat ihren Ursprung in der Zeit der **transición** (dem Übergang von der Diktatur zur Demokratie nach dem Tod Francos 1975) und war eine Bewegung, die eine Überschreitung alter Tabus und den Aufbruch in eine neue Zeit einleitete. Sie zeigte neue Wege auf und führte Spanien mit frischen Ideen und enormem künstlerischen Potential voran. Die **movida** - ein Begriff, der die neue Lebenslust und Kultur ausdrückt - verlagerte sich stark in Richtung Nachtleben.

Das Nachtleben in Spanien beginnt meistens spät und endet in den frühen Morgenstunden oder sogar am nächsten Vormittag. Man fängt auf den **terrazas** an, besonders im Sommer, wo sich Freunde und auch Familien aufhalten.

Die Jugendlichen beginnen das Nachtleben lieber später und ziehen von einer Bar in die nächste. Gerne werden auch Lokale mit Live-Musik besucht. Dabei werden gewöhnlich beträchtliche Mengen Alkohol konsumiert. Dann gehen einige in die Disko, womit man den „Abend" (vielleicht gegen 5 Uhr!) abschließt.

Diejenigen, die mehr Ausdauer haben, halten durch, bis es hell wird, und begrüßen den neuen Tag in einem Café bei **churros con chocolate** *(frittiertes Spritzgebäck mit Schokolade).*

1 (CD 2, TR. 70)

In den folgenden Kurzdialogen geht es um mexikanische Gerichte. Hören Sie sich die Dialoge an und konzentrieren Sie sich zunächst darauf, die angegebenen Namen der Gerichte herauszuhören. Sehen Sie sich dann die Erklärungen der Gerichte unten an. Hören Sie sich die Dialoge noch einmal an und versuchen Sie, auch die einzelnen Wörter der Definitionen zu erkennen.

1. pollo con mole
2. quesadilla
3. enchilada
4. chile con carne
5. pozole
6. burrito

Mole: *Soße mit Chili, verschiedenen Gewürzen, Erdnüssen und Schokolade*
Quesadilla: *Maispfannkuchen gefüllt mit Käse oder anderen Zutaten*
Enchilada: *Zusammengerollter Maispfannkuchen gefüllt mit Fleisch und mit Chilisoße bedeckt*
Chile con carne: *Typisches Tex-Mex-Gericht mit Chili, Fleisch und Bohnen*
Pozole: *Gericht aus Mais, Fleisch und Chili*
Burrito: *Zusammengerollter Pfannkuchen aus Weizenmehl gefüllt mit Fleisch oder Hähnchen, Bohnen, Reis und anderen Zutaten*

Gut zu wissen:
Der Begriff **Tex-Mex** deutet auf die Vermischung der Essgewohnheiten von Texas und Mexiko hin, bedingt durch die ständigen Ein- und Auswanderungen zwischen beiden Gebieten.

2 (CD 2, TR. 71)

Hören Sie sich folgende Ausdrücke der Überraschung auf der CD an und sprechen Sie sie nach. Können Sie die entsprechende Übersetzung für jeden Ausdruck finden?

1. ¡Qué sorpresa!
2. ¡Qué tarde es!
3. No me lo puedo creer.
4. ¿De verdad?
5. ¡No me digas!
6. ¡Me parece que estoy soñando!
7. ¡Qué pronto habéis llegado!
8. ¡Esto sí que no me lo esperaba!
9. ¿Ah, sí?
10. ¡No puede ser verdad!

a. *Wie schnell seid ihr angekommen!*
b. *Ich glaube, ich träume!*
c. *Wie spät es ist!*
d. *Sag bloß!*
e. *Ach, ja?*
f. *Das kann nicht wahr sein!*
g. *Das hätte ich nicht erwartet!*
h. *Wirklich?*
i. *Ich glaube es nicht!*
j. *Was für eine Überraschung!*

Im mexikanischen Restaurant

3
2 TR. 72

Heute Abend gehen Herr und Frau Giménez essen. Sie wollen ein neues mexikanisches Restaurant ausprobieren. Dort erwartet sie eine Überraschung. Sehen Sie sich die Bilder an und hören Sie sich den Dialog mehrmals an.

4
2 TR. 72

Hören Sie sich den Dialog noch einmal an. Entscheiden Sie dann, ob die folgenden Aussagen richtig oder falsch sind.

		correcto	falso
1.	A Agustín no le gusta la decoración del restaurante.		
2.	Charo no sabe lo que son los burritos.		
3.	Agustín quiere hablar primero con el camarero.		
4.	Agustín y Charo estuvieron una vez en Thailandia.		
5.	Charo tiene mucha hambre.		
6.	Rosita comenta que viajar a México es muy caro.		
7.	Rosita trabaja en el restaurante todos los días.		
8.	Charo quiere cenar pollo con mole.		

5 (2, TR. 13)

Hören Sie sich folgende Ausdrücke an und sprechen Sie sie nach. Können Sie die entsprechende Übersetzung für jeden Ausdruck finden?

1. ¡Qué bien decorado está este restaurante!
2. ¿Qué son burritos?
3. ¡Venga!, vamos a pedir.
4. ¡Vaya! ¡Pero si es Rosita!
5. ¡Qué sorpresa!
6. ¡Pensaba que trabajabas en un museo!
7. ¡Chocolate en una salsa y con pollo!
8. ¡Qué original!
9. ¿Qué tal si eliges tú?
10. ¡Pues sí … !

a. *Ich dachte, du arbeitest in einem Museum!*
b. *Was für eine Überraschung!*
c. *Wie originell!*
d. *Was sind denn* ***Burritos****?*
e. *Tja!*
f. *Schokolade in einer Soße und mit Hühnchen!*
g. *Wie schön ist dieses Restaurant eingerichtet!*
h. *Mensch! Das ist ja Rosita!*
i. *Komm jetzt, lass uns bestellen.*
j. *Wie wäre es, wenn du auswählst?*

6 (2, TR. 12)

Hören Sie sich den Dialog an und lesen Sie den Text im Begleitheft mit. Rosita benutzt in dem Dialog ein neues Wort für „Geld". Können Sie es finden? Schreiben Sie es in die Sprechblase.

Unterstreichen Sie nun im Text im Begleitheft die Verben im Imperfekt. Sehen Sie sich dann die Übersetzung des gesamten Dialogs an.

Gut zu wissen:

Erinnern Sie sich daran? In den Ländern Lateinamerikas wird immer **ustedes** statt **vosotros** gebraucht. Deshalb sagt Rosita, obwohl sie Charo und Agustín duzt: **¿Les gusta la comida mexicana?** *(Mögt ihr mexikanisches Essen?)*

Unregelmäßige Formen im Indefinido

7

§ 16 Indefinido

Sehen Sie sich folgenden Satz von Charo aus dem Dialog an.
¿Recuerdas cuando pedimos sin saber qué eran las cosas?
(Weißt du noch, als wir bestellten, ohne zu wissen, was das war?)

Bei den Verben auf **-ir**, die im Präsens einen Vokalwechsel haben (z.B. **pedir** ▸ **yo pido**, **divertirse** ▸ **yo me divierto**), wechselt auch im Indefinido der Stammvokal immer von **e** zu **i**, aber nur in der 3. Person Singular und Plural.

Sehen Sie sich die Indefinido-Formen von **pedir** an.

yo	pedí	nosotros, nosotras	ped-**imos**
tú	ped-**iste**	vosotros, vosotras	ped-**isteis**
él, ella, usted	pid-**ió**	ellos, ellas, ustedes	pid-**ieron**

Versuchen Sie in der folgenden Übung, die Konjugation von **divertirse** nach dem Muster von **pedir** zu bilden. Schreiben Sie die fehlenden Formen in die Lücken.

yo	me divertí	nosotros/-as	nos divertimos
tú	te divertiste	vosotros/-as	os divertisteis
él, ella, usted	________________	ellos, ellas, ustedes	____________________

8

§ 16 Indefinido

Im Dialog verwendet Agustín weitere unregelmäßigen Formen im Indefinido.
Tú no quisiste quedarte en el hotel y propusiste salir en busca de aventuras. *(Du wolltest nicht im Hotel bleiben und hast vorgeschlagen, auf Suche nach Abenteuern zu gehen.)*

Die Verben **querer** *(wollen)* und **proponer** *(vorschlagen)* haben im Indefinido einen unregelmäßigen Stamm:

querer ▸ quis- **proponer ▸ propus-**

Die Endungen sind wie beim Verb **hacer**, das Sie links in der Konjugationsbox finden.

Versuchen Sie, die Indefinido-Formen von **querer** jeweils an die entsprechende Stelle in die Konjugationsbox links zu schreiben.

quisieron – quise – quiso – quisisteis

Indefinido von hacer

hice	hicimos
hiciste	hicisteis
hizo	hicieron

Indefinido von querer

________	quisimos
quisiste	________
________	________

9

Wie Sie schon in der letzten Lektion erfahren haben, wird das Imperfekt auch dazu verwendet, um die Umstände bzw. den Hintergrund einer Haupthandlung zu schildern. Die Haupthandlung steht dann im Indefinido oder Perfekt.

▸ § 16 Indefinido
▸ § 17 Imperfekt

CD 2 TR. 74

Achten Sie in dem folgenden Satz auf die jeweilige Zeit der Verben und den entsprechenden Kontext. Hören Sie sich den Satz auf der CD an und ergänzen Sie die fehlenden Verben.

Al principio __________ toda la semana, pero era demasiado para mí; entonces __________ pensar un poco más en mi salud.

Das Imperfekt steht häufig mit Angaben wie z. B. **antes** *(früher)*, **siempre**, **todos los días**, **mientras** *(während)*, usw.
Das Indefinido steht dagegen oft mit Angaben wie **entonces**, **de repente** *(plötzlich)*, **de pronto** *(auf einmal)*, **enseguida** *(sofort)*, **un día** *(eines Tages)*.

Gut zu wissen:
Das Imperfekt beantwortet die Frage: *Wie war es?*
Das Indefinido bzw. Perfekt beantwortet die Frage: *Was ist passiert?*

10

Dies ist die Kurzfassung der Legende über die zufällige Entstehung der mexikanischen Soße **Mole**. Sehen Sie sich die in Klammern angegebenen Verben im Indefinido und Imperfekt an und schreiben Sie die richtige Form in die Lücken. Zum Schluss können Sie die Übersetzung der Legende im Begleitheft lesen.

Un día el arzobispo de Puebla *(decidió / decidía)* __________ visitar uno de los conventos de la zona. Los monjes entonces *(comenzaron / comenzaban)* __________ a preparar la comida. Fray Pascual *(se puso / se ponía)* __________ a recoger los chiles, trozos de chocolate y las especias que *(hubo / había)* __________ por la cocina. Con las prisas *(tropezó / tropezaba)* __________ frente a la cazuela donde se *(estuvo / estaba)* __________ haciendo la comida.
Poco después *(llegó / llegaba)* __________ el arzobispo. Cuando *(probó / probaba)* __________ la comida, *(exclamó / exclamaba)* __________: "¡Exquisito!"

Gut zu wissen:
Puebla ist die Hauptstadt des gleichnamigen Staates Puebla in Zentralmexiko.

Eine Bildergeschichte – Imperfekt vs. Indefinido

11

2 TR. 75

Hören Sie sich die Geschichte über Jordis Großvater an und bringen Sie die Bilder in die chronologische Reihenfolge, indem Sie sie entsprechend von 1-6 nummerieren.

12

§ 16 Indefinido
§ 17 Imperfekt

Hier ein Auszug aus Charos Tagebuch. Vervollständigen Sie den Text mit dem jeweiligen Verb im Indefinido oder Imperfekt. Denken Sie daran, dass Sie bei den Handlungen, die Charo und ihren Mann betreffen, die Verben in der ersten Person Plural (**nosotros**) konjugieren müssen.

aparecer – *erscheinen*
atender – *bedienen*
explicar – *erklären*
al final – *am Ende*
el guiso – *Gericht*

Ayer Agustín y yo *(ir)* __________ a cenar a un restaurante mexicano. *(haber)* __________ un ambiente muy agradable. Allí *(ver)* __________ a Rosita, nuestra vecina. *(estar)* __________ esperando al camarero, cuando de repente *(aparecer)* __________ ella para atendernos. ¡Qué sorpresa! Muy amablemente nos *(explicar)* __________ lo que *(ser)* __________ todo y nos *(ayudar)* __________ a elegir la cena. Al final *(tomar)* __________ pozole, un guiso que *(estar)* __________ riquísimo.

13

Finden Sie die Paare **Imperfecto – Indefinido** vom gleichen Verb und in der gleichen Person und schreiben Sie sie auf.

quería	propusiste	proponíamos	pedisteis
se divirtió	quise	pedíais	quisieron
proponías	se divertía	propusimos	querían

14

Verbinden Sie die Sätze auf der linken Seite mit den passenden Reaktionen rechts.

1.

2.

3.

A

B

C

15 2 TR. 76

Lesen Sie folgende Definitionen von mexikanischen Gerichten. Können Sie sie mit dem entsprechenden Gericht rechts verbinden? Überprüfen Sie dann Ihre Lösungen mit Hilfe der CD.

1. Es una tortilla de maíz rellena de carne y cubierta con salsa de chile.
2. Es un guiso de maíz con carne y chile.
3. Es un plato de carne, chile y frijoles.
4. Es una salsa hecha con chile, muchas especias, cacahuetes y chocolate.
5. Son tortillas de maíz rellenas de queso y muchas otras cosas.
6. Son tortillas de trigo enrolladas, rellenas de carne, pollo y otros ingredientes.

a. mole
b. burritos
c. pozole
d. quesadillas
e. enchilada
f. chile con carne

cubierto/a – *bedeckt*
el chile – *Chili*
el plato – *Gericht*
enrollado/a – *zusammengerollt*

Ein Rollenspiel – Interkulturelles: Der Mais

16 2 TR. 11

Charo erzählt ihrer Tochter Noelia über das Abendessen in dem mexikanischen Restaurant. Hören Sie sich den Dialog zwischen Charo und Noelia mehrmals an. Übernehmen Sie dann die Rolle von Charo und vervollständigen Sie den Dialog.

Sie erzählen, dass Sie gestern zum Abendessen in einem mexikanischen Restaurant waren, können sich aber an den Namen nicht erinnern: ______________________________

____

Noelia: ¿Puebla?
Sie bestätigen, dass es so heißt: ______________________________
Noelia: ¿Y qué tal?
Sie erzählen, wie es war und dass Sie jemanden getroffen haben: ______________________________

____

Noelia: ¿A quién?
Sie haben Rosita, die Nachbarin, getroffen: ______________________________
Noelia: Ah, sí, es verdad. Está trabajando allí de camarera, ¿no?
Sie fragen, warum Noelia das weiß: ______________________________
Noelia: Porque me lo comentó el otro día.
Sie erzählen, dass Sie gerade auf den Kellner warteten, als plötzlich Rosita erschien, um Sie zu bedienen:

____

____

Noelia: Bueno, ¿y qué comisteis?
Sie erzählen, dass Sie ***Pozole*** *gegessen haben:* ______________________________
Noelia: Po … ¿qué?
Sie erklären, was ***Pozole*** *ist, und sagen, wie es geschmeckt hat:* ______________________________

____

____

Interkulturelles

17

Der Mais kam erst im 15. Jahrhundert mit der Entdeckung Amerikas nach Europa. Dieses Getreide war in Mittel- und Südamerika sehr verbreitet und stellte das wichtigste Nahrungsmittel der großen präkolumbinischen Zivilisationen dar:

- die **aztecas**: in Zentralmexiko
- die **mayas**: im Südosten Mexikos, Yucatán und Guatemala
- die **incas**: deren Gebiet umfasste Südkolumbien, Ecuador, Peru, Bolivien, den Nordwesten Argentiniens und einen großen Teil Chiles.

In Mexiko findet man 22 verschiedene Maissorten, die als Basis für die Produktion einer großen Zahl von Nahrungsmitteln dienen.

1

2 TR. 78

Sehen Sie sich die Bilder an. Welche Pläne bzw. Absichten haben diese Personen? Ordnen Sie die Sätze den entsprechenden Bildern zu und überprüfen Sie Ihre Lösungen mit Hilfe der CD.

1.

2.

3.

4.

5.

a. Mi mujer y yo pensamos salir a cenar esta noche. – b. El próximo verano quiero viajar a México. – c. Esta tarde pienso llamar por teléfono a mi madre. – d. Este fin de semana voy a ir al cine. – e. Mañana voy a dar un paseo con mis amigas.

Gut zu wissen:

Mit **querer / pensar / ir a** + Infinitiv werden Absichten ausgedrückt:
quiero ir al cine
pienso ir al cine
voy a ir al cine

2

Lesen Sie die Anzeige (**el anuncio**) einer spanischen Sprachschule. Sehen Sie sich dann die rechts angegebenen deutschen Begriffe an und versuchen Sie, die entsprechenden Wörter in der Anzeige zu finden und zu unterstreichen.

Gut zu wissen:

D.E.L.E. steht für **Diploma de Español como Lengua Extranjera** *(Diplom für Spanisch als Fremdsprache)*. Dabei handelt es sich um staatliche Diplome, die das Niveau der Sprachkompetenz nachweisen.

ENMADRID – Cursos de Español para Extranjeros

¡Aprende español en la capital de España!

Cursos durante todo el año de 2 semanas hasta 9 meses
10 tipos de cursos
Preparación para los Diplomas D.E.L.E. de inicial a superior
Máximo 10 estudiantes por clase
Material de clase incluido en la matrícula
Alojamiento: familias, apartamentos, residencia propia
Amplio programa de actividades: deportes, excursiones, visitas, …

ENMADRID – C/ Marqués de Cubas, 2 – 28014 Madrid
Información y reserva: Tel.: +34 915 245 765
Fax: +34 915 235 771
E-mail: cursos@enmadrid.es
http://www.enmadrid.com

Reservierung
Anmeldung
Kurs
Unterkunft

Doña Amparos Geheimnis

3 (CD 2, TR. 79)

Die häufigen Eskapaden von Doña Amparo haben einen Grund. Während eines Familienessens teilt Doña Amparo ihrer Familie eine freudige Nachricht mit, und dabei kommt die Wahrheit ans Licht. Sehen Sie sich die Bilder an und hören Sie sich den Dialog an.

4 (CD 2, TR. 79)

Hören Sie sich den Dialog noch einmal an und ordnen Sie dann die Aussagen der entsprechenden Person zu.

conseguir – *erreichen, finden*
ganado ◂ **ganar** – *gewinnen*
cogido ◂ **coger** – *nehmen*
las vacaciones – *Urlaub*
celebrar – *feiern*

1. 

2. 

- a. Ha comprado varias cosas en la perfumería.
- b. No sabe cómo conseguir el dinero.
- c. Piensa ahorrar un poco de dinero.
- d. Quiere hacer un curso de inglés.
- e. Ha ganado mucho dinero en el bingo.
- f. Va a hacer la reserva mañana.
- g. Ha cogido dinero del bolso de Charo.
- h. Quiere irse de vacaciones con las amigas.
- i. Propone celebrar el dinero ganado en el bingo.

5 (CD 2, TR. 80)

Hören Sie sich die folgenden Sätze an und sprechen Sie sie nach.

generoso/a – *großzügig*
desaparecer – *verschwinden*

1. ¿No querías hacer un curso de inglés?
2. ¿Pero qué pasa que está tan generosa?
3. Ahora entiendo por qué me desaparecía dinero.
4. Quiero irme a Benidorm con mis amigas.
5. ¡Vamos a celebrar el bingo de la abuela!

6 TR. 79

Hören Sie sich den Dialog noch einmal an und lesen Sie den Text im Begleitheft mit. Markieren Sie im Text die Pläne bzw. Absichten von Doña Amparo und Noelia.
Welches Wort benutzt Doña Amparo, um sich zu entschuldigen? Schreiben Sie es in die Sprechblase – es handelt sich um ein einzelnes Wort!

Wenn Sie möchten, können Sie zum Schluss die Übersetzung des Dialogs im Begleitheft lesen.

7 TR. 81

Es ist Freitagabend: Noelia, Rosita, Jordi und Chema sprechen gerade über ihre Pläne für den nächsten Tag.
Lesen Sie zuerst die Sätze. Hören Sie sich dann den Dialog an. Auf wen treffen diese Aussagen zu? Kreuzen Sie an. Eine Aussage kann auch auf mehrere Personen zutreffen.

		Chema	Jordi	Noelia	Rosita
1.	Piensa hacer deporte.				
2.	Va a salir con unos amigos.				
3.	Tiene que ayudar en casa.				
4.	Quiere ir de compras.				
5.	Va a ir a bailar.				
6.	Tiene que trabajar.				
7.	Va a ir al cine con unos amigos.				

Pläne und Absichten ausdrücken

8

Gut zu wissen:
Beachten Sie: Bei den Verben **querer**, **tener** und **pensar** wird der Stammvokal **e** ▸ **ie** in allen Formen außer in der ersten und zweiten Person Plural.

Sehen Sie sich die folgenden Strukturen und ihre Verwendung an.

- Mit **querer** *(wollen, möchten)* + Infinitiv wird eine Absicht geäußert:
  Quiero irme de vacaciones a Benidorm.
- Mit **tener ganas de** *(Lust haben auf)* + Infinitiv wird ein Wunsch und damit eventuell eine Absicht ausgedrückt:
  Tenemos ganas de pasear por la playa.
- Mit **ir a** + Infinitiv drückt man ein Vorhaben oder einen Plan in der nahen Zukunft aus:
  Mañana voy a hacer la reserva en la academia.
- Mit **pensar** *(vorhaben)* + Infinitiv kann man ebenso ein Vorhaben bzw. einen Plan ausdrücken:
  Pienso ahorrar un poquito.

9

2 TR. 82

remar – *rudern*
la barbacoa – *Grillparty*
el jardín – *Garten*

Ordnen Sie die unten stehenden Pläne und Absichten dem entsprechenden Bild zu. Überprüfen Sie Ihre Lösungen mit Hilfe der CD.

1. 
2. 
3. 

a. Mi jefe va a hacer una barbacoa en el jardín este domingo.
b. Mis compañeros y yo pensamos ir a remar al Retiro.
c. El próximo verano pienso descansar y no hacer nada.

10

Und welche Pläne haben Sie? Beantworten Sie folgende Fragen. Im Begleitheft stehen Antwortvorschläge.

1. ¿Qué va a hacer el próximo sábado por la noche?
2. ¿Dónde piensa pasar sus próximas vacaciones?
3. ¿Qué quiere hacer el próximo año?
4. ¿Qué tiene ganas de hacer después del trabajo?

11

▸ § 29 Stellung der Pronomen

Pronomen mit Infinitiv können vorangestellt oder angehängt werden:
Me quiero ir de vacaciones.
Quiero irme de vacaciones.

Dasselbe gilt für **tener que** + Infinitiv:
Tengo que irme.
Me tengo que ir.

Und ebenso für **estar** + Gerundium:

Rosita está acostándose.
Rosita se está acostando.

Gut zu wissen:
Beim Gerundium mit angehängtem Pronomen muss immer ein Akzent gesetzt werden, damit die Betonung erhalten bleibt: **leyendo** ▸ **leyéndolo**

Schreiben Sie folgende Sätze um.

1. Mañana me tengo que levantar temprano.
2. ¿Te estás afeitando, Agustín?

12

▸ § 19 ser / estar

ser + Adjektiv drückt dauerhafte Eigenschaften des Charakters bzw. Aussehens aus: **Doña Amparo es muy amable.**

estar + Adjektiv drückt einen vorübergehenden Zustand oder eine veränderliche Eigenschaft aus: **Doña Amparo está contenta.**

Sehen Sie sich jetzt folgenden Satz aus dem Dialog an.
Pero, abuela, ¿qué pasa que está tan generosa?
(Aber Großmutter, was ist los, warum so großzügig?)
Die besondere Großzügigkeit Doña Amparos wird hier als eine momentane Eigenschaft dargestellt, nicht als typisches Charaktermerkmal von ihr. Deshalb wird das Verb **estar** statt **ser** verwendet.

Gut zu wissen:
Einige Adjektive haben eine unterschiedliche Bedeutung, je nachdem ob sie mit **ser** oder **estar** stehen, wie z. B.:
estar cansado / a – *müde sein*
ser cansado / a – *ermüdend sein*, z. B.: **un viaje cansado**

Wählen Sie jeweils das richtige Verb aus und schreiben Sie es in die Lücke.

1. Mi jefe es bastante antipático pero hoy *(ha estado / ha sido)* __________ muy simpático.
2. Carmen, ¡*(eres / estás)* __________ muy delgada! ¡Tienes que comer más!

ser und estar – Zeitpräpositionen

13

▶ § 19 ser / estar

ser oder **estar**? Vervollständigen Sie die folgenden Dialoge jeweils mit dem richtigen Verb. Achten Sie immer auf den Zusammenhang!

1. • *(soy / estoy)* __________ muy nervioso.
   ○ ¿Cómo puede ser? ¡Si tú *(eres / estás)* ________ una persona muy tranquila!

2. • ¿Qué tal la fiesta de cumpleaños?
   ○ *(ha sido / ha estado)* __________ muy bien.

3. • *(eres / estás)* __________ muy seria hoy. ¿Te pasa algo?
   ○ Me duele mucho la cabeza.

4. • ¿Y cómo *(es / está)* __________ él?
   ○ ¡*(es / está)* __________ un chico fascinante! ¡Tienes que conocerlo!

14

▶ § 37 Präpositionen

Sehen Sie sich die folgenden Ausdrücke und Beispielsätze an.

- **hace** + Zeitraum *(vor)*:
  hace tres días / hace cinco meses / hace diez años / . . .
  Empezamos hace medio año aproximadamente.
- **desde** + Zeitpunkt *(seit)*:
  desde ayer / desde hoy / desde marzo / desde 2002 / . . .
  Mis amigas y yo vamos al bingo desde abril.
- **desde hace** + Zeitraum *(seit)*:
  desde hace tres días / desde hace cinco meses / desde hace diez años / . . .
  Mis amigas y yo vamos al bingo desde hace medio año.

2 TR. 83

Gut zu wissen:
Einige Verben ändern ihre Schreibweise im Indefinido, damit die Aussprache erhalten bleibt, z. B. **llegar**: **(yo) llegué**

Setzen Sie die Ausdrücke in die richtigen Lücken und überprüfen Sie Ihre Lösungen mit Hilfe der CD.

desde – hace – desde hace

1. Estoy trabajando en este proyecto ______________ el año pasado.
2. No veo a mi familia ________________ meses.
3. Llegué a Madrid ________________ un año.

15

Vervollständigen Sie die Sätze mit **hace**, **desde** oder **desde hace**.

▶ § 37 Präpositionen

1. ¡No vamos al cine ________________ diez años!
2. Rosita trabaja en este museo ________________ el pasado octubre.
3. Estuve hablando con él ________________ unos días.
4. Viven aquí ________________ un par de meses.
5. ________________ hoy trabajo en un nuevo departamento.

16

Die betonten Possessiva können mit oder ohne bestimmtem Artikel stehen:

▶ § 34 Possessiva

Tus amigas no van al bingo, pero las mías sí.
Este dinero es tuyo, Charo.

2 TR. 84

Hören Sie den Dialog und ergänzen Sie den fehlenden Ausdruck.

Charo: Pero Amparo, coger dinero del bolso, a su edad …

Amparo: Ya lo sé, ____________.

Die betonten Formen stehen nach dem Substantiv, wenn das Possessivum besonders betont wird:

Yo no conozco a esas amigas tuyas.

Die unbetonten Possessiva stehen immer vor dem Substantiv:

Noelia es mi nieta.

Die Formen aller unbetonten und betonten Possessiva können Sie in der Grammatik im Begleitheft nachlesen.

Gut zu wissen:

In bestimmten Ausrufen wie **¡Dios mío!** *(mein Gott!)* und Ausdrücken wie **hijo mío** *(mein Junge)*, **amigo mío** *(mein Freund)* stehen die betonten Possessiva nach dem Substantiv.

17

Vervollständigen Sie die Sätze mit der passenden Form.

1. Y *(sus/suyos)* _______ hijos, ¿qué estudian?
2. Ayer conocí a un primo *(tu/tuyo)* _______ .
3. ¿Dónde tienes *(tus/tuyas)* _______ cosas?
4. *(mis/mías)* _______ gafas están aquí, pero no veo las *(tus/tuyas)* _______ .
5. Ana es amiga *(su/suya)* _______ , ¿no?

Ein Puzzle – Interkulturelles: Spanische Glücksspiele

18

Bilden Sie aus jeweils zwei Puzzleteilen komplette Sätze bzw. Fragen.

¿Adónde piensas | ¿Pero qué | hablar con él! | El próximo año voy a hacer

Perdona, no | que no te han dicho nada? | ir el próximo verano?

¿Cómo es | Siento | ganas de tomar nada? | ¿Qué quieres hacer

¿No tienes | sabía que estabas aquí. | a ir a la fiesta de Noelia.

el día de tu cumpleaños? | pasa que no vienes? | El próximo fin de semana vamos

¡Qué ganas tengo de | un curso de inglés. | mucho llegar tarde.

19

Außer Bingo sind noch andere Glücksspiele in Spanien sehr verbreitet. Das älteste und bedeutendste davon ist die **Lotería Nacional**. Jedes Jahr am 22.12. findet der traditionelle **Sorteo Extraordinario de Navidad** *(Extra-Weihnachtsverlosung)* statt. Der erste Preis, d.h. das große Los, wird **El Gordo** (wörtlich: *der Dicke*) genannt. Wenige widerstehen der Versuchung, ein Los, ein Zehntel-Los oder einen Anteil davon zu kaufen.
Eine weitere Lotterie findet täglich statt: **el Cupón de la ONCE** (**Organización Nacional de Ciegos Españoles**) *(Nationale Blindenorganisation Spaniens)*.
Außerdem sind die **Lotería Primitiva** und die **Bonoloto** sehr beliebt – dabei geht es um die Kombination bestimmter Zahlen. Sehr verbreitet ist natürlich auch die **Quiniela de fútbol** *(Fußballtoto)*.

2 TR. 85

Auf dem Bild sehen Sie zwei Zehntel-Lose der **Lotería Nacional**.
Wählen Sie eins aus und hören Sie dann, ob Sie gewonnen haben!

Interkulturelles

Eine Reise nach Mexiko – Wortschatz rund um den Computer

1

2 TR. 86

Hören Sie sich auf der CD einen Werbespot über Reisen nach Yucatán in Mexiko an und lesen Sie die in dem Werbespot genannten Wörter in der angegebenen Reihenfolge mit. Ordnen Sie dann die Übersetzungen unten den entsprechenden spanischen Begriffen zu.

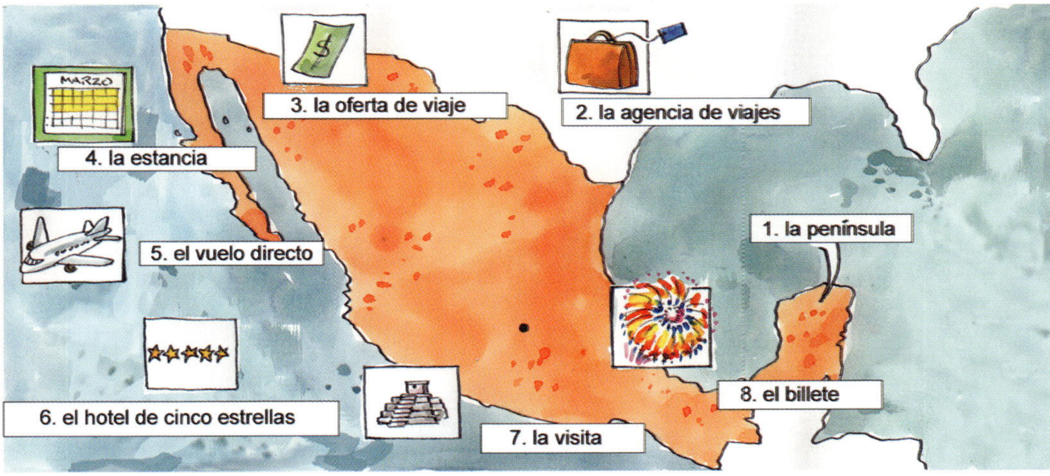

■ a. *Reiseangebot* – ■ b. *Flugschein* – ■ c. *Fünfsternehotel* – ■ d. *Reisebüro* – ■ e. *Besichtigung* – ■ f. *Aufenthalt* – ■ g. *Direktflug* – ■ h. *Halbinsel*

2

2 TR. 87

Hören Sie sich die Sätze auf der CD an und sprechen Sie sie nach. Können Sie sie mit der entsprechenden Übersetzung verbinden?

1. A ella le encanta navegar por internet.
2. Vamos a introducir primero el CD-ROM.
3. Tengo que enviar un par de "emilios".
4. ¿Por qué no miras en ese portal?
5. ¿Sabéis cómo instalar el nuevo programa?
6. La pantalla es un poco pequeña.
7. Él es un experto en informática.
8. El ordenador se ha colgado otra vez.

a. *Er ist ein Informatikexperte.*
b. *Der Computer ist schon wieder abgestürzt.*
c. *Warum schaust du nicht auf dieser Homepage?*
d. *Der Bildschirm ist ein bisschen klein.*
e. *Wir werden zuerst die CD-ROM einlegen.*
f. *Wisst ihr, wie man das neue Programm installiert?*
g. *Ich muss ein paar E-Mails schicken.*
h. *Sie surft sehr gern im Internet.*

Gut zu wissen:

Der Ausdruck **emilio** ist eine umgangssprachliche Form für E-Mail. Man benutzt auch den Ausdruck **correo electrónico** oder einfach das englische Wort **e-mail**.

Die Reise von Noelia und Chema

3
2 TR. 88

Es ist klar, dass zwischen Noelia und Chema mehr als eine Freundschaft besteht. Noelia ist bei Chema. Sie sitzen vor dem Computer und wollen eine Reise nach Mexiko im Internet buchen. Sehen Sie sich die Bilder an und hören Sie sich den Dialog mehrmals an.

4
2 TR. 88

Hören Sie sich den Dialog an und beantworten Sie die Fragen, indem Sie die richtigen Lösungen ankreuzen.

1. ¿Qué lugares deciden visitar Noelia y Chema?
a. ■ Ciudad de México.
b. ■ Uxmal, Chichén-Itzá y Tulúm.
c. ■ Yucatán y Ciudad de México.

salir – *starten*
durar – *dauern*
utilizar – *benutzen*

2. ¿A qué hora sale el avión de Madrid?
a. ■ A las doce y media de la mañana.
b. ■ A las dos y media de la mañana.
c. ■ A las dos y media de la tarde.

3. ¿Cuántas horas dura el vuelo a México?
a. ■ Casi doce horas.
b. ■ Casi once horas.
c. ■ Cinco horas y cuarto.

4. ¿Cuántas estrellas tiene el hotel de Mérida?
a. ■ Dos.
b. ■ Tres.
c. ■ Cuatro.

5. ¿Para qué utiliza Chema el ordenador de casa?
a. ■ Sólo para navegar por internet.
b. ■ Sólo para escribir “emilios”.
c. ■ Para escribir “emilios” y navegar por internet.

5 (2, TR. 89)

Hören Sie sich folgende Sätze auf der CD an und sprechen Sie sie nach.
Sehen Sie sich dann die Übersetzungen unten an.

1. Vamos a seguir buscando.
2. ¡Ay, qué lento es este ordenador!
3. ¡Ah, pero el vuelo no está incluido!
4. Vamos a mirar en el portal de Iberia.
5. ¡Se me ha colgado el ordenador! ¡Qué fastidio!

a. *Lass uns weitersuchen.*
b. *Mensch, ist dieser Computer langsam!*
c. *Ach, aber der Flug ist nicht inbegriffen!*
d. *Lass uns auf der Homepage von Iberia nachsehen.*
e. *Der Computer ist abgestürzt! Wie ärgerlich!*

6 (2, TR. 88)

Hören Sie sich den Dialog an und lesen Sie den Text im Begleitheft mit.
Unterstreichen Sie nun die drei Vergleichsätze im Text.
Schreiben Sie dann das Zahlungsmittel in die Sprechblase, womit man im Internet bezahlen kann.

7 (2, TR. 90)

Agustín ruft bei einem Reisebüro an, um ein Flugticket zu kaufen. Hören Sie sich den Dialog auf der CD an und kreuzen Sie die Aussagen an, die auf das Gespräch zutreffen.

1.	Agustín llama por teléfono a la agencia de viajes "Hispania".	
2.	Agustín quiere viajar a Sevilla el próximo fin de semana.	
3.	Agustín piensa viajar solo.	
4.	El vuelo sale de Madrid a las seis y diez de la tarde.	
5.	El vuelo dura más o menos una hora.	
6.	El billete de avión cuesta 150 euros.	
7.	Agustín tiene que ir a la agencia antes del jueves.	
8.	Agustín prefiere pagar con tarjeta de crédito.	

seguir *+ Gerundium – Die Relativpronomen* ***el / la / los / las que***

8

▶ § 18 Gerundium

Gut zu wissen:
Das Verb **seguir** ist unregelmäßig: Der Vokal im Stamm **seg-** wird zu **sig-** bei allen Personen außer der ersten und zweiten Person Plural.

Gut zu wissen:
Wird das Pronomen an das Gerundium angehängt, ist ein Akzent erforderlich, damit die Betonung auf der gleichen Silbe des Verbs erhalten bleibt.

Sie kennen schon das Verb **pasar** *(verbringen)* mit Gerundium. Das Gerundium kann auch mit anderen Verben stehen, die eine Dauer oder Fortsetzung einer Handlung ausdrücken, wie z. B. **seguir** *(weitermachen)*.

2 TR. 91

Hören Sie sich auf der CD an, was Chema sagt, und vervollständigen Sie den Satz mit dem fehlenden Wort.

Vamos a seguir ____________, a ver si encontramos algo.

Wenn der Satz ein direktes Pronomen enthält, steht dieses entweder vor dem Verb **seguir** oder es wird an das Gerundium angehängt:

Lo sigo buscando. / Sigo buscándolo.

9

Vervollständigen Sie den Text der E-Mail, die Chema an seinen Freund schreibt.

¡Hola, Borja! ¡Noelia y yo nos vamos a México! Bueno, de momento estamos mirando __________ de __________ en internet. Hoy hemos encontrado una realmente interesante con __________ en hotel de cuatro __________ pero, claro, el __________ no estaba incluido. Vamos a tener que seguir buscando porque sin vuelo __________, va a ser mucho más caro.

¡Hasta el próximo __________!

10

▶ § 35 Relativpronomen

Gut zu wissen:
Der Ausdruck **lo que** bedeutet *(das) was*:
¿Sabes lo que pasa?
(Weißt du, was los ist?)

El / la / los / las que sind Relativpronomen, die für Sachen und Personen verwendet werden. Sie sind eine Kombination aus dem bestimmten Artikel und **que**:

El que tengo en la oficina es mucho mejor.
(Der, den ich im Büro habe, ist viel besser.)

El / la / los / las que stehen auch in Verbindung mit Präpositionen:

2 TR. 92

Hören Sie sich folgenden Satz auf der CD an und schreiben Sie die fehlenden Wörter in die Lücke.

¡Por fin vamos a ver las pirámides **de** __________ tanto nos ha hablado Rosita!

11

Vergleichen Sie die folgenden Sätze:
Utilizo <u>este ordenador</u> sólo para navegar por internet.
<u>Este ordenador</u>, <u>lo</u> utilizo sólo para navegar por internet.

Wenn das direkte Objekt (hier: **ordenador**) vor dem Verb steht, so muss es durch das entsprechende direkte Pronomen (hier: **lo**) wiederholt werden. Das direkte Objekt wird vorangestellt, um es zu betonen.

§ 26 Direkte Pronomen

Gut zu wissen:
Häufig steht nach einem vorangestellten Objekt ein Komma, es ist aber nicht unbedingt erforderlich.

Setzen Sie die direkten Pronomen in die richtigen Lücken.

la – lo – las – los

1. Estos billetes, ______ ha pagado la abuela.
2. A tu amiga mexicana, ______ visitamos, ¿no?
3. Las vacaciones, ______ podemos pasar aquí.
4. El viaje, ______ vamos a hacer este año.

12

§ 30 Dativo de interés

Sehen Sie sich folgenden Satz von Chema aus dem Dialog an.

¡Se <u>me</u> ha colgado el ordenador!
(Der Computer ist abgestürzt!)

Chema könnte auch gesagt haben:

¡Se ha colgado el ordenador!

Das Pronomen **me** wird **Dativo de interés** genannt. Es hat die Funktion, das Interesse des Sprechers daran zu zeigen, was ihm oder jemandem anderen geschieht bzw. geschehen ist. Damit wird also die Betroffenheit und innere Anteilnahme des Sprechenden am Geschehen ausgedrückt.

Sehen Sie sich hier zur Wiederholung alle indirekten Pronomen an:

me te le nos os les

Vervollständigen Sie mit Hilfe der in Klammern angegebenen Wörter den folgenden Satz mit dem richtigen Pronomen.

¡Se *(a nosotros)* ______ ha colgado el ordenador!

Im Hotel – Ein Zimmer reservieren

13 TR. 93

Hier sehen Sie Sätze, die in Situationen im Hotel verwendet werden. Hören Sie sich diese auf der CD an und sprechen Sie sie nach. Verbinden Sie sie dann mit der entsprechenden Übersetzung.

1. Quisiera reservar una habitación doble.
2. ¿Tiene aire acondicionado la habitación?
3. ¿Me puede dejar su carnet de identidad?
4. ¿Tienen habitaciones libres para esta noche?
5. ¿Está incluido el desayuno en el precio?
6. ¿Tienen habitaciones individuales?

a. *Hat das Zimmer Klimaanlage?*
b. *Haben Sie Einzelzimmer?*
c. *Können Sie mir Ihren Personalausweis geben?*
d. *Ist das Frühstück im Preis inbegriffen?*
e. *Ich möchte ein Doppelzimmer reservieren.*
f. *Haben Sie Zimmer frei für heute Nacht?*

14

Lesen Sie die E-Mail, die Agustín an ein Hotel geschrieben hat, um ein Zimmer zu reservieren. Setzen Sie dann die Begriffe in die richtigen Lücken. Konnten Sie die Bedeutungen der unbekannten Wörter aus dem Zusammenhang erschließen? Vergleichen Sie Ihre Vermutungen mit den Übersetzungen unten.

Gut zu wissen:
Es gibt in spanischen Doppelzimmern (**la habitación doble**) sowohl getrennte Betten (**camas individuales/separadas**) als auch Ehe-/Doppelbetten (**la cama matrimonial**). Deshalb ist es immer empfehlenswert nachzufragen.

atentamente – aparcamiento – doble – nombre – reservar – estimados – restaurante

_______________ señores:

Mi _______________ es Agustín Giménez. Me gustaría _______________ en su hotel una habitación _______________ con cama matrimonial para los días 23 y 24 del presente mes. También me gustaría saber si el hotel dispone de servicio de _______________ y de _______________ propio.

Les saluda _______________,

Agustín Giménez

el nombre – *Name*
presente – *diese/r/s*
disponer – *verfügen*
el servicio – *Service*
el aparcamiento – *Parkplatz*
propio/a – *eigene/r/s*
Estimados señores – etwa: *Sehr geehrte Damen und Herren*
Les saluda atentamente – etwa: *Mit freundlichen Grüßen*

15 TR. 94

In Spanien ist **¿Diga? / ¿Dígame?** die übliche Form, sich als Person am Telefon zu melden (Firmen melden sich natürlich mit ihren Namen). In Mexiko meldet man sich dagegen mit **¡Bueno!** am Telefon.

Hier sehen Sie einige Redemittel am Telefon. Hören Sie sich diese auf der CD an und lesen Sie mit.

Um nach jemandem zu fragen:
Hola, ¿está Agustín?
Quería hablar con el señor Giménez.

Um um Auskunft zu bitten:
Por favor, ¿me da el número de teléfono del hotel Alcora en Sevilla?

Um zu fragen, wer der Anrufer ist:
¿De parte de quién?

Um die gewünschte Person weiterzugeben:
Sí, ahora se pone.
Sí, un momento, no cuelgue.

Um zu sagen, dass sich der Anrufer verwählt hat:
Se ha equivocado.
No es aquí.

TR. 95

Hören Sie sich das Telefongespräch zwischen Charo und einem Anrufer auf der CD an. Übernehmen Sie dann die Rolle von Charo und vervollständigen Sie den Dialog.

Sie melden sich am Telefon: ________________________________

Anrufer: Hola, buenos días. Quería hablar con el señor Giménez.

Sie fragen, wer der Anrufer ist: ________________________________

Anrufer: Soy Alejandro Cifuentes.

Sie bitten um einen Augenblick Geduld und sagen, dass die gewünschte Person gleich ans Telefon kommt: ________________________________

____

Anrufer: Gracias.

Ein Kreuzworträtsel – Interkulturelles: Die Halbinsel Yucatán

16

Können Sie die in dem Kreuzworträtsel gesuchten Wörter finden? Tragen Sie die Lösungen in die entsprechenden Felder ein.

1. Algo que se puede instalar en el ordenador.
2. Una parte del ordenador.
3. A los expertos en … les encantan los ordenadores.
4. Otra palabra para e-mail.
5. Una actividad que se hace por internet.
6. Cuando el ordenador no sigue funcionando decimos que se ha …
7. Muchas agencias de viajes tienen en internet su propio …

17

Die klassische Maya-Kultur entwickelte sich in den ersten Jahrhunderten n. Chr. im Südosten Mexikos, in Guatemala, Belize, Honduras und in El Salvador. Während des Höhepunkts dieser Kultur um 750 n. Chr. siedelten, so schätzen Experten, allein im Tiefland der Yucatán-Halbinsel im heutigen Mexiko zwischen drei und dreizehn Millionen Menschen.
Die Mayakultur war in vieler Hinsicht die am weitesten entwickelte aller altamerikanischen Kulturen. Sie verfügten über eine komplexe Schrift, einen genauen Kalender und über astronomische Kenntnisse.

Die Kultur der Maya lebt bis heute auf der Yucatán-Halbinsel weiter, wo man die Maya-Sprache spricht und an alten Sitten und Gebräuchen festhält. Mitten in der heutigen Mayakultur stehen die zeremoniellen Zentren der alten Baumeister mit ihren eindrucksvollen Pyramidentempeln, wie z. B. **Uxmal**, **Tulúm** (nicht weit von dem heutigen Touristenort **Cancún** entfernt) und **Chichén-Itzá**, die damalige Hauptstadt von Yucatán.
Die heutige Hauptstadt Yucatáns ist **Mérida**, 1542 gegründet, berühmt für seine Kathedrale und die alten historischen Viertel.

Richtig reagieren – Gefühle und Stimmungen beschreiben

1 TR. 96

Ordnen Sie die spanischen Sätze rechts den richtigen Umschreibungen links zu. Überprüfen Sie dann Ihre Lösungen mit Hilfe der CD und sprechen Sie die Sätze nach.

1. *eine Gewohnheit in der Vergangenheit beschreiben*
2. *am Telefon fragen, wer der Anrufer ist*
3. *eine Absicht ausdrücken*
4. *Überraschung ausdrücken*
5. *eine Reservierung im Hotel machen*

a. Quisiera reservar una habitación doble.
b. ¡Qué pronto habéis llegado!
c. Jugábamos con el balón en la playa o íbamos a caminar.
d. ¿De parte de quién?
e. El próximo verano pienso descansar y no hacer nada.

2

Verbinden Sie die Sätze auf der linken Seite mit den passenden Reaktionen auf der rechten Seite.

1. Jordi y yo queremos darte este regalo.
2. ¿A ti te gusta el chile con carne?
3. Oye, Jordi, ¿qué piensas hacer después de las prácticas?
4. Creo que has cogido mi teléfono móvil.
5. Hola, buenos días. Quería hablar con el señor Giménez.
6. ¿Qué tal vuestro viaje por España? ¿Tuvisteis buen tiempo?

a. En Madrid hacía sol, pero hacía bastante frío.
b. Pienso irme de vacaciones.
c. Ah, sí, perdona; pensé que era el mío.
d. ¡Esto sí que no me lo esperaba!
e. ¿Ese plato de carne con frijoles? ¡Me encanta!
f. Un momento, por favor; ahora se pone.

3 TR. 97

Hören Sie sich zuerst den Dialog zwischen Charo und Noelia an. Und Sie, wie fühlen Sie sich? Sind Sie müde, gelangweilt, zufrieden? Können Sie erklären warum? Schreiben Sie Ihre Antwort auf ein Extrablatt. Im Begleitheft stehen Antwortvorschläge.

Pläne und Absichten ausdrücken – Fragen beantworten

4

Vervollständigen Sie die Sätze, indem Sie die Verbformen in die richtigen Lücken setzen.

piensa – piensas – va – pensáis – vamos – voy

1. • Y vosotros, ¿qué ______________ hacer este fin de semana?
   ○ ______________ a visitar a unos amigos.
2. • ¿Adónde ______________ irse tu abuela de vacaciones?
   ○ Ella ______________ a ir a Benidorm.
3. • ¿Qué ______________ hacer después del verano, Rosita?
   ○ Me ______________ a trabajar a Barcelona.

5

Lesen Sie die Fragen und kreuzen Sie jeweils die passende Antwort an.

1. ¿Qué vais a hacer hoy?
a. ■ Creo que quiere irse a trabajar a Barcelona.
b. ■ En abril quiero visitar Sevilla.
c. ■ Mi mujer y yo pensamos salir a cenar.

2. ¿Qué hacía ella antes?
a. ■ Había un ambiente muy agradable.
b. ■ Trabajaba en una empresa internacional.
c. ■ Todos los años iban a hacer montañismo.

6

Lesen Sie die folgenden Fragen und beantworten Sie sie. Wenn Sie fertig sind, können Sie die Antwortvorschläge im Begleitheft lesen.

1. ¿Qué tiempo hace hoy?
2. De niño, ¿qué hacía usted después del colegio?
3. ¿Desde cuándo vive usted aquí?
4. ¿Qué va a hacer usted mañana?
5. ¿Adónde piensa ir de vacaciones el próximo año?
6. ¿Para qué utiliza usted el ordenador?

7

Sehen Sie sich die in Klammern angegebenen Verben im Indefinido und Imperfekt an und schreiben Sie die richtige Form in die Lücken.

▶ § 16 Indefinido

▶ § 17 Imperfekt

Gut zu wissen:
Das Imperfekt beantwortet die Frage: *Wie war es?* Das Indefinido bzw. Perfekt beantwortet die Frage: *Was ist passiert?*

1. ¿Tú no *(diste/dabas)* ________________ antes un paseo todos los días?
2. *(estuvimos/estábamos)* ______________ cenando tranquilamente, cuando nos lo *(dijeron/decían)* ________________ .
3. ¿*(fuisteis/íbais)* ________________ al cine ayer por la noche?
4. Cuando era pequeña me *(encantó/encantaba)* ____________ ir a la playa.
5. El año pasado *(viajaron/viajaban)* ______________ a Cuba.
6. *(hizo/hacía)* ____________________ tanto frío en la calle que *(decidimos/decidíamos)* __________________ regresar.
7. El otro día *(vi/veía)* ________________ a Chema hablando con Charo.
8. Él antes *(almorzó/almorzaba)* ____________ en la cantina de la empresa.

8

Vervollständigen Sie den Text, indem Sie die richtigen Formen in die Lücken setzen. Einige Wörter bleiben übrig!

estábamos – quisimos – íbamos – propuso – estuvimos – fue – queríamos – fuimos – era – proponía

_____________ tardísimo, todos _____________ muy cansados y _____________ irnos a casa. __________ a tomar un taxi, cuando entonces Rosita, de repente, ___________ ir a desayunar chocolate con churros …

9

Vervollständigen Sie die Sätze mit der Präposition **a**, wo es notwendig ist.

▶ § 31 Direktes Objekt

1. Estamos buscando _____ el Museo Reina Sofía.
2. Voy a llamar _____ la agencia de viajes.
3. ¿Habéis visto _____ Rosita en el restaurante?

10

§ 37 Präpositionen

Erinnern Sie sich noch an folgende Ausdrücke?

hace + Zeitraum = *vor*
desde + Zeitpunkt = *seit*
desde hace + Zeitraum = *seit*

Ergänzen Sie nun die folgenden Sätze jeweils mit dem passenden Ausdruck.

1. Chema y Noelia están en México ________________ el jueves pasado.
2. Los chicos se conocen ________________ mucho tiempo.
3. Mi mujer y yo estuvimos en Sevilla ________________ un par de semanas.

11

§ 26 Direkte Pronomen

Vervollständigen die Sätze mit dem richtigen direkten Pronomen.

1. Esos libros, se __________ he regalado yo.
2. Esta lechuga, ¿__________ has comprado en el supermercado?
3. Las chuletas, __________ preparan muy bien en Casa Pancho.
4. A Agustín, no __________ hemos visto hoy.

12

§ 18 Gerundium

Vervollständigen Sie die folgenden Sätze mit der entsprechenden Form des Verbs **seguir**.

1. ¿ __________ trabajando en la misma empresa, Jordi?
2. Pero, chicos, ¿todavía __________ buscando vuelos a México?
3. Yo __________ viviendo en esta calle, pero ahora en el número 3.

13

§ 19 **ser / estar**

Vervollständigen Sie die folgenden Sätze mit den Verben **ser** und **estar**.

1. Mi marido __________ muy activo; siempre está haciendo algo.
2. Hoy __________ muy amable conmigo. A ver, ¿qué me quieres pedir?
3. Los chicos __________ muy contentos porque por fin han encontrado un vuelo.

14

Erinnern Sie sich an die Monate? Schreiben Sie die fehlenden in die Lücken.

Los meses del año son:

enero, __________, marzo,

abril, mayo, __________,

__________, __________, septiembre,

__________, noviembre y diciembre.

15

Ordnen Sie die Sätze unten den richtigen Bildern zu. Einige Ausdrücke bleiben übrig!

1.

2.

3.
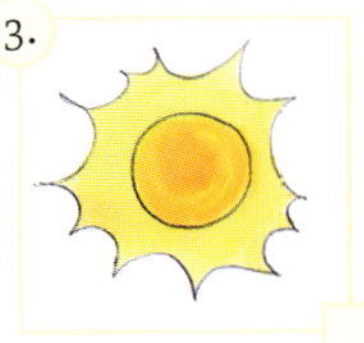

4.

5.

a. Llueve mucho. – b. Hace mucho frío. – c. Nieva. – d. Está nublado. – e. Hay niebla. – f. Hace sol. – g. Hace viento. – h. Hace calor.

16

Sehen Sie sich die Bilder an und vervollständigen Sie die Ausdrücke mit dem fehlenden Wort.

1. Hace __________.

2. Hay __________.

3. Está __________.

4. Hace __________.

Gefühle und Stimmungen – Wörter finden

17

Sehen Sie sich die Bilder an. Welche Begriffe passen zu den jeweiligen Bildern?

1. Jordi está
a. ■ enfermo.
b. ■ nervioso.
c. ■ aburrido.

2. Noelia está
a. ■ triste.
b. ■ contenta.
c. ■ preocupada.

3. Agustín está
a. ■ agotado.
b. ■ enfadado.
c. ■ triste.

18

Die gesuchten Wörter stehen in Verbindung mit dem Thema „Sprachkurse". Bringen Sie die Buchstaben in die richtige Reihenfolge. Bei Substantiven sind in der Buchstabenreihe auch die bestimmten Artikel enthalten.

1. luracalaímt ____________
2. adnerper ____________
3. eimaolldp ____________

19

Finden Sie jeweils das Wort, das nicht zu den restlichen passt, und markieren Sie es.

1.	2.	3.	4.
cuñado	rojo	alfombra	agradable
hermana	mosto	silla	collar
nieto	refresco	sangría	sincero
bombero	zumo	estantería	tímida

5.	6.	7.	8.
agenda	fotógrafo	merluza	marido
balcón	abierto	albóndigas	cebolla
cartera	profesor	bacalao	arroz
gafas	médica	furgoneta	harina

20

Lesen Sie die folgenden Fragen und kreuzen Sie jeweils die richtige Antwort an.

1. ¿Qué pueblo vivía en el centro de México?
   a. ■ los incas
   b. ■ los aztecas
   c. ■ los mayas

2. ¿Qué ciudad de los mayas está situada en la costa de Yucatán?
   a. ■ Tulúm
   b. ■ Chichén-Itzá
   c. ■ Uxmal

el pueblo – *Volk*
la costa – *Küste*
situado / a – *gelegen*

21

Wie heißen diese Wörter auf Spanisch? Schreiben Sie die Wörter mit dem entsprechenden bestimmten Artikel (**el** oder **la**) auf.

1. Aufenthalt – 2. Reise – 3. Flugschein – 4. Flug – 5. Unterkunft

22

Vervollständigen Sie die Postkarte, die Noelia an ihre Familie schreibt. Zum Teil sind auch mehrere Lösungen möglich.

¡Hola, familia!

¡Por __________ estamos en Yucatán! El viaje de Madrid a Mérida __________ un poco largo, pero muy divertido.

Nuestro __________ es muy bonito. Está en la parte antigua de la __________. Tiene restaurante y también una pequeña piscina.

Ayer __________ Uxmal, uno de los centros arqueológicos más importantes de Yucatán. A Chema y a mí __________ gustó mucho.

Mañana __________ a visitar Chichén-Itzá y después pensamos __________ a Tulúm.

Un beso, Noelia y Chema

Wortbindung – Mexikanische Gerichte

23 TR. 98

Wie Sie schon wissen, werden die Wörter im spanischen Satz verbunden. Wortbindung findet auch statt, wenn ein Wort mit **h** beginnt, da dieser Konsonant nicht ausgesprochen wird.

Hören Sie sich die folgenden Sätze an und achten Sie dabei auf die Wortbindung. Sprechen Sie die Sätze nach.

Vamo**s a** seguir buscando, a ver si encontramo**s a**lgo …

Yo no conozco a esa**s a**migas tuyas.

Le ofrecemos las mejore**s o**fertas de viaje.

A ella le encanta navegar po**r i**nternet.

24 TR. 99

Hören Sie sich auf der CD die Definitionen von vier mexikanischen Gerichten an und verbinden Sie diese mit dem entsprechenden Gericht.

1. a. Pozole
2. b. Quesadilla
3. c. Mole
4. d. Enchilada

Bildquellen:
S. 18 Eduard Bader, Esslingen *(Zwei Personen, die sich begrüßen)*
S. 26 Klaus Thiele, Warburg *(Plaza Real, Madrid)*
S. 26 Spanisches Fremdenverkehrsamt, München *(El Rastro, Madrid)*
S. 26 Magdalena Witkowski *(Puerta del Sol, Madrid)*
S. 26 Magdalena Witkowski *(Museo de Arte Moderno Reina Sofía, Madrid)*
S. 34, S. 49 Andrea Laufer-Newcomb, Böblingen *(Zócalo mit der Kathedrale in Mexico City)*
S. 34 Mexikanisches Fremdenverkehrbüro, Frankfurt/Main *(Pirámide, Méxiko)*
S. 58 Eduard Bader, Esslingen *(Zwei Personen auf der Straße)*
S. 74 EKS GmbH, Stuttgart *(Visitenkarte)*
S. 89 EKS GmbH, Stuttgart *(Retiro, Madrid)*
S. 98 EKS GmbH, Stuttgart *(Zubereitung einer Tortilla)*
S. 98 EKS GmbH, Stuttgart *(Tortilla española)*
S. 98 EKS GmbH, Stuttgart *(Mexikanisches Gericht)*
S. 106 University of Kentucky, Lexington *(In einer Tapería)*
S. 106 University of Kentucky, Lexington *(Personen, die Tapas essen)*
S. 115 EKS GmbH, Stuttgart *(Speisekarte)*
S. 122 Roger Gill, Tübingen *(in einem Restaurant)*
S. 129 EKS GmbH, Stuttgart *(Catedral Nueva de Salamanca)*
S. 138 Eduard Bader, Esslingen *(Terraza, Madrid)*
S. 138 University of Kentucky, Lexington *(Churros con chocolate, spanische Spezialität)*
S. 146 Getty Images, München *(Mais)*
S. 154 EKS GmbH, Stuttgart *(Lotteriescheine, Spanien)*
S. 162 Mexikanisches Fremdenverkehrbüro, Frankfurt / Main *(Ruinas de Tulum, Mexiko)*
S. 162 Dominique Nißler, Stuttgart *(Mérida, Mexiko)*
S. 169 Dominique Nißler, Stuttgart *(Ruinas Mayas de Uxmal)*

Aufnahme, Schnitt und Mastering:
Ton in Ton Medienhaus, Stuttgart

Schnitt:
ARTist Tonstudios, Pfullingen

Sprecher:
María Begoña Abaitua de Nägele
Svetlana Pavlovic López
Beatriz Eugenia Alba de Berger
Susanne Schmitz
Elena Alvarez
Enrique Ugarte
José Cadiñanos
Mónica Cociña Iglesias
Cristóbal Delgado Cervera
Miguel Freire Gómez
María Engracia López Sánchez
Carlos Ortega

Notizen

Notizen

Notizen

PONS

Anfängerkurs Spanisch

Das aktive Sprachpaket

Begleitheft

von María Engracia López Sánchez

Unter Mitarbeit von
Dominique Nißler

Ernst Klett Sprachen
Barcelona · Budapest · Ljubljana · London · Posen · Prag · Sofia · Stuttgart

PONS Anfängerkurs Spanisch
Das aktive Sprachpaket

Begleitheft

von María Engracia López Sánchez

Unter Mitarbeit von
Dominique Nißler

1. Auflage A1 5 4 3 2 1 | 2006 2005 2004

Internet: www.pons.de
E-Mail: info@pons.de

Redaktion: Antje Wollenweber
Logoentwurf: Erwin Poell, Heidelberg
Einbandgestaltung: VIER FÜR TEXAS * Ideenwerk, Frankfurt / Main
Illustrationen: Marlene Pohle, Stuttgart
Titelfoto: 200112715-001 (Getty Images / Photographer's Choice / M. Llorden)

Layout / Satz: **beluga**design, Stuttgart
Druck: Legoprint
Printed in Italy.
Beilage zu ISBN: 3-12-560719-1

Inhalt

CD 1

1

1	**Übung 1**	Wortschatz
2	**Übung 2**	Wortschatz
3	**Übung 3, 4, 7**	Dialog
4	**Übung 5**	Aussprache
5	**Übung 6**	Aussprache
6	**Übung 8**	Aussprache
7	**Übung 9**	Kommunikation
8	**Übung 10**	Aussprache
9	**Übung 11**	Aussprache
10	**Übung 11**	Aussprache
11	**Übung 12**	Aussprache
12	**Übung 13**	Grammatik
13	**Übung 14**	Grammatik
14	**Übung 16**	Aussprache
15	**Übung 17**	Kommunikation

2

16	**Übung 1**	Wortschatz
17	**Übung 2**	Wortschatz
18	**Übung 3, 4, 7**	Dialog
19	**Übung 5**	Aussprache
20	**Übung 6**	Aussprache
21	**Übung 8**	Aussprache
22	**Übung 11**	Grammatik
23	**Übung 13**	Grammatik
24	**Übung 14**	Grammatik
25	**Übung 16**	Kommunikation
26	**Übung 17**	Aussprache
27	**Übung 18**	Wortschatz

3

28	**Übung 1**	Kommunikation
29	**Übung 2**	Kommunikation
30	**Übung 3, 4, 6**	Dialog
31	**Übung 5**	Aussprache
32	**Übung 7**	Grammatik
33	**Übung 10**	Grammatik
34	**Übung 11**	Grammatik
35	**Übung 13**	Grammatik
36	**Übung 14**	Wortschatz
37	**Übung 15**	Wortschatz
38	**Übung 16**	Kommunikation

4

39	**Übung 1**	Kommunikation
40	**Übung 2**	Wortschatz
41	**Übung 3, 5, 6**	Dialog
42	**Übung 4**	Aussprache
43	**Übung 7**	Grammatik
44	**Übung 8**	Grammatik
45	**Übung 12**	Grammatik
46	**Übung 14**	Grammatik
47	**Übung 15**	Wortschatz
48	**Übung 16**	Aussprache
49	**Übung 17**	Spiel

R1

50	**Übung 1**	Kommunikation
51	**Übung 3**	Kommunikation
52	**Übung 5**	Kommunikation
53	**Übung 16**	Wortschatz
54	**Übung 19**	Wortschatz
55	**Übung 21**	Aussprache
56	**Übung 22**	Kommunikation

5

57	**Übung 1**	Wortschatz
58	**Übung 2**	Wortschatz
59	**Übung 3, 4, 5**	Dialog
60	**Übung 6**	Aussprache
61	**Übung 9**	Grammatik
62	**Übung 12**	Kommunikation
63	**Übung 13**	Kommunikation
64	**Übung 15**	Grammatik
65	**Übung 16**	Aussprache
66	**Übung 17**	Kommunikation

6

67	**Übung 1**	Wortschatz
68	**Übung 2**	Wortschatz
69	**Übung 3, 4, 6**	Dialog
70	**Übung 5**	Aussprache

71	**Übung 7**	Grammatik
72	**Übung 8**	Grammatik
73	**Übung 9**	Kommunikation
74	**Übung 10**	Grammatik
75	**Übung 12**	Aussprache
76	**Übung 13**	Kommunikation
77	**Übung 14**	Kommunikation
78	**Übung 15**	Kommunikation
79	**Übung 16**	Aussprache
80	**Übung 18**	Kommunikation

7

81	**Übung 1**	Wortschatz
82	**Übung 2**	Wortschatz
83	**Übung 3, 5, 6**	Dialog
84	**Übung 4**	Aussprache
85	**Übung 7**	Grammatik
86	**Übung 10**	Grammatik
87	**Übung 11**	Aussprache
88	**Übung 12**	Kommunikation
89	**Übung 16**	Kommunikation

8

90	**Übung 1**	Wortschatz
91	**Übung 2**	Wortschatz
92	**Übung 3, 5, 6**	Dialog
93	**Übung 4**	Aussprache
94	**Übung 7**	Kommunikation
95	**Übung 11**	Grammatik
96	**Übung 16**	Grammatik
97	**Übung 17**	Wortschatz
98	**Übung 18**	Spiel
99	**Übung 19**	Kommunikation

2 TRACK

CD 2

R2

1	**Übung 2**	Kommunikation
2	**Übung 3**	Kommunikation
3	**Übung 9**	Grammatik
4	**Übung 10**	Grammatik
5	**Übung 14**	Kommunikation
6	**Übung 14**	Kommunikation
7	**Übung 14**	Kommunikation
8	**Übung 17**	Wortschatz
9	**Übung 19**	Aussprache
10	**Übung 19**	Aussprache
11	**Übung 19**	Aussprache
12	**Übung 19**	Aussprache
13	**Übung 19**	Aussprache
14	**Übung 19**	Aussprache
15	**Übung 21**	Grammatik

9

16	**Übung 3, 5, 6**	Dialog
17	**Übung 4**	Aussprache
18	**Übung 7**	Kommunikation
19	**Übung 8**	Wortschatz
20	**Übung 9**	Grammatik
21	**Übung 10**	Grammatik
22	**Übung 17**	Kommunikation

10

23	**Übung 1**	Wortschatz
24	**Übung 2**	Wortschatz
25	**Übung 3, 5, 6**	Dialog
26	**Übung 4**	Wortschatz
27	**Übung 14**	Grammatik
28	**Übung 15**	Kommunikation
29	**Übung 16**	Kommunikation

11

30	**Übung 1**	Wortschatz
31	**Übung 2**	Wortschatz
32	**Übung 3, 5, 6**	Dialog
33	**Übung 4**	Aussprache
34	**Übung 7**	Aussprache
35	**Übung 11**	Grammatik
36	**Übung 12**	Kommunikation
37	**Übung 14**	Wortschatz
38	**Übung 15**	Wortschatz
39	**Übung 16**	Wortschatz
40	**Übung 17**	Lied

12

41	**Übung 1**	Wortschatz
42	**Übung 2**	Grammatik
43	**Übung 3, 4, 5**	Dialog
44	**Übung 6**	Lied
45	**Übung 7**	Wortschatz
46	**Übung 8**	Wortschatz
47	**Übung 9**	Grammatik
48	**Übung 12**	Grammatik
49	**Übung 13**	Grammatik
50	**Übung 14**	Grammatik
51	**Übung 16**	Wortschatz
52	**Übung 17**	Kommunikation
53	**Übung 18**	Kommunikation

R3

54	**Übung 2**	Kommunikation
55	**Übung 4**	Kommunikation
56	**Übung 18**	Aussprache
57	**Übung 18**	Aussprache
58	**Übung 19**	Wortschatz

13

59	**Übung 1**	Wortschatz
60	**Übung 2**	Wortschatz
61	**Übung 3, 4, 6**	Dialog
62	**Übung 5**	Aussprache
63	**Übung 7**	Wortschatz
64	**Übung 8**	Grammatik
65	**Übung 10**	Grammatik
66	**Übung 13**	Grammatik
67	**Übung 13**	Grammatik
68	**Übung 17**	Kommunikation
69	**Übung 18**	Wortschatz

14

70	**Übung 1**	Wortschatz
71	**Übung 2**	Wortschatz
72	**Übung 3, 4, 6**	Dialog
73	**Übung 5**	Aussprache
74	**Übung 9**	Grammatik
75	**Übung 11**	Kommunikation
76	**Übung 15**	Wortschatz
77	**Übung 16**	Kommunikation

15

78	**Übung 1**	Kommunikation
79	**Übung 3, 4, 6**	Dialog
80	**Übung 5**	Aussprache
81	**Übung 7**	Kommunikation
82	**Übung 9**	Wortschatz
83	**Übung 14**	Grammatik
84	**Übung 16**	Kommunikation
85	**Übung 19**	Wortschatz

16

86	**Übung 1**	Wortschatz
87	**Übung 2**	Wortschatz
88	**Übung 3, 4, 6**	Dialog
89	**Übung 5**	Aussprache
90	**Übung 7**	Kommunikation
91	**Übung 8**	Grammatik
92	**Übung 10**	Grammatik
93	**Übung 13**	Kommunikation
94	**Übung 15**	Kommunikation
95	**Übung 15**	Kommunikation

R4

96	**Übung 1**	Kommunikation
97	**Übung 3**	Kommunikation
98	**Übung 23**	Aussprache
99	**Übung 24**	Wortschatz

3 TRACK

CD 3

Vokabeltrainer

1	**A**	8	**H**	15	**O**	22	**V**
2	**B**	9	**I**	16	**P**	23	**Y**
3	**C**	10	**J**	17	**Q**	24	**Z**
4	**D**	11	**K**	18	**R**		
5	**E**	12	**L**	19	**S**		
6	**F**	13	**M**	20	**T**		
7	**G**	14	**N**	21	**U**		

1

1 TR. 03 **Übungen 3, 4, 7**

Chema: ¡Hola! Eres Rosita, ¿verdad?
Rosita: Sí, hola, buenos días, ¿qué tal?
Chema: Muy bien, gracias. Yo soy Chema, ¡bienvenida a casa! ¿Qué tal el viaje?
Rosita: Bien … pero es un poco largo … son nueve horas de viaje.
Chema: Claro, claro. Mira, éste es Jordi.
Rosita: ¡Encantada!
Jordi: ¡Mucho gusto!
Rosita: ¿Eres catalán?
Jordi: Sí.
Rosita: ¡Qué bien! Somos un piso muy interesante. Un español, un catalán y una mexicana.
Chema: Sí, es verdad. ¿Quieres ver el piso?
Rosita: Sí, con mucho gusto.

Chema: Hallo! Du bist Rosita, nicht wahr?
Rosita: Ja. Hallo, guten Tag, wie geht's?
Chema: Sehr gut, danke. Ich bin Chema, willkommen daheim! Wie war die Reise?
Rosita: Gut … Aber etwas lang … Die Reise dauert neun Stunden (wörtlich: Es sind neun Stunden Reise).
Chema: Stimmt, stimmt. Übrigens, das ist Jordi.
Rosita: Angenehm!
Jordi: Sehr erfreut!
Rosita: Bist du Katalane?
Jordi: Ja.
Rosita: Wie schön! Wir sind eine sehr interessante Wohngemeinschaft. Ein Spanier, ein Katalane und eine Mexikanerin.
Chema: Ja, das ist wahr! Willst du die Wohnung anschauen?
Rosita: Ja, sehr gerne.

1 TR. 07 **Übung 9**

Chema: Hola, ¿qué tal?
Rosita: Muy bien, gracias, ¿y tú?
Chema: Bien, bien. Mira, éste es Jordi.
Rosita: ¡Encantada!
Jordi: ¡Mucho gusto!

1 TR. 15 **Übung 17**

1. ¿Me llamas por teléfono? Mi número es el 35 06 87.
2. El número solicitado es el 364 09 82.
3. • Oye, ¿cuál es tu número de teléfono?
   ○ Es … es el 768 49 32.
4. • ¿Cuál es el número de Juana?
   ○ Es el 734 07 09.
5. • ¿Cuál es el número de la policía?
   ○ El … 907, creo.

2

1 TR. 18 **Übungen 3, 4, 7**

Chema: Mira, ésta es la cocina. Es pequeña, pero tiene de todo.
Rosita: ¡Qué linda!
Chema: Sí, es muy bonita. Y esto es el salón, aquí comemos y cenamos.

▼

Chema: Schau mal, das ist die Küche. Sie ist klein, aber sie hat alles.
Rosita: Wie schön!
Chema: Ja, sie ist sehr schön. Und das hier ist das Wohnzimmer. Hier essen wir zu Mittag und zu Abend (wörtlich: wir essen und essen zu Abend).

▼

Rosita: ¡Es muy grande! ¡Y luminoso! ¡Y también tenemos una terraza!
Chema: ¡Claro! Bueno, y ahora, los baños … Tenemos dos. Uno para los hombres, y otro para ti, la mujer de la casa.
Rosita: ¡Estupendo! ¡Un cuarto de baño para mí sola! ¡Qué lujo!
Chema: Y esto es mi cuarto … Está un poquito desordenado …
Rosita: Bueno … es tu cuarto, ¿no?
Chema: Ya … y, finalmente … ¡tu dormitorio!
Rosita: ¡Qué lindo! ¡Y tengo balcón!
Chema: Sí, y tienes un escritorio nuevo, una cama grande y un armario. ¿Necesitas algo más?
Rosita: Ahora sólo necesito mi cama … estoy muy cansada.
Chema: Claro, claro, es normal. Pero, ¿no quieres tomar nada?
Rosita: No, no … y muchas gracias por todo.
Chema: De nada. Entonces, ¡hasta luego!
Rosita: ¡Hasta luego, Chema!

Rosita: *Es ist sehr groß! Und hell! Und wir haben auch eine Terrasse!*
Chema: *Klar! Gut, und jetzt, die Badezimmer … Wir haben zwei. Eins für die Männer, und das andere für dich, die Frau des Hauses.*
Rosita: *Toll! Ein Badezimmer nur für mich! Was für ein Luxus!*
Chema: *Und das ist mein Schlafzimmer … Es ist ein bisschen unordentlich …*
Rosita: *Na ja … es ist (doch) dein Schlafzimmer, oder?*
Chema: *Ja … und zum Schluss … dein Schlafzimmer!*
Rosita: *Wie schön! Und ich habe (einen) Balkon!*
Chema: *Ja, und du hast einen neuen Schreibtisch, ein großes Bett und einen Schrank. Brauchst du noch etwas?*
Rosita: *Jetzt brauche ich nur mein Bett … Ich bin sehr erschöpft.*
Chema: *Klar, das ist normal. Aber möchtest du nichts trinken?*
Rosita: *Nein, nein… und vielen Dank für alles.*
Chema: *Nichts zu danken. Dann, bis später!*
Rosita: *Bis später Chema!*

3

1 TR. 30 **Übungen 3, 4, 6**

Agustín: ¡Buenas tardes!
Rosita: ¡Buenas tardes!
Agustín: Usted es la nueva vecina, ¿verdad?
Rosita: Sí, me llamo Rosita Yáñez.
Agustín: Yo soy Agustín Giménez. ¡Bienvenida!
Rosita: Muchas gracias, muy amable … Y usted, ¿cómo se llama?
Noelia: Noelia.
Agustín: Es mi hija. Oye, somos vecinos … nos podemos tratar de tú, ¿no?
Rosita: Por supuesto.
Noelia: ¿De dónde eres? Tienes un acento precioso … me gusta mucho.
Agustín: Sí, sí … ¡precioso!

▼

Agustín: *Guten Tag.*
Rosita: *Guten Tag.*
Agustín: *Sie sind die neue Nachbarin, nicht wahr?*
Rosita: *Ja, ich heiße Rosita Yáñez.*
Agustín: *Ich bin Agustín Giménez. Willkommen!*
Rosita: *Vielen Dank, sehr freundlich … Und Sie? Wie heißen Sie?*
Noelia: *Noelia.*
Agustín: *Sie ist meine Tochter. Hör mal, wir sind doch Nachbarn … wir können uns doch duzen, oder?*
Rosita: *Selbstverständlich.*
Noelia: *Woher bist du? Du hast einen wunderschönen Akzent … er gefällt mir sehr.*
Agustín: *Ja, ja, wunderschön!*

▼

Rosita: Gracias, gracias … Soy mexicana, de la capital.
Agustín: ¡Ah! ¡Me encanta México! ¡Es un país fantástico! ¿Y qué haces aquí en Madrid, Rosita?
Rosita: Trabajo en el Museo de Arte Moderno Reina Sofía, tengo una beca de investigación.
Agustín: ¡Qué interesante! ¿Y te gusta?
Rosita: Sí, mucho … Estoy muy contenta. Y tú Noelia, ¿qué haces?
Noelia: Pues …
Agustín: Noelia estudia Administración de Empresas en la universidad. ¡Es muy inteligente!
Noelia: Papá …
Agustín: Yo soy jefe del departamento de ventas de una empresa internacional …
Rosita: Ah, ya …
Agustín: Bueno, Rosita … Encantado de conocerte … Si necesitas algo, ¡ya sabes dónde vivimos!
Rosita: Muchas gracias, muy amable. ¡Adiós, Noelia, encantada!
Noelia: ¡Adiós! ¡Igualmente!
…
Noelia: Pero papá … ¡tú no conoces México!

Rosita: *Danke, danke … Ich bin Mexikanerin, aus der Hauptstadt.*
Agustín: *Ah! Ich liebe Mexiko! Es ist ein tolles Land! Und was machst du hier in Madrid, Rosita?*
Rosita: *Ich arbeite im Museum für moderne Kunst Reina Sofía. Ich habe ein Forschungsstipendium.*
Agustín: *Wie interessant! Und gefällt es dir?*
Rosita: *Ja, sehr … Ich bin sehr zufrieden. Und du, Noelia, was machst du?*
Noelia: *Also …*
Agustín: *Noelia studiert Betriebswirtschaft an der Universität. Sie ist sehr intelligent!*
Noelia: *Papa …*
Agustín: *Ich bin Leiter der Verkaufsabteilung einer internationalen Firma …*
Rosita: *Aha.*
Agustín: *Also, Rosita … nett, dich kennen zu lernen … Falls du etwas brauchst, du weißt ja, wo wir wohnen!*
Rosita: *Vielen Dank, sehr freundlich. Auf Wiedersehen Noelia, hat mich gefreut!*
Noelia: *Ebenso! Auf Wiedersehen!*
…
Noelia: *Aber Papa … du kennst doch Mexiko gar nicht!*

1 TR. 36 **Übung 14**

francés / francesa – suizo / suiza – chileno / chilena – inglés / inglesa – portugués / portuguesa – canadiense – sueco / sueca – belga

1 TR. 38 **Übung 16**

Felipe Iriarte: ¡Hola, buenos días!
Antonio Ramos: ¡Buenos días!
Felipe Iriarte: Yo soy el nuevo vecino. Me llamo Felipe Iriarte.
Antonio Ramos: Hola, yo soy Antonio Ramos.
Felipe Iriarte: ¿Es usted de Madrid?
Antonio Ramos: No, soy de Santiago de Chile.
Felipe Iriarte: Ah, ¡qué interesante! ¿Y qué hace usted aquí?
Antonio Ramos: Trabajo en una empresa chilena aquí en Madrid. ¿Y usted?
Felipe Iriarte: Yo soy economista y trabajo en un banco. Bueno, pues, mucho gusto, señor Ramos.
Antonio Ramos: Igualmente y adiós.
Felipe Iriarte: Hasta pronto.

4

1 TR. 41 Übungen 3, 5, 6

Charo: ¡Noelia! ¿Dónde está mi bolso?
Noelia: ¡Creo que está en la cocina, encima de la mesa!
Charo: ¡Ah, sí! Aquí está. ¡Ya lo tengo! Aquí está mi agenda … mi móvil… Pero … ¿y mi monedero? No lo veo. ¡Noelia! ¿Sabes dónde está mi monedero?
Noelia: No, no lo sé, mamá.
Charo: ¡Mi monedero nunca está en su sitio!
Noelia: Mamá, en esta casa vivimos cuatro personas: papá, tú, la abuela y yo. Quizá lo sabe la abuela …
Charo: ¡Abuela! … ¿Dónde está la abuela?
Noelia: ¡Ay, mamá! No lo sé … En su cuarto …
Charo: ¡Pues en su cuarto no está! ¡Qué raro!
Noelia: Pues quizá está en el parque con sus amigas.
Charo: ¡Ah! ¡Aquí está el monedero! Pero … ¡Falta dinero! ¡Faltan más de 40 euros! ¡Noelia! ¿Tú sabes dónde está mi dinero?
Noelia: ¡Siempre yo, siempre yo! ¡Yo no tengo tu dinero!
Charo: ¡En esta casa hay un ladrón!
Noelia: ¡En esta casa hay una madre nerviosa! ¡Tranquila, mamá!

Charo: Noelia! Wo ist meine Tasche?
Noelia: Ich glaube, sie liegt in der Küche, auf dem Tisch!
Charo: Ach ja! Hier liegt sie! Ich habe sie schon! Hier ist mein Terminkalender … mein Handy … Aber … und mein Geldbeutel? Ich sehe ihn nicht. Noelia! Weißt du, wo mein Geldbeutel ist?
Noelia: Nein, ich weiß es nicht, Mama.
Charo: Mein Geldbeutel ist nie an seinem Platz!
Noelia: Mama, in dieser Wohnung wohnen vier Personen: Papa, du, Oma und ich. Vielleicht weiß es Oma …
Charo: Oma! … Wo ist Oma?
Noelia: Ach Mama! Ich weiß es nicht … In ihrem Zimmer …
Charo: In ihrem Zimmer ist sie aber nicht! Komisch!
Noelia: Dann ist sie vielleicht im Park mit ihren Freundinnen.
Charo: Ach! Hier liegt der Geldbeutel! Aber … es fehlt Geld! Es fehlen über 40 Euro! Noelia! Weißt du, wo mein Geld ist?
Noelia: Immer ich! Ich habe dein Geld nicht!
Charo: In diesem Haus gibt es einen Dieb!
Noelia: In diesem Haus gibt es eine nervöse Mutter! Beruhige dich, Mama!

1 TR. 44 Übung 8

trabajo	como	vivo
trabajas	comes	vives
trabaja	come	vive
trabajamos	comemos	vivimos
trabajáis	coméis	vivís
trabajan	comen	viven

1 TR. 46 Übung 14

1. Noelia, ¿sabes dónde está mi monedero?
2. Yo no sé dónde está tu monedero, mamá.
3. Agustín no lo sabe.
4. Nosotros no sabemos dónde vive Nacho, ¿lo sabéis vosotros?
5. Ellos no saben dónde está el restaurante.

1 TR. 49 **Übung 17**

9 (nueve) – 36 (treinta y seis) – 20 (veinte) – 42 (cuarenta y dos) – 50 (cincuenta) – 13 (trece) – 21 (veintiuno) – 33 (treinta y tres) – 2 (dos) – 47 (cuarenta y siete) – 25 (veinticinco) – 14 (catorce) – 28 (veintiocho) – 4 (cuatro) – 30 (treinta) – 11 (once) – 49 (cuarenta y nueve) – 45 (cuarenta y cinco) – 19 (diecinueve) – 41 (cuarenta y uno) – 38 (treinta y ocho) – 7 (siete) – 12 (doce) – 35 (treinta y cinco) – 0 (cero) – 17 (diecisiete) – 5 (cinco) – 22 (veintidós) – 1 (uno) – 40 (cuarenta) – 24 (veinticuatro) – 6 (seis) – 39 (treinta y nueve) – 44 (cuarenta y cuatro) – 10 (diez) – 37 (treinta y siete) – 48 (cuarenta y ocho) – 32 (treinta y dos) – 18 (dieciocho)

Revision 1

1 TR. 51 **Übung 3**

¿Ustedes saben de dónde son ellos?

1 TR. 52 **Übung 5**

1. ¿De dónde es usted?
2. ¿Qué hace tu hermano?
3. Oye, ¿cómo te llamas?
4. ¿Dónde viven tus primos?

1 TR. 54 **Übung 19**

40 (cuarenta) – 14 (catorce) – 4 (cuatro) – 15 (quince) – 5 (cinco) – 50 (cincuenta) – 27 (veintisiete) – 73 (setenta y tres) – 37 (treinta y siete)

1 TR. 56 **Übung 22**

Diego: ¡Hola, buenos días! Me llamo Diego.
Elena: Yo soy Elena Olivares.
Diego: Eres la nueva secretaria, ¿verdad?
Elena: Pues sí.
Diego: Mucho gusto, Elena.
Elena: Encantada.
Diego: Yo trabajo en el departamento de exportación con Antonio y Pilar.
Elena: ¡Ah! ¡Qué bien!
Diego: Perdona, tú no eres de aquí …
Elena: No, soy de Valladolid.
Diego: ¿Ah, sí? Yo tengo familia allí.
Elena: ¿Conoces la ciudad?
Diego: No, todavía no.
Elena: Es una ciudad muy bonita. Me gusta mucho.
Diego: Y Valencia … ¿te gusta?
Elena: También, por supuesto.
Diego: Oye, ¿quieres tomar algo en la cafetería?
Elena: Con mucho gusto.
Diego: ¿Ya conoces al jefe?
Elena: Sí, es una persona muy amable …

5

1 TR. 57 **Übung 1**

1. Por la noche me gusta tomar algo en un bar.
2. El fin de semana siempre voy a bailar.
3. Por la tarde me gusta dar un paseo por el parque con mis amigas.
4. Nos encanta ir al cine.

1 TR. 59 **Übungen 3, 4, 5, 6**

Charo: ¡Buenas noches, abuela! ¿Dónde ha estado? ¡Es muy tarde!
Doña Amparo: Sí, lo siento, es que he estado toda la tarde con mis amigas. Nos hemos divertido mucho.
Charo: ¿Ah, sí? ¿Y qué han hecho?
Doña Amparo: Muchas cosas … Primero, hemos dado un paseo por el parque. Después hemos tomado unas tapas en el bar de Paco y finalmente hemos visto una película en el cine.
Charo: ¡Qué activas! ¿Y qué película han visto?
Doña Amparo: Una de Pedro Almodóvar, "Todo sobre mi madre".
Charo: ¿Y qué tal? ¿Le ha gustado, abuela?
Doña Amparo: ¡Mucho! ¡Me ha encantado! Pero ahora estoy cansada. ¡Tengo mucho sueño! Me voy a la cama. ¡Buenas noches!

…

Noelia: ¡Hola, mamá!
Charo: ¡Hola, hija! ¡Qué tarde llegas!
Noelia: Es que he estado con Chema en el bar de Paco. ¡Hemos pasado la tarde allí!
Charo: ¿Quién es Chema?
Noelia: El vecino. Nos hemos encontrado en la calle y me ha invitado a tomar algo. Es un chico un poco tímido, pero muy amable y muy interesante.

▼

Charo: Guten Abend, Großmutter! Wo sind Sie gewesen? Es ist sehr spät!
Doña Amparo: Ja, es tut mir Leid, ich war nämlich den ganzen Abend mit meinen Freundinnen zusammen. Wir hatten viel Spaß.
Charo: Ach ja? Und was haben Sie gemacht?
Doña Amparo: Vieles … Zuerst haben wir einen Spaziergang durch den Park gemacht. Dann haben wir ein paar Tapas in Pacos Bar gegessen und zum Schluss haben wir einen Film im Kino gesehen.
Charo: Ganz schön aktiv! Und was für einen Film haben Sie gesehen?
Doña Amparo: Einen von Pedro Almodóvar, „Alles über meine Mutter".
Charo: Und wie war's? Hat er Ihnen gefallen, Großmutter?
Doña Amparo: Sehr! Er hat mir sehr gefallen! Aber jetzt bin ich erschöpft. Ich bin sehr müde! Ich gehe ins Bett. Gute Nacht!

…

Noelia: Hallo Mama!
Charo: Hallo Kind! Du kommst aber spät nach Hause!
Noelia: Ja … ich war nämlich mit Chema in Pacos Bar. Wir haben dort den Abend verbracht!
Charo: Wer ist Chema?
Noelia: Der Nachbar. Wir haben uns unten auf der Straße getroffen und er hat mich eingeladen, etwas zu trinken. Er ist ein etwas schüchterner Junge, aber sehr nett und sehr interessant.

▼

Charo: ¿Y no has visto a la abuela en el bar de Paco?
Noelia: No, no la he visto.
Charo: ¿De verdad? Pues ella también ha estado allí. ¡Qué raro!

Charo: Und hast du Großmutter nicht in Pacos Bar gesehen?
Noelia: Nein, ich habe sie nicht gesehen.
Charo: Wirklich? Sie ist aber auch dort gewesen. Merkwürdig!

1 TR. 62 **Übung 12**

1. • ¿Qué habéis hecho hoy?
   ○ Hoy hemos ido de compras al centro.
2. • ¿Adónde han ido ustedes esta mañana?
   ○ Esta mañana hemos ido a nadar a la piscina.
3. • ¿Has hecho deporte esta semana?
   ○ Sí, esta semana he hecho mucho deporte.
4. • ¿Has estado en los Pirineos este año?
   ○ Sí, este año he esquiado allí un par de veces.
5. • ¿Has leído algún libro recientemente?
   ○ Sí, este mes he leído la última novela de Isabel Allende.

1 TR. 66 **Übung 17**

1. • Oye, ¿qué número de teléfono tienes?
   ○ Mi número es el 8 77 90.
2. • Necesito su número de teléfono, por favor.
   ○ Sí, con mucho gusto. Es el 91 83 72 0 38.
3. • ¿Tu amigo tiene móvil?
   ○ ¡Claro!
   • ¿Sabes el número?
   ○ Es el 63 60 10 3 96.
4. • ¿Le llamamos por teléfono?
   ○ Vale.
   • ¿Tienes su número?
   ○ Sí. Lo tengo aquí. Es el 5 23 89 59.
5. • ¿Cuál es tu número de teléfono?
   ○ Mi número es el 941677685.
   • ¿Puedes repetir, por favor?
   ○ Sí. Lo siento. Es el 9 41 67 76 85.

6

1 TR. 69 **Übung 3, 4, 6**

Noelia: ¡Hola, buenos días!
Vendedor: ¡Buenas! ¿Qué te pongo?
Noelia: Quería un kilo de manzanas y tres de naranjas. ¡Ah! y me pone también unos 300 gramos de pistachos, por favor.
Vendedor: Son 320 gramos, ¿está bien?

▼

Noelia: Hallo, guten Tag!
Verkäufer: Guten Tag! Was darf es sein? (wörtlich: Was gebe ich dir?)
Noelia: Ich hätte gern ein Kilo Äpfel und drei Kilo Orangen. Ah! Und geben Sie mir auch etwa 300 Gramm Pistazien, bitte.
Verkäufer: Es sind 320 Gramm, ist das in Ordnung?

▼

Noelia: Vale, está bien.
Vendedor: Pues aquí tienes. ¿Algo más? ¿Quieres unas fresas? ¡Están muy buenas!
Noelia: ¿Puedo probarlas?
Vendedor: Por supuesto.
Noelia: ¡Mmmm! ¡Qué ricas están! ¿Me pone medio kilo?
Vendedor: Muy bien. ¿Es todo?
Noelia: Sí … ¿Cuánto es?
Vendedor: Son 13 euros 50.
Noelia: ¡Uf! No es barato, ¿eh?
Vendedor: Es que sólo tenemos productos biológicos. Son un poco más caros, pero de mejor calidad.
Noelia: ¡Ah, por eso! Bueno, aquí tiene.
Chema: ¡Hola, Noelia!
Noelia: ¡Hola, Chema! ¿Tú también de compras?
Chema: Sí … Hoy tengo que cocinar yo y me faltan algunas cosas.
Noelia: Muy bien …
Chema: Oye, Noelia, ¿por qué no vamos mañana por la tarde al cine?
Noelia: Mañana es domingo … Lo siento, Chema, pero no puedo. Ya he quedado. Mejor el lunes. ¿Te va bien?
Chema: ¿El lunes? Vale, pero sólo puedo por la noche. El lunes quiero terminar un diseño.
Noelia: Perfecto, entonces quedamos el lunes por la noche. ¿Cuándo? ¿A las diez?
Chema: A las diez me va bien.

Noelia: *In Ordnung, ist gut.*
Verkäufer: *So! Hier, bitte (wörtlich: Hier hast du). Noch etwas? Willst du ein paar Erdbeeren? Sie sind sehr gut!*
Noelia: *Darf ich sie probieren?*
Verkäufer: *Natürlich.*
Noelia: *Wie lecker sie sind! Geben Sie mir ein halbes Kilo?*
Verkäufer: *Sehr schön. Ist das alles?*
Noelia: *Ja … Was macht das?*
Verkäufer: *13 Euro 50.*
Noelia: *Hoppla! Das ist aber nicht billig …*
Verkäufer: *Weil wir nur Bioprodukte haben. Sie sind ein wenig teurer, aber von besserer Qualität.*
Noelia: *Aha, deswegen! Na gut, hier, bitte (wörtlich: hier haben Sie).*
Chema: *Hallo Noelia!*
Noelia: *Grüß dich Chema! Du auch beim Einkaufen?*
Chema: *Ja … Heute muss ich kochen und mir fehlen noch ein paar Sachen.*
Noelia: *Sehr schön …*
Chema: *Hör mal, Noelia, wie wär's, wenn wir morgen Abend ins Kino gehen?*
Noelia: *Morgen ist Sonntag … Es tut mir Leid, Chema, aber da kann ich nicht. Ich bin schon verabredet. Besser am Montag. Geht das bei dir?*
Chema: *Am Montag? In Ordnung, aber ich kann nur am späten Abend. Am Montag will ich eine Zeichnung fertig machen.*
Noelia: *Wunderbar, dann verbleiben wir für Montagabend. Wann? Um zehn?*
Chema: *Ja, um zehn passt mir gut.*

1 TR. 71 **Übung 7**

¿Qué te pongo?

1 TR. 76 Übung 13

1. • Oye, ¿qué hora es?
   ○ Son las seis menos cuarto.
2. • ¿A qué hora tienes que estar en la oficina?
   ○ A las ocho y media.
3. • Por favor, ¿tiene hora?
   ○ Sí, son las cuatro y cuarto.
4. • ¿Vamos a la piscina?
   ○ Vale, ¿a qué hora?
   • ¿Te va bien a las seis y cuarto?
5. • ¡Qué tarde es!
   ○ ¿A qué hora has quedado?
   • A las diez menos cuarto.

1 TR. 78 Übung 15

Manolo: Hola, Agustín.

Agustín: ¡Hombre, Manolo! ¿Cómo estás? ¿Qué tal la familia?

Manolo: Todos bien, gracias. Y tú, ¿qué tal?

Agustín: Bueno, esta semana he tenido mucho trabajo … pero ¡por fin es viernes!

Manolo: Sí, es cierto. Oye, Agustín, ¿por qué no salimos mañana a cenar con las mujeres?

Agustín: Lo siento, Manolo, mañana no podemos porque ya tenemos un compromiso pero, ¿qué tal si quedamos el domingo al mediodía?

Manolo: ¿El domingo? De acuerdo.

Agustín: Podemos ir a comer al restaurante nuevo del barrio.

Manolo: Es una buena idea. Bueno, y ¿a qué hora quedamos?

Agustín: ¿Os va bien a la una y media?

Manolo: Perfecto.

Agustín: Vale, pues quedamos el domingo a esa hora, ¿eh? Adiós, Manolo.

Manolo: Adiós, Agustín. Hasta el domingo.

1 TR. 80 Übung 18

Vendedor: A ver, ¿qué te pongo?

Chema: ¿Tiene tomates?

Vendedor: Por supuesto.

Chema: Entonces me pone un kilo de tomates para la ensalada …

Vendedor: ¿Algo más?

Chema: Zanahorias. Medio kilo, por favor.

Vendedor: Éstas están muy buenas. ¿Quieres una lechuga también?

Chema: ¡Ah, sí! Mejor me pone dos.

Vendedor: Pues dos lechuguitas.

Chema: También quería fresas. ¿Puedo probar una?

Vendedor: ¡Claro, hombre! Están muy ricas. Son del país.

Chema: Sí, y también muy baratas. ¿Me pone 500 gramos, por favor?

Vendedor: ¡Cómo no!

Chema: ¿Cuánto es todo?

Vendedor: Son 5 euros 30.

Chema: Aquí tiene. Adiós y gracias.

Vendedor: Adiós, Chema.

7

1 TR. 83 **Übungen 3, 5, 6**

Rosita: ¡Chema! ¡Jordi! Necesito su ayuda.
Chema y Jordi: ¿Sí?
Rosita: Hoy tengo una cita para cenar y no sé cómo llegar.
Chema: ¿Adónde tienes que ir?
Rosita: Voy a un restaurante en la calle Colón, número 67.
Chema: Mira, aquí tengo un plano de Madrid. No está lejos de aquí.
Jordi: ¿Cómo quieres ir, en metro o en autobús?
Rosita: Pues … el transporte más rápido. Supongo que el metro es mejor.
Chema: Sí, porque no tienes que hacer transbordo: la línea de metro es directa desde aquí.
Rosita: ¡Estupendo!
Chema: Tienes que bajar en la parada Tribunal y tomar la salida Fuencarral. Luego sigues todo recto por Fuencarral y giras a la derecha en la tercera bocacalle y ya estás en la calle Colón.
Jordi: ¡Es fácil!
Chema: Oye, Rosita, ¿y con quién has quedado?
Rosita: Con nadie en especial, con un compañero … digo … con unos compañeros de trabajo. ¡Tengo que irme! ¡Ya son las siete y he quedado a las ocho! ¡Gracias por su ayuda! ¡Adiós!
Chema: Oye, Jordi, ¿tú crees que es verdad que Rosita ha quedado con unos compañeros de trabajo?
Jordi: No sé … quizá ha conocido a un chico …
Chema: Me parece muy bien. No es fácil hacer amigos en una ciudad tan grande.
Jordi: Lo sé. ¡Conozco el problema!

Rosita: Chema! Jordi! Ich brauche eure Hilfe.
Chema und Jordi: Ja?
Rosita: Heute habe ich eine Verabredung zum Abendessen und ich weiß nicht, wie ich hinkomme.
Chema: Wo musst du denn hin?
Rosita: Ich gehe in ein Restaurant in der Straße Colón, Nummer 67.
Chema: Schau, hier habe ich einen Stadtplan von Madrid. Es ist nicht sehr weit von hier.
Jordi: Wie willst du denn hinfahren, mit der U-Bahn oder mit dem Bus?
Rosita: Na ja … (mit) dem schnellsten Verkehrsmittel. Ich nehme an, dass die U-Bahn besser ist.
Chema: Ja, weil du nicht umsteigen musst: die U-Bahn-Verbindung geht direkt von hier aus.
Rosita: Wunderbar!
Chema: Du musst an der Haltestelle Tribunal aussteigen und den Ausgang Fuencarral nehmen. Danach gehst du an Fuencarral entlang geradeaus und biegst rechts an der dritten Seitenstraße ab, dann bist du schon in der Straße Colón.
Jordi: Es ist ganz einfach!
Chema: Sag mal, Rosita, mit wem hast du dich eigentlich verabredet?
Rosita: Mit niemand Besonderem, mit einem Kollegen … besser gesagt … mit einigen Arbeitskollegen. Ich muss los! Es ist schon sieben Uhr und ich bin um acht verabredet! Vielen Dank für eure Hilfe! Tschüss!
Chema: Du, Jordi, glaubst du wirklich, dass Rosita eine Verabredung mit Arbeitskollegen hat?
Jordi: Ich weiß nicht … Vielleicht hat sie einen Jungen kennen gelernt …
Chema: Das finde ich prima. Es ist nicht leicht, in so einer großen Stadt Freunde zu finden.
Jordi: Ich weiß. Ich kenne das Problem!

1 TR. 85 Übung 7

¡Conozco el problema!

1 TR. 88 Übung 12

- Perdone, ¿sabe si hay una farmacia por aquí cerca?
- ○ Sí, tiene que seguir todo recto hasta el semáforo y después girar a la derecha.
- Muchas gracias.
- ○ De nada.

8

1 TR. 92 Übungen 3, 5, 6

Chema: Tiene que ser un regalo muy especial … Algo original y práctico.
Rosita: A ver … ¿Le gustan los cosméticos? ¡A mí me encantan!
Chema: A ella también, pero no me atrevo a comprárselos porque es una cosa muy personal.
Rosita: ¿Y su perfume favorito?
Chema: No sé cuál es.
Rosita: Ya … ¿Por qué no me hablas un poco de ella? ¿Cómo es su carácter, qué le gusta…?
Chema: Pues … Noelia es …, es …
Rosita: ¿Sí?
Chema: Es una chica supernatural … Un poco tímida, pero muy alegre cuando tiene confianza … Tiene muy buen gusto para vestir, pero no es nada presumida. Lleva siempre ropa sencilla pero moderna … y no le gustan nada las joyas ni la bisutería. Tampoco las necesita, porque tiene una elegancia natural, no sé cómo decirte … Es …, es …

▼

1 TR. 89 Übung 16

- Oiga, perdone, ¿para ir al Museo de Historia Natural?
- ○ Lo siento, no soy de aquí.
- Por favor, ¿me puede decir cómo ir al Museo de Historia Natural?
- ○ Está un poco lejos. Mire, primero tiene que girar en este semáforo a la izquierda y seguir todo recto hasta la Plaza de la Constitución. Allí toma la segunda calle a la derecha y, después de cruzar el puente, gira nuevamente a la izquierda. Sigue todo recto y a unos doscientos metros … allí está el museo, justo enfrente de la Biblioteca Municipal.
- Muchas gracias.
- ○ No hay de qué. ¡Adiós!

Chema: Es muss ein sehr besonderes Geschenk sein … Etwas Originelles und Praktisches.
Rosita: Mal sehen … Mag Sie Kosmetika? Ich liebe sie!
Chema: Sie auch, aber ich traue mich nicht, sie ihr zu kaufen, weil es etwas sehr Persönliches ist.
Rosita: Und ihr Lieblingsparfüm?
Chema: Ich weiß nicht, welches es ist.
Rosita: Ja … Warum erzählst du mir nicht etwas über sie? Wie ist ihr Charakter, was mag sie?
Chema: Also … Noelia ist … sie ist …
Rosita: Ja?
Chema: Sie ist ein total unkompliziertes Mädchen … Ein wenig schüchtern, aber sehr fröhlich, wenn sie Vertrauen hat … Sie hat einen sehr guten Geschmack bei der Kleidung, aber ist überhaupt nicht eitel. Sie trägt immer einfache Kleidung, aber modern … und Edelsteine und Modeschmuck mag sie überhaupt nicht. Sie braucht sie auch nicht, weil sie eine natürliche Eleganz hat, ich weiß nicht, wie ich dir's sagen soll … Sie ist …, sie ist …

▼

Rosita: ¡Simplemente perfecta! ¿Hace deporte?
Chema: Sí, le gusta bastante patinar.
Rosita: ¿Qué tal si le compramos unos patines en línea?
Chema: Ya tiene unos …
Rosita: Claro, claro … ¿Y un casco protector?
Chema: ¡Buena idea! Casco creo que no tiene. ¡Vamos a la tienda de deportes!

[En la tienda de deportes]

Vendedora: Hola, buenos días. ¿Les puedo ayudar en algo?
Rosita: Hola, buenos días, buscamos un casco protector.
Vendedora: ¿Para ir en moto?
Chema: No, para patinar.
Vendedora: ¡Ah, ya! Miren …, tenemos éste, por ejemplo.
Chema: ¿Cuánto cuesta?
Vendedora: 150 euros. Es muy ligero y de un material muy resistente.
Chema: ¡Uf! Es mucho dinero … ¿No tiene uno más económico?
Vendedora: Sí, claro. Éste cuesta 85 euros con 50 y tampoco está mal de calidad.
Chema: ¿Qué te parece, Rosita? Es un regalo original y práctico …
Rosita: Es lindo. Me gusta mucho el color …
Chema: ¡Vale! ¡Pues se lo compramos!

Rosita: Einfach perfekt! Treibt sie Sport?
Chema: Ja, sie geht gerne inlineskaten.
Rosita: Und wie wär´s, wenn wir ihr Inlineskates kaufen?
Chema: Sie hat schon welche …
Rosita: Klar … Und einen Schutzhelm?
Chema: Gute Idee! Ich glaube, einen Helm hat sie nicht. Gehen wir ins Sportgeschäft!

[Im Sportgeschäft]

Verkäuferin: Hallo, guten Tag. Kann ich Ihnen helfen?
Rosita: Hallo, guten Tag, wir suchen einen Schutzhelm.
Verkäuferin: Zum Motorrad fahren?
Chema: Nein, zum inlineskaten.
Verkäuferin: Ah ja! Schauen Sie … wir haben diesen, zum Beispiel.
Chema: Was kostet er?
Verkäuferin: 150 Euro. Er ist sehr leicht und aus sehr belastbarem Material.
Chema: Uff! Das ist viel Geld … Haben sie keinen preiswerteren?
Verkäuferin: Ja, natürlich. Dieser kostet 85,50 Euro und ist auch nicht von schlechter Qualität.
Chema: Was meinst du, Rosita? Es ist ein originelles und praktisches Geschenk …
Rosita: Er ist schön. Die Farbe gefällt mir sehr …
Chema: Gut! Wir kaufen ihn ihr!

1 TR. 94

Übung 7

Kunde: Perdone, ¿cuánto cuesta este casco protector?
Verkäuferin: 150 euros.
Kunde: Y los patines, ¿cuánto cuestan?
Verkäuferin: Los patines cuestan 200 euros.

1 TR. 96

Übung 16

1. Se lo tengo que decir mañana.
2. Os las queremos dar en casa.
3. Se la podéis comprar en el centro.
4. Te la quiero regalar por tu cumpleaños.
5. Me los tiene que dar hoy.
6. Nos lo puedes escribir aquí.

1 TR. 98 **Übung 18**

naranja – la vela – el móvil – amarillo – el ciclismo – un libro – azul – el footing – un ramo de flores – blanco – el montañismo – la agenda – verde – un casco protector – el patinaje – rojo – la equitación – el piragüismo – una caja de bombones – marrón

1 TR. 99 **Übung 19**

- ¿Qué hora es?
- ○ Son las dos.
- ¡Uf! Es demasiado tarde para ir a Correos. Me voy al centro comercial.

Revision 2

2 TR. 01 **Übung 2**

- Oiga, perdone, ¿me puede decir dónde está la Oficina de Información y Turismo?
- ○ Sí, mire, usted sigue todo recto por esta calle, gira en la segunda bocacalle a la izquierda y cruza la Plaza de Colón. Allí toma la segunda calle a la derecha; después gira a la izquierda en la primera bocacalle y a unos cien metros … allí tiene la oficina; está justo enfrente del Museo de Arte.
- Ehmmm … ¿me lo puede repetir, por favor?
- ○ Claro. Usted primero sigue recto y gira en la segunda bocacalle a la izquierda. Después cruza la Plaza de Colón, y toma la segunda calle a la derecha. Gira a la izquierda en la primera bocacalle y enfrente del Museo de Arte, allí está la oficina.
- Muchas gracias.
- ○ No hay de qué, señora.

Übung 14

2 TR. 05 **A**

1. • Perdone, ¿tiene hora?
   ○ Sí, son las doce y media.
2. • ¿A qué hora quedamos?
   ○ ¿Qué te parece a las dos y media?
3. • A la una y media tengo que estar en casa para comer.
   ○ Vale, entonces te llamo por teléfono.

2 TR. 06 **B**

1. • ¿Estás en la oficina a las seis menos cuarto?
   ○ Sí, sí, hoy estoy toda la tarde.
2. • Oye, perdona, ¿qué hora es?
   ○ Son las siete menos cuarto.
3. • ¿A qué hora quieres ir al cine?
   ○ A las seis y cuarto.

2 TR. 07 **C**

1. • ¿A qué hora ha llegado el avión?
   ○ A las catorce horas.
2. • ¿Tienes tiempo hoy?
   ○ ¡Por supuesto! ¿Te va bien a las cuatro y cuarto?
3. • ¿A qué hora habéis quedado?
   ○ A las cuatro menos cuarto.

2 TR. 08 **Übung 17**

1. El primer premio de la Lotería Nacional ha recaído en el número 89.576.
2. El número premiado de esta semana ha sido el 43.911.
3. El segundo premio de la Lotería Nacional corresponde al número 15.752.

Übung 19

2 TR. 09 **1.**

a. Le gusta jugar al tenis.
b. ¡Le gusta jugar al tenis!
c. ¿Le gusta jugar al tenis?

2 TR. 10 **2.**

a. ¡Han visto la película de Almodóvar!
b. Han visto la película de Almodóvar.
c. ¿Han visto la película de Almodóvar?

2 TR. 11 **3.**

a. ¿Tienes una cita para cenar?
b. ¡Tienes una cita para cenar!
c. Tienes una cita para cenar.

2 TR. 12 **4.**

a. ¡Vamos a la tienda de deportes!
b. ¿Vamos a la tienda de deportes?
c. Vamos a la tienda de deportes.

2 TR. 13 **5.**

a. Este casco cuesta mucho.
b. ¿Este casco cuesta mucho?
c. ¡Este casco cuesta mucho!

2 TR. 14 **6.**

a. ¿La idea le parece bien?
b. ¡La idea le parece bien!
c. La idea le parece bien.

2 TR. 15 **Übung 21**

1. ¿Habéis visto la última película de Almodóvar?
2. Estos plátanos son del país.
3. ¿Tú sabes dónde está la calle Cervantes?
4. ¿Qué tal si quedamos el miércoles?

9

2
TR. 16 **Übungen 3, 5, 6**

Agustín: ¡Charo! ¿Qué haces?
Charo: ¡Estoy preparando algo de cena! ¿No tienes hambre?
Agustín: Sí, bastante. Te ayudo; yo corto las patatas.
Charo: Muy bien. Aquí tienes el cuchillo. ¿Puedes cortar las cebollas también?
Agustín: Claro … Oye, Rosita, la nueva vecina, trabaja mucho, ¿verdad?
Charo: No sé … ¿Por qué lo dices?
Agustín: Porque a veces vuelve a casa muy tarde, de madrugada.
Charo: Sí … Noelia me ha comentado lo mismo … Quizás hace otras cosas por la noche …
Agustín: ¡Pero si trabaja en un museo! No sé, hay algo que no entiendo …
Charo: ¿En qué piensas? Seguro que tiene mucha vida social, muchos amigos.
Agustín: Sí, sí … Aquí tienes, ya lo he cortado todo … No sé, no sé; no es normal volver a casa siempre tan tarde.
Charo: ¡Pero bueno! ¿Desde cuándo te preocupas tú tanto por la vecina?
Agustín: ¿Yo? No me preocupo, es sólo curiosidad …
Charo: Ya, ya … Oye, cariño, ¿sabes dónde está Noelia?
Agustín: Está en su cuarto, con Chema. El chico le está enseñando un nuevo programa de ordenador.
Charo: Se llevan muy bien los dos … ¿Puedes preguntarle a Chema si quiere cenar con nosotros?
Agustín: Claro, por supuesto. A ti Chema te cae muy bien, ¿verdad?

▼

Agustín: Charo! Was machst du?
Charo: Ich koche gerade etwas zum Abendessen! Hast du keinen Hunger?
Agustín: Doch, ziemlich. Ich helfe dir, ich schneide die Kartoffeln.
Charo: Sehr gut. Hier hast du das Messer. Kannst du bitte auch die Zwiebeln schneiden?
Agustín: Klar … Hör mal, Rosita, die neue Nachbarin, sie arbeitet sehr viel, oder?
Charo: Ich weiß nicht … Warum sagst du das?
Agustín: Weil sie manchmal sehr spät nach Hause kommt, gegen Morgen.
Charo: Ja … Noelia hat mir dasselbe erzählt … Vielleicht macht sie noch andere Dinge nachts …
Agustín: Aber sie arbeitet doch in einem Museum! Ich weiß nicht, es gibt etwas, das ich nicht verstehe …
Charo: Woran denkst du? Sicher ist sie gesellschaftlich eingebunden, hat viele Freunde.
Agustín: Ja, ja … So! Hier, ich habe schon alles geschnitten … Ich weiß nicht, ich weiß nicht, es ist nicht normal, immer so spät nach Hause zu kommen.
Charo: Jetzt hör mal! Seit wann kümmerst du dich so sehr um die Nachbarin?
Agustín: Ich? Ich kümmere mich nicht, es ist nur Neugier …
Charo: Ja, ja … Hör mal, Liebling. Weißt du, wo Noelia ist?
Agustín: Sie ist in ihrem Zimmer, mit Chema. Der Junge zeigt ihr gerade ein neues Computerprogramm.
Charo: Die beiden verstehen sich sehr gut … Kannst du Chema fragen, ob er mit uns zu Abend essen will?
Agustín: Klar, natürlich. Du magst Chema, nicht wahr?

▼

Charo: Me parece buen chico. ¡Huy! ¡No tenemos vino! ¿Puedes bajar luego al súper y comprar un buen vino tinto?
Agustín: Yo prefiero cerveza … Traigo una botella de tinto y una de cerveza, ¿vale?

Charo: *Ich finde, er ist ein netter Junge. Ach! Wir haben keinen Wein! Kannst du nachher zum Supermarkt gehen und einen guten Rotwein kaufen?*
Agustín: *Ich mag lieber Bier … Ich bringe eine Flasche Rotwein und eine Flasche Bier mit, o.k.?*

2 TR. 18 **Übung 7**

Gastgeberin: ¿Qué prefieres para beber: agua o vino?
Gast: Yo prefiero un buen vino tinto, ¿y tú?
Gastgeberin: Yo tomo un agua.

2 TR. 19 **Übung 8**

1.
a. con mis compañeros de piso
b. con amigos
c. con la familia
d. con los colegas del trabajo

2.
a. la comida española
b. la comida italiana
c. la comida francesa
d. la comida mexicana

3.
a. un refresco
b. una cerveza
c. un buen vino
d. agua mineral

4.
a. plátanos
b. manzanas
c. fresas
d. naranjas

2 TR. 22 **Übung 17**

Chema: Bueno, primero tenemos que poner a calentar el aceite en la sartén.
Rosita: ¿Qué tipo de aceite utilizas?
Chema: Aceite de oliva; es el más sano. Pero también sirve otro tipo de aceite.
Rosita: ¡Muy bien!
Chema: Ahora pelamos las patatas y las cortamos así, ¿ves? ¿Puedes cortar tú la cebolla?
Rosita: ¡Claro! ¿En trozitos pequeños?
Chema: Sí, pequeños. Echamos la sal a las patatas y ahora que el aceite está caliente, las echamos en la sartén y las freímos, pero no del todo. Tienen que quedar un poquito blandas, ¿sabes?
Rosita: Ah, ya veo.
Chema: Ahora batimos los huevos en este bol. ¿Quieres probar tú?
Rosita: Con mucho gusto.

▼

Chema: Sacamos las patatas de la sartén y las ponemos en el bol junto con los huevos y la cebolla cortada.
Rosita: Y se mezcla todo, ¿no?
Chema: Exacto. Ahora sacamos el aceite, echamos todo en la sartén y lo dejamos a baja temperatura durante unos minutos.
Rosita: Mmm, ¡qué bien huele!
Chema: ¿Verdad que sí? Ahora viene la parte difícil: tenemos que darle la vuelta a la tortilla con la ayuda de un plato y dejarla unos minutos más sobre el fuego. Ponemos la tortilla sobre el plato y ya está. ¿Qué? ¿Qué te parece?
Rosita: ¡Menuda tortilla! Chema, ¡eres un genio!
Chema: Muchas gracias, Rosita. Y ahora … ¡a cenar!

10

2 TR. 25 **Übungen 3, 5, 6**

Chema: ¡Paco! ¿Qué hay? ¿Nos pones una tapa de patatas bravas y una ración de chopitos?
Paco: ¡Enseguida! ¿Y para beber?
Jordi: Para mí una caña.
Chema: Y para mí un tinto. Oye, Jordi, ¿qué tal te van las prácticas en la empresa? ¿Estás contento?
Jordi: Estoy encantado. Hay muy buen ambiente.
Chema: Pero veo que te levantas siempre muy temprano para ir a trabajar, ¿no?
Jordi: Sí …, a las seis y media, es que en la empresa se empieza a trabajar a las ocho … Así tengo tiempo de afeitarme, desayunar, leer el periódico …
Chema: Pues yo siempre entro a trabajar una hora más tarde que tú. ¡Para mí a las seis y media es de noche todavía … !
Jordi: Para mí es duro también, pero la ventaja es que termino antes, excepto cuando tengo que hacer horas extras. Además, almuerzo sólo en media hora para poder salir incluso antes.
Chema: ¿Sólo media hora para comer? Es muy poco tiempo, ¿no?
Jordi: Bueno, es que se almuerza en la cantina, y la comida está ya preparada.
Chema: ¡Uf! ¡Comes también en la empresa!

▼

*Chema: Paco! Wie geht's? Gibst du uns bitte eine **Tapa** mit **Patatas bravas** und eine Portion Chopitos?*
Paco: Sofort! Und zu trinken?
Jordi: Für mich ein (kleines) Bier.
Chema: Und für mich einen Rotwein. Sag mal, Jordi, wie läuft denn das Praktikum in der Firma? Bist du zufrieden?
Jordi: Ich bin sehr zufrieden. Dort ist eine sehr gute Stimmung.
Chema: Ich sehe aber, dass du immer sehr früh aufstehst, um zur Arbeit zu gehen, oder?
Jordi: Ja …, um halb sieben, in der Firma fängt man nämlich um acht an zu arbeiten … So habe ich Zeit, mich zu rasieren, zu frühstücken, die Zeitung zu lesen …
Chema: Also ich fange immer eine Stunde später als du an zu arbeiten. Für mich ist es um halb sieben noch Nacht … !
Jordi: Für mich ist es auch hart, aber der Vorteil ist, dass ich früher fertig bin, außer wenn ich Überstunden machen muss. Außerdem esse ich in nur einer halben Stunde, um noch früher gehen zu können.
Chema: Nur eine halbe Stunde zum Essen? Das ist sehr wenig Zeit, oder?
Jordi: Na ja, wir essen nämlich in der Kantine, und das Essen ist schon fertig.
Chema: Mensch! Du isst auch noch in der Firma!

▼

Jordi: Sí, es más práctico y más barato que comer en casa porque, como ya te he dicho, así salgo antes y puedo aprovechar la tarde para hacer otras actividades.

Chema: Sí, tienes razón, aunque comer en tan poco tiempo es menos sano. Yo prefiero dormir un poco más y comer con más tranquilidad … Además, así salgo un poco de la empresa a mediodía y voy con los colegas a un restaurante cercano que tiene un menú muy bueno y económico.

Jordi: Sí, pero para mí comer mejor al mediodía no es tan importante como tener más tiempo libre. Así puedo hacer un poco de deporte después del trabajo, salir con amigos o, si estoy muy estresado, pasar la tarde tranquilamente en casa leyendo un libro o viendo la tele …

Chema: Ya, claro …, oye, Jordi, y hablando de otro tema, ¿verdad que Rosita se ha adaptado muy rápido al ritmo de vida madrileño? Vuelve muy tarde por las noches … seguro que tiene un novio.

Jordi: A mí no me ha dicho nada, pero yo la veo muy cansada. La verdad es que duerme poco. Por las mañanas se levanta pronto para ir al museo y se acuesta siempre muy tarde.

Chema: ¡Desde luego, cómo la controlamos! ¡Parecemos sus padres!

Jordi: *Ja, das ist praktischer und günstiger als zu Hause zu essen, da ich so, wie gesagt, früher gehe und den Nachmittag nutzen kann, um andere Aktivitäten zu tun.*

Chema: *Schon, du hast Recht, obwohl es ungesünder ist, in so kurzer Zeit zu essen. Ich ziehe es vor, etwas länger zu schlafen und mit mehr Ruhe zu essen … Außerdem komme ich so mittags ein bisschen raus aus der Firma und gehe mit den Kollegen in ein nahe gelegenes Restaurant, das ein gutes und preiswertes Menü hat.*

Jordi: *Gut, aber mittags besser zu essen ist für mich nicht so wichtig, wie mehr Freizeit zu haben. So kann ich nach der Arbeit etwas Sport machen, mit Freunden ausgehen oder, wenn ich sehr gestresst bin, den Abend in Ruhe zu Hause verbringen, indem ich ein Buch lese oder fernsehe …*

Chema: *Ja, klar … sag mal, Jordi, etwas ganz Anderes, findest du auch, dass Rosita sich sehr schnell an den Lebensrhythmus von Madrid angepasst hat? Sie kommt nachts sehr spät heim … sicher hat sie einen Freund.*

Jordi: *Mir hat sie nichts gesagt, aber ich finde, sie sieht sehr müde aus (wörtlich: ich sehe sie sehr müde). Sie schläft auch wirklich wenig. Morgens steht sie früh auf, um ins Museum zu gehen, und sie geht immer sehr spät ins Bett.*

Chema: *Wie wir sie kontrollieren … ! Als wären wir ihre Eltern!*

2 TR. 29

Übung 16

Entrevistador: Perdone, señor. Estamos haciendo una encuesta sobre los horarios y las costumbres de los españoles. ¿Puede responder a un par de preguntas?

Agustín: Sí, ¡claro! ¡Con mucho gusto!

Entrevistador: Muy bien. Usted, ¿a qué hora se levanta?

Agustín: Normalmente me levanto entre las siete y media y las ocho de la mañana.

Entrevistador: ¿Y a qué hora empieza a trabajar?

Agustín: Empiezo a las nueve de la mañana y trabajo hasta la una. Después almuerzo y vuelvo a la oficina a las dos.

▼

Entrevistador: ¿Almuerza en su casa?
Agustín: No, almuerzo en la cantina de la empresa; es más práctico que ir a comer a casa porque sólo tengo una hora.
Entrevistador: ¿Y a qué hora termina de trabajar?
Agustín: Pues casi siempre a las seis, pero a veces más tarde.
Entrevistador: ¿Lee el periódico todos los días?
Agustín: Sí, por supuesto.
Entrevistador: Y ya por último, ¿a qué hora se acuesta usted?
Agustín: Entre las doce y la una de la mañana.
Entrevistador: Eso ha sido todo. Muchas gracias por su ayuda.
Agustín: ¡No hay de qué!

11

2 TR. 32 **Übungen 3, 5, 6**

Noelia: ¡Hola, Rosita! ¡Qué casualidad!
Rosita: ¡Noelia! ¿Tú también aquí? ¿Qué te pasa?
Noelia: Sí, estoy resfriada y tengo un poco de fiebre. ¿Y tú qué tienes?
Rosita: No sé, pero me duelen las piernas, tengo siempre dolor de cabeza y me siento muy cansada …
Noelia: ¡Vaya! ¿Y no sabes qué puede ser? Parecen síntomas de estrés …
Rosita: Seguramente. Últimamente trabajo mucho y duermo muy poco.
Noelia: ¡Mujer! Eso no es sano. Es importante descansar … Hay que dormir siete horas como mínimo.
Rosita: Ya lo sé; Chema me dice lo mismo, pero de momento no tengo otra alternativa …
Noelia: Hablando de Chema …, el otro día os vi a los dos en el Centro Comercial San Isidro.
Rosita: Sí, sí … Esta semana estamos haciendo muchas compras … es que todavía necesitamos unas cosas para el piso.
Noelia: ¡Claro, claro! Chema es un chico muy simpático, ¿verdad?
Rosita: ¿A qué te refieres? Chema no es mi tipo. A mí me gustan morenos y altos.

Noelia: Hallo Rosita! Was für ein Zufall!
Rosita: Noelia! Du auch hier? Was ist mit dir? (wörtlich: Was passiert dir?)
Noelia: Ja, ich bin erkältet und habe ein wenig Fieber. Und was hast du?
Rosita: Ich weiß nicht, aber meine Beine tun weh, ich habe immer Kopfschmerzen und fühle mich sehr müde …
Noelia: So ein Pech! Weißt du nicht, was es sein könnte (wörtlich: kann)? Das scheinen Stresssymptome (zu sein).
Rosita: Sicherlich. In letzter Zeit arbeite ich viel und schlafe sehr wenig.
Noelia: Aber Rosita! Das ist nicht gesund. Es ist wichtig sich auszuruhen … Man muss mindestens sieben Stunden schlafen.
Rosita: Das weiß ich schon, Chema sagt mir dasselbe, aber momentan habe ich keine andere Alternative …
Noelia: Da wir gerade von Chema sprechen, neulich sah ich euch beide im Einkaufszentrum San Isidro.
Rosita: Ja, genau … Diese Woche kaufen wir sehr viel ein … Wir brauchen nämlich noch einige Sachen für die Wohnung.
Noelia: Natürlich, natürlich! Chema ist ein sehr netter Junge, nicht wahr?
Rosita: Wie meinst du das? Chema ist nicht mein Typ. Mir gefallen große und dunkelhaarige (Männer).

Noelia: ¿Como Jordi?
Rosita: ¡No! ¡Jordi es demasiado delgado! Pero los dos son encantadores… Estoy muy contenta; no es fácil encontrar compañeros de piso tan agradables.
Noelia: A mí también me gustaría ser independiente y compartir piso con amigos …
Rosita: Pero tu familia ésta cerca, ¡y la mía está tan lejos!
Noelia: ¡Sí, pero a veces es mejor NO tenerla tan cerca! ¡Huy, tengo que entrar ya! Bueno, Rosita, ¡hasta pronto y que te mejores!
Rosita: ¡Gracias! ¡Tú también!

Noelia: *Wie Jordi?*
Rosita: *Nein! Jordi ist mir zu schlank! Aber beide sind sehr nett … Ich bin sehr froh; es ist nicht leicht, so freundliche Mitbewohner zu finden.*
Noelia: *Ich würde auch gerne unabhängig sein und eine Wohnung mit Freunden teilen …*
Rosita: *Aber deine Familie ist in der Nähe, und meine ist so weit weg!*
Noelia: *Ja, aber manchmal ist es besser, sie nicht so nah zu haben! Huch! Ich muss schon rein! Also, Rosita, bis bald und gute Besserung!*
Rosita: *Danke, dir auch!*

2 TR. 39
Übung 16

Al cine / A un bar / A una fiesta / A un restaurante

En España / En México / En Cuba / En Chile

2 TR. 40
Übung 17

A mi burro, a mi burro
le duele la cabeza,
el médico le ha puesto
una gorrita negra,
una gorrita negra,
una gorrita negra,
zapatitos lila, la, la
zapatitos lila.

A mi burro, a mi burro
le duele la garganta,
el médico le ha puesto
una bufanda blanca,
una bufanda blanca,
una bufanda blanca,
una gorrita negra,
zapatitos lila, la, la,
zapatitos lila.

A mi burro, a mi burro
le duelen las orejas,
el médico le ha dicho
que las tenga muy tiesas,
que las tenga muy tiesas,
que las tenga muy tiesas,
una gorrita negra,
una bufanda blanca,
zapatitos lila, la, la,
zapatitos lila.

▼

A mi burro, a mi burro
le duele el corazón,
el médico le ha dado
jarabe de limón,
jarabe de limón,
jarabe de limón,
una gorrita negra,
una bufanda blanca,
que las tenga muy tiesas,
zapatitos lila, la, la,
zapatitos lila.

A mi burro, a mi burro
le duelen las pezuñas,
el médico le ha dado
jarabe de lechuga,
jarabe de lechuga,
jarabe de lechuga,
una gorrita negra,
una bufanda blanca,
que las tenga muy tiesas,
jarabe de limón,
zapatitos lila, la, la,
zapatitos lila.

A mi burro, a mi burro
ya no le duele nada,
el médico le ha dado
jarabe de manzana,
jarabe de manzana,
jarabe de manzana,
una gorrrita negra,
una bufanda blanca,
que las tenga muy tiesas,
jarabe de limón,
jarabe de lechuga,
jarabe de manzana,
zapatitos lila, la, la,
zapatitos lila.

12

2 TR. 42 **Übung 2**

El otro día Chema me ayudó con el nuevo programa.
Ayer compré una estantería nueva.
Rosita me dijo ayer que se siente cansada.
El otro día hicimos una tortilla riquísima.

2 TR. 43 **Übungen 3, 4, 5**

Camarero: ¡Buenas noches! ¿Qué van a tomar?
Noelia: De primero nos trae una ensalada mixta y una ración de pulpo a la gallega. Y para mí, de segundo, bacalao al pil pil.
▼

Kellner: *Guten Abend! Was nehmen Sie?*
Noelia: *Als Vorspeise bringen Sie uns (bitte) einen gemischten Salat und eine Portion Krake nach galizischer Art. Und für mich als Hauptspeise Kabeljau mit Chili und Knoblauch.*
▼

Chema: Yo tomo de segundo chuletas de cordero a la brasa.
Camarero: Y para beber, ¿qué desean?
Noelia: Pues a mí me trae un vino blanco. ¿Cuál me recomienda?
Camarero: Tenemos uno del Penedés que está muy bueno.
Noelia: ¡Perfecto! Y también una botella de agua.
Chema: Para mí un tinto de la casa.
Camarero: Enseguida.

…

Noelia: El otro día vi a Rosita en el médico y hablamos un rato. Me contó que fuisteis juntos de compras.
Chema: Sí, sí. Fuimos a buscar un regalo para una amiga.
Noelia: ¿Ah, sí? Pues ella me dijo otra cosa. Me comentó que fuisteis a comprar algo para la casa.
Chema: También, también. Aprovechamos muy bien la tarde, compramos muchas cosas. Además, para mí Rosita fue una ayuda fantástica; tiene muy buen gusto para la decoración.
Noelia: Rosita y tú os lleváis muy bien, ¿verdad?
Chema: Sí, es muy maja. Es una chica que siempre está dispuesta a ayudar y siempre está de buen humor…
Noelia: Entonces, si es tan fantástica, ¿por qué no sales con ella en vez de perder el tiempo conmigo?
Chema: ¡Noelia! ¿Estás celosa?
Noelia: ¿Yo? ¿Yo, celosa? ¡En absoluto!
Chema: ¿Quieres saber qué hicimos ese día Rosita y yo? Rosita me ayudó a buscar tu regalo. ¡Felicidades! Esto es para ti.
Noelia: ¡Pero Chema! ¿Por qué te has molestado? ¿Qué es? ¡Un casco! ¡Qué bien! ¡Muchísimas gracias!

▼

Chema: *Ich nehme als Hauptspeise gegrillte Lammkoteletts.*
Kellner: *Und zu trinken, was wünschen Sie?*
Noelia: *Also mir bringen Sie (bitte) einen Weißwein. Welchen empfehlen Sie mir?*
Kellner: *Wir haben einen aus dem Penedés, der sehr gut ist.*
Noelia: *Perfekt! Und auch eine Flasche Wasser.*
Chema: *Für mich einen Rotwein des Hauses.*
Kellner: *Sofort.*

…

Noelia: *Neulich sah ich Rosita beim Arzt und wir redeten eine Weile. Sie erzählte mir, dass ihr zusammen einkaufen wart.*
Chema: *Ja, genau. Wir suchten ein Geschenk für eine Freundin.*
Noelia: *Ach ja? Sie erzählte mir aber etwas Anderes. Sie erwähnte, dass ihr etwas für die Wohnung kauftet.*
Chema: *Auch, auch. Wir nutzten den Nachmittag sehr gut, wir kauften vieles. Außerdem war Rosita eine wunderbare Hilfe für mich, sie hat einen sehr guten Geschmack bei der Inneneinrichtung.*
Noelia: *Rosita und du … ihr versteht euch sehr gut, nicht war?*
Chema: *Ja, sie ist sehr nett. Sie ist ein Mädchen, das immer hilfsbereit und gut gelaunt ist …*
Noelia: *Na dann, wenn sie so toll ist, warum gehst du nicht mit ihr aus, statt deine Zeit mit mir zu vergeuden?*
Chema: *Noelia! Bist du eifersüchtig?*
Noelia: *Ich? Ich eifersüchtig? Überhaupt nicht!*
Chema: *Möchtest du wissen, was Rosita und ich an diesem Tag machten? Rosita half mir, dein Geschenk zu suchen. Herzlichen Glückwunsch! Das ist für dich.*
Noelia: *Aber Chema! Das wäre nicht nötig gewesen (wörtlich: Warum hast du dir solche Umstände gemacht?) Was ist es? Ein Helm! Wie schön! Tausend Dank!*

▼

Chema:	De nada, ¡celosa! Noelia, entre Rosita y yo no hay nada, sólo somos dos compañeros de piso que nos llevamos muy bien … A mí me gusta otra mujer …	*Chema:*	*Nichts zu danken, du eifersüchtige Frau, du! Noelia, zwischen Rosita und mir ist nichts. Wir sind nur Mitbewohner, die sich sehr gut verstehen … Mir gefällt eine andere Frau …*
Noelia:	¿Quién?	*Noelia:*	*Wer?*
Chema:	Mi vecina, una chica que vive en el piso de enfrente y que se llama Noelia …	*Chema:*	*Meine Nachbarin, ein Mädchen, das in der Wohnung gegenüber wohnt und Noelia heißt …*
Noelia:	¡Ay, Chema! ¡Cómo eres!	*Noelia:*	*Chema! Du bist mir aber einer!*

2 TR. 48 **Übung 12**

Me comentó que fuisteis a comprar algo para la casa.
Aprovechamos muy bien la tarde.

2 TR. 52 **Übung 17**

Rosita: ¿A que no sabes dónde estuve el fin de semana pasado?
Amiga: ¿Dónde?
Rosita: En Salamanca. ¡Es una ciudad preciosa!
Amiga: ¿Fuiste con tus compañeros de piso?
Rosita: No, fui con unos compañeros de trabajo. Me invitaron y decidí acompañarlos.
Amiga: ¿Y … cómo fue todo?
Rosita: Muy bien. Salimos el viernes por la tarde y llegamos a las diez de la noche. Buscamos un hotel en el centro de la ciudad y después fuimos a cenar a un pequeño restaurante de la Plaza Mayor.
Amiga: Creo que es muy bonita, ¿verdad?
Rosita: Sí, sí; me gustó mucho. El sábado por la mañana visitamos la universidad y allí conocimos a unos chicos alemanes muy simpáticos. Comimos con ellos y después, por la tarde, visitamos la Catedral Nueva y otros monumentos importantes.
Amiga: Y el domingo, ¿qué hicisteis?
Rosita: Bueno, el sábado por la noche salimos a tomar algo, así que el domingo nos levantamos bastante tarde. Primero fuimos a desayunar; después dimos un paseo por la parte antigua de la ciudad, hicimos fotos y, al final, compramos unas cositas de recuerdo.
Amiga: ¿Y cuándo regresasteis a Madrid?
Rosita: Ese mismo día.
Amiga: Entonces lo pasaste bien, ¿no?
Rosita: Sí. ¡Fue una excursión realmente interesante!

2
TR. 53 **Übung 18**

Camarero:	¡Buenas tardes, señor!
Agustín:	¡Hola, buenas tardes! ¿Qué tienen hoy de menú?
Camarero:	Pues de primero tenemos crema de espárragos, gazpacho y ensalada mixta y, de segundo, cordero asado con patatas, merluza a la cazuela y escalope de ternera.
Agustín:	Me trae entonces la ensalada de primero y de segundo … merluza a la cazuela.
Camarero:	Muy bien. ¿Y para beber?
Agustín:	Vino blanco de la casa.
Camarero:	Enseguida.
Agustín:	Gracias.
…	
Camarero:	¿Qué tal la merluza?
Agustín:	Muy rica, gracias.
Camarero:	¿Desea tomar algo de postre? Hay fruta del tiempo, helado, flan, yogur, queso, arroz con leche,…
Agustín:	Un helado. O mejor me trae el arroz con leche.
Camarero:	Muy bien.
…	
Camarero:	¿Desea algo más?
Agustín:	Sí, un café solo y la cuenta, por favor.

Revision 3

2
TR. 55 **Übung 4**

Chema:	Oye, Jordi, y esa chica … tu amiga … ¿cómo se llama?
Jordi:	¿Carmen?
Chema:	Sí, Carmen, ¿cómo es?
Jordi:	Es bastante alta y muy delgada. Tiene el pelo largo y liso de color castaño y los ojos castaños.
Chema:	¿Lleva gafas?
Jordi:	No; bueno, yo nunca la he visto con gafas.
Chema:	Entonces creo que no la conozco.

2
TR. 58 **Übung 19**

Yo me levanto normalmente a las nueve. Antes de desayunar hago media hora de footing por el parque de la ciudad. Cuando llego a casa, me ducho, me afeito y voy a desayunar al bar de Paco. Me encanta el café con churros, así que siempre me tomo uno grande. A continuación preparo el trabajo de la tarde hasta la hora de la comida. Como en casa y después me voy al periódico. Entro a trabajar a las cuatro y salgo a las once la noche. Cuando vuelvo a casa preparo algo de cena. Después de cenar salgo con los amigos a tomar unas copas, veo la televisión o leo un libro. Me suelo acostar entre la una y las dos de la mañana.

13

2
TR. 60 **Übung 2**

1. Charo no sabe dónde está la abuela; por eso está tan preocupada.
2. Estoy aburrido. Llevo desde las tres esperando al jefe para hablar con él.
3. Agustín está enfadado porque su hija ha llegado muy tarde.
4. Rosita está triste porque su familia está lejos.
5. Estoy enfermo. El médico me ha dicho que tengo gripe.
6. La abuela ha dado un largo paseo con las amigas y está agotada.
7. Noelia está contenta porque Chema le ha regalado un casco.

2
TR. 61 **Übungen 3, 4, 6**

Charo: ¡Noelia! ¿Sabes qué hora es? ¡La una de la noche!
Noelia: Sí, mamá … pero es que he salido con Chema a cenar a un restaurante y se nos ha hecho tarde.
Charo: ¡La próxima vez me avisas que vas a llegar más tarde! Así no me preocupo esperándote …
Noelia: Vale.
Charo: ¿Y qué tal la cena con Chema?
Noelia: ¡Fantástica! El restaurante era precioso y la comida estaba muy buena … Estaba llenísimo, eso sí, pero teníamos una mesa reservada. ¡Mira lo que me ha regalado Chema!
Charo: ¿Un casco?
Noelia: Sí, él sabe que me encanta patinar, y por eso me lo ha comprado.
Charo: Un regalo muy romántico para vuestra primera cita …
Noelia: ¡Mamá!
Charo: Es una broma … Oye, Noelia, ¿sabes dónde está la abuela? Todavía no ha llegado a casa …
Noelia: ¿No?
Charo: No, y estoy preocupada … No sé si llamar a la policía …
Noelia: ¡Mira, aquí llega la abuela!
Charo: ¡Abuela! ¡Qué horas son éstas de llegar a casa! ¡Estábamos preocupadísimas!
Doña Amparo: Eeeeh … he ido a dar un paseo con las amigas, y como la temperatura era tan agradable, nos hemos sentado en una terracita de la plaza a tomar algo.
Charo: ¡A su edad y a estas horas todavía en la calle!
Noelia: ¡Abuela!, ¡mira lo que me ha regalado Chema!
Doña Amparo: Muy bonito … ¿Y quién es Chema?
Noelia: El vecino … ¡es un chico majísimo!
▼

Charo: Noelia! Weißt du, wie spät es ist? Ein Uhr nachts!
Noelia: Ja, Mama … aber ich bin mit Chema in ein Restaurant zu Abend essen (aus)gegangen und es ist spät geworden.
Charo: Das nächste Mal sagst du mir Bescheid, dass du später kommst! So mache ich mir keine Sorgen, indem ich auf dich warte …
Noelia: O.k.
Charo: Und wie war das Abendessen mit Chema?
Noelia: Toll! Das Restaurant war wunderschön und das Essen war sehr lecker … Es war zwar sehr voll, aber wir hatten einen Tisch reserviert. Schau, was mir Chema geschenkt hat!
Charo: Einen Helm?
Noelia: Ja, er weiß, dass ich inlineskaten liebe, und deshalb hat er ihn mir gekauft.
Charo: Ein sehr romantisches Geschenk für eure erste Verabredung …
Noelia: Mama!
Charo: War nur ein Scherz … Hör mal, Noelia, weißt du, wo Großmutter ist? Sie ist noch nicht nach Hause gekommen …
Noelia: Nein?
Charo: Nein, und ich mache mir Sorgen … Ich weiß nicht, ob (ich) die Polizei anrufen (soll) …
Noelia: Schau, da kommt Großmutter!
Charo: Großmutter! Was ist das für eine Uhrzeit, um nach Hause zu kommen! Wir haben uns große Sorgen gemacht!
Doña Amparo: Hmmmm … ich war mit Freundinnen spazieren, und weil die Temperatur so angenehm war, haben wir uns auf einer (netten) Terrasse auf dem Platz hingesetzt, um etwas zu trinken.
Charo: In Ihrem Alter und zu dieser Zeit noch auf der Straße!
Noelia: Großmutter! Schau, was Chema mir geschenkt hat!
Doña Amparo: Sehr schön … Und wer ist Chema?
Noelia: Der Nachbar … Er ist ein sehr netter Junge!
▼

Doña Amparo: ¿Es tu novio?
Noelia: Abuela …
Doña Amparo: ¿Qué pasa? Cuando tenía tu edad, yo era una chica muy bonita y me encantaba ir a bailar a las verbenas y tenía muchos novios, ¡muchísimos!: uno para el lunes, otro para el martes, otro para el …
Charo: Claro, claro … Abuela, ¿quiere comer algo?
Doña Amparo: No, gracias, hija, ya he tomado algo en el bingo … digo, en el bar. Me voy a la cama. ¡Buenas noches!
Noelia y Charo: ¡Buenas noches, abuela!

Doña Amparo: Ist er dein Freund?
Noelia: Großmutter ….
Doña Amparo: Was ist? Als ich in deinem Alter war, war ich ein sehr schönes Mädchen und ich liebte es, auf den Dorffesten zu tanzen, und hatte viele Verehrer, sehr viele! Einen für den Montag, einen anderen für den Dienstag, einen anderen für den …
Charo: Ja, ja, Großmutter … Möchten Sie etwas essen?
Doña Amparo: Nein, danke, mein Kind, ich habe schon etwas im Bingo … in der Bar, meine ich, gegessen … Ich gehe ins Bett. Gute Nacht!
Noelia und Charo: Gute Nacht, Großmutter!

2
TR. 68 **Übung 17**

Eva: Hay que reconocer que la vida de estudiante no estaba nada mal, ¿verdad, María?
María: ¡Ni que lo digas, Eva! Yo por las mañanas iba a clase y después tenía todas las tardes libres para estudiar, salir con las amigas y hacer muchas otras cosas.
Eva: Yo también iba a clase por la mañana, pero tenía que trabajar por las tardes tres días a la semana.
María: ¿Ah, sí? ¿Y dónde trabajabas?
Eva: Trabajaba en una academia de idiomas. Daba clases de inglés a niños pequeños.
María: ¡Qué interesante! ¿Y dónde vivías?
Eva: Vivía en un piso cerca de la universidad con otras dos chicas.
María: ¿Y tenías que cocinar tú?
Eva: ¡Claro! En realidad, yo era la que me ocupaba de la comida y mis compañeras de piso hacían el resto, porque ellas no sabían cocinar. ¿Y tú?
María: Yo vivía con mis padres, así que no tenía que preocuparme de nada; claro que ayudaba siempre que podía.
Eva: ¡Qué suerte, chica!
María: Sí, pero tampoco podía organizar las fiestas que organizabais los que vivíais en pisos de estudiantes.
Eva: Sí, es cierto. Nosotras hacíamos muchas fiestas. Aquellas fiestas sí que eran divertidas; además, siempre venían unos chicos muy interesantes, ¡y muy guapos!
María: ¿No tenías novio cuando estabas en la universidad?
Eva: Bueno … sí, tenía un novio que estaba estudiando arquitectura en Barcelona, pero nos veíamos tan poco … ¿Y tú? ¿Tenías novio?
María: No, yo al principio no tenía novio, pero recuerdo que el primer año me gustaba mucho uno de mis compañeros de clase. Bueno, a mí, y a todas mis amigas. Fíjate que hasta los otros chicos sentían celos de él.
Eva: ¿De verdad?
María: Sí, sí, es que ese chico tenía algo muy especial; era …

2
TR. 69 **Übung 18**

- ¿Qué tal vuestro viaje por España? ¿Tuvisteis buen tiempo?
- ○ Ya sabes tú que en el norte siempre llueve mucho, pero esta vez tuvimos suerte porque no llovió nada. En Madrid hacía sol, aunque hacía bastante frío. En el sur, en Andalucía, estaba un poco nublado pero la temperatura era agradable …
- ¿Y en Valencia?
- ○ Bueno, en Valencia hacía muchísimo viento y hacia el norte, en Cataluña, había algo de niebla.
- ○ ¿ Y no fuisteis a los Pirineos?
- Sí, por supuesto, pero todavía no había suficiente nieve para poder esquiar.

14

2
TR. 70 **Übung 1**

1. • ¿Qué tal si tomamos pollo con mole?
   ○ ¿Mole? ¿Qué es mole?
   • Es una salsa mexicana hecha con chile, muchas especias, cacahuetes y chocolate.

2. • A mí lo que más me gusta de la comida mexicana son las quesadillas.
   ○ ¿Qué son quesadillas?
   • Son tortillas de maíz con queso dobladas por la mitad; pueden estar rellenas de muchas cosas y llevan un poco de salsa de chile.

3. • En este restaurante preparan unas enchiladas riquísimas.
   ○ ¿Y qué es una enchilada?
   • Pues es una tortilla de maíz rellena de carne y cubierta con mucha salsa de chile.
   ○ ¡Suena muy bien!

4. • ¿A ti te gusta el chile con carne?
   ○ ¿Ese plato de carne y chile con frijoles? ¡Me encanta!

5. • ¿Qué te parece si pedimos pozole?
   ○ ¿Pozole?
   • Sí, es un guiso de maíz con carne y chile.
   ○ De acuerdo.

6. • Camarero, por favor, ¿me puede decir qué son burritos?
   ○ Los burritos son tortillas de trigo enrolladas, rellenas de carne o de pollo; llevan también frijoles, arroz, queso …

2
TR. 72 **Übungen 3, 4, 6**

Agustín: Oye, ¡qué bien decorado está este restaurante!
Charo: Sí, y está lleno; eso siempre es buena señal. Mira, aquí está la carta. A ver … ¿qué son burritos?
Agustín: No sé. Vamos a llamar al camarero; yo prefiero saber qué es cada plato antes de pedir.
▼

Agustín: Schau mal, wie schön dieses Restaurant eingerichtet ist!
Charo: Ja, und es ist voll, das ist immer ein gutes Zeichen. Schau, hier ist die Karte. Mal sehen … was sind denn ***Burritos****?*
Agustín: Weiß ich nicht, lass uns den Kellner rufen. Ich ziehe es vor zu wissen, was jedes Gericht ist, bevor ich bestelle.
▼

Charo: Agustín, ¿recuerdas cuando estuvimos en Thailandia en aquel restaurante tan exótico y pedimos sin saber qué eran las cosas?

Agustín: ¡Pues claro que lo recuerdo! Aquella cena fue una experiencia inolvidable. Además, recuerdo que era una noche muy cálida y que estábamos muy cansados, pero tú no quisiste quedarte en el hotel y propusiste salir en busca de aventuras.

Charo: Confiesa que nos divertimos mucho, especialmente esa noche. ¡Es una de tus anécdotas favoritas!

Agustín: Sí, sí, pero ahora, ¡venga!, vamos a pedir que tengo mucha hambre. Ya viene la camarera … ¡Vaya! ¡Pero si es Rosita!

Rosita: ¡Charo, Agustín! ¡Qué sorpresa! ¿Les gusta la comida mexicana?

Agustín: Pero Rosita, ¿trabajas aquí? ¡Pensaba que trabajabas en un museo!

Rosita: Y es verdad, pero los pasajes para México son muy caros, y tengo que ganar más plata si quiero visitar a mi familia.

Charo: Debes acabar agotada después de una jornada tan larga e intensa. ¿Estás aquí todos los días?

Rosita: Sólo tres días por semana. Al principio trabajaba toda la semana, pero era demasiado para mí; entonces decidí pensar un poco más en mi salud. Pero bueno, díganme qué desean para cenar.

Agustín: Es que no sabemos qué son burritos, ni pollo con mole, ni …

Rosita: Los burritos son una variedad de la tortilla, pero la tortilla mexicana, no la española. Se hacen con harina de trigo y están rellenos de carne, pollo …
El mole es una salsa que lleva diferentes chiles, muchas especias, cacahuetes y chocolate.

▼

Charo: *Agustín, erinnerst du dich, als wir in Thailand in diesem ganz exotischen Restaurant waren und wir bestellten, ohne zu wissen, was alles war?*

Agustín: *Aber natürlich erinnere ich mich! Dieses Abendessen war ein unvergessliches Erlebnis. Ich erinnere mich auch, dass die Nacht sehr warm war und dass wir sehr müde waren, aber du wolltest nicht im Hotel bleiben und schlugst vor, auf Abenteuersuche zu gehen.*

Charo: *Gib zu, dass wir sehr viel Spaß hatten. Besonders in dieser Nacht, es ist eine deiner Lieblingsanekdoten!*

Agustín: *Ja, ja, aber komm jetzt, lass uns bestellen, denn ich habe großen Hunger. Die Kellnerin kommt schon … Mensch! Das ist ja Rosita!*

Rosita: *Charo, Agustín! Was für eine Überraschung! Mögt ihr mexikanisches Essen?*

Agustín: *Aber Rosita, arbeitest du hier? Ich dachte, du arbeitest in einem Museum!*

Rosita: *Das stimmt auch, aber die Flugscheine nach Mexiko sind sehr teuer und ich muss mehr Geld verdienen, wenn ich meine Familie besuchen will.*

Charo: *Nach so einem langen und intensiven Arbeitstag musst du sicher erschöpft sein (wörtlich: enden). Bist du jeden Tag hier?*

Rosita: *Nur drei Tage in der Woche. Am Anfang arbeitete ich hier die ganze Woche, aber es war zu viel für mich, dann beschloss ich, etwas mehr auf meine Gesundheit zu achten. Aber … sagt mir doch, was ihr zum Abendessen wünscht.*

Agustín: *Wir wissen aber nicht was* **Burritos** *sind, oder* **Pollo con mole**, *oder …*

Rosita: *Burritos sind eine Art von* **Tortilla**, *aber die mexikanische* **Tortilla**, *nicht die spanische. Sie werden mit Maismehl gemacht und gefüllt mit Fleisch, Hühnchen …*
Mole *ist eine Soße mit verschiedenen Chilis, vielen Gewürzen, Erdnüssen und Schokolade.*

▼

Charo: ¡Chocolate en una salsa y con pollo! ¡Qué original! Rosita, ¿qué tal si eliges tú y nos traes algo bien rico?
Rosita: Muy bien. ¡De acuerdo!
Charo: ¿Ves, Agustín? ¡Ya se ha resuelto el misterio de la vida nocturna de Rosita! ¡Trabaja en un restaurante!
Agustín: ¡Pues sí … !

Charo: *Schokolade in einer Soße und mit Hühnchen! Wie originell! Rosita, wie wäre es, wenn du entscheidest und uns etwas ganz Leckeres bringst?*
Rosita: *Sehr gut, einverstanden!*
Charo: *Siehst du, Agustín? Jetzt ist das Rätsel über das Nachtleben von Rosita gelöst! Sie arbeitet in einem Restaurant!*
Agustín: *Tja!*

2 TR. 75 **Übung 11**

Rosita: Oye, Jordi, ¿tú has estado alguna vez en Cuba?
Jordi: Yo no, pero mi abuelo estuvo muchos años viviendo allí.
Rosita: ¿Ah, sí?
Jordi: Sí. En realidad la historia de Cuba tiene mucho de historia de amor. ¿La quieres oír?
Rosita: ¡Por supuesto!
Jordi: Bien, pues fue así: mi abuelo tenía 18 años cuando se marchó a Cuba. El caso es que estuvo diez años trabajando en La Habana y, justo cuando iba a regresar a España, conoció a una chica cubana de la que se enamoró perdidamente. Se llamaba Leonora. Mi abuelo quería casarse con ella y traérsela a vivir aquí, pero los padres de la chica no estaban de acuerdo. Al final, mi abuelo decidió regresar a España sin la tal Leonora, confiando en que ella le seguiría, pero ella prefirió casarse con un rico empresario de la capital. Ya en España, mi pobre abuelo seguía pensando y pensando en su antigua novia, hasta que un buen día, precisamente en Madrid, conoció a la verdadera mujer de su vida: una chica guapa, simpática, inteligente, …
Rosita: Tu abuela.
Jordi: ¡Exacto! Al poco tiempo se casaron y se fueron a vivir a Barcelona. ¡Y de eso hace ya medio siglo!
Rosita: ¡Vaya historia, Jordi!

2 TR. 77 **Übung 16**

Charo: Ayer tu padre y yo fuimos a cenar a este restaurante mexicano de la calle Colón … ¿cómo se llama?
Noelia: ¿Puebla?
Charo: Sí, eso es, Puebla.
Noelia: ¿Y qué tal?
Charo: Muy bien. Había un ambiente muy agradable. ¿Sabes a quién vimos en el restaurante?
Noelia: ¿A quién?
Charo: A Rosita, la vecina.
Noelia: Ah, sí, es verdad. Está trabajando allí de camarera, ¿no?
Charo: ¿Y tú cómo lo sabes?
Noelia: Porque me lo comentó el otro día.
Charo: El caso es que tu padre y yo estábamos esperando al camarero, cuando de repente apareció ella para atendernos. ¡Qué sorpresa nos llevamos!
Noelia: Bueno, ¿y qué comisteis?
Charo: Tomamos pozole.
Noelia: Po … ¿qué?
Charo: Pozole, un guiso de carne y maíz, que estaba riquísimo.

15

2
TR. 19 **Übungen 3, 4, 6**

Noelia: Mamá, ¿me pasas la sal? Es que el pollo está un poco soso.
Charo: Sí, toma. Agustín, ¿puedes traer un poco más de pan?
Agustín: Enseguida.
Doña Amparo: Noelia, ¿tú no querías hacer un curso de inglés en Londres?
Noelia: Sí, pero es muy caro. Entre el vuelo, el alojamiento, la matrícula … ¡Buf! No sé cómo conseguir tanto dinero.
Doña Amparo: No te preocupes por el dinero. Yo te lo pago.
Noelia: ¿De verdad? ¡Qué alegría! Mañana voy a hacer la reserva en la academia.
Doña Amparo: Charo, esta mañana he pasado por la perfumería y te he comprado tu perfume favorito y un par de cremas.
Charo: ¡Muchas gracias, abuela! ¿Pero qué pasa que está tan generosa? ¿Le ha tocado la lotería?
Doña Amparo: Algo parecido. Esta tarde he ganado mucho dinero en el bingo.
Agustín: ¡Pero mamá! ¿Tú vas al bingo?
Doña Amparo: Bueno, voy de vez en cuando con las amigas.
Charo: ¿Desde cuándo tiene usted esa afición?
Doña Amparo: Mujer, no es una afición. Empezamos hace medio año aproximadamente. Fuimos una vez porque estábamos aburridas y, como ganamos un poquito de dinero, nos gustó y repetimos.
Agustín: ¿Y de dónde sacas el dinero, mamá?
Doña Amparo: Pues, yo no gasto mucho… Pero algunas veces he cogido dinero del bolso de Charo.

▼

Noelia: Mama, reichst du mir bitte das Salz? Das Hühnchen schmeckt nämlich etwas fad.
Charo: Ja, nimm. Agustín, kannst du (bitte) noch ein bisschen Brot bringen?
Agustín: Sofort.
Doña Amparo: Noelia, wolltest du nicht einen Englischkurs in London machen?
Noelia: Ja, aber er ist sehr teuer. Zwischen Flug, Unterkunft, Anmeldung … ach! Ich weiß nicht, wie ich so viel Geld auftreiben soll …
Doña Amparo: Mach dir keine Sorgen wegen des Geldes. Ich bezahle es dir.
Noelia: Echt? Ich freu' mich riesig! Morgen mache ich die Anmeldung in der Schule.
Doña Amparo: Charo, heute morgen bin ich in der Parfümerie vorbei und habe dir dein Lieblingsparfüm und einige (Haut)cremes gekauft.
Charo: Vielen Dank, Großmutter! Aber was ist los, warum so großzügig? Haben Sie im Lotto gewonnen?
Doña Amparo: Etwas Ähnliches. Heute Nachmittag habe ich sehr viel Geld im Bingo gewonnen.
Agustín: Aber Mama! Du gehst zum Bingo?
Doña Amparo: Na ja, ich gehe ab und zu mit meinen Freundinnen.
Charo: Seit wann haben Sie dieses Hobby?
Doña Amparo: Na ja, es ist eigentlich kein Hobby. Wir haben ungefähr vor einem halben Jahr angefangen. Wir gingen einmal hin, weil wir uns langweilten, und da wir ein wenig Geld gewannen, gefiel es uns und wir gingen wieder hin (wörtlich: wir wiederholten).
Agustín: Mutter, woher nimmst du das Geld?
Doña Amparo: Na ja … ich gebe nicht viel aus … Aber manchmal habe ich Geld aus Charos Tasche genommen.

▼

Charo: ¡Así que era usted! Ahora entiendo por qué me desaparecía dinero del bolso. Pero Amparo, a su edad …

Doña Amparo: Ya lo sé, hija mía; perdóname, lo siento mucho; es que no lo puedo controlar. Pero pienso devolvértelo todo, de verdad.

Agustín: Bueno, mamá, ¿y qué vas a hacer con todo ese dinero?

Doña Amparo: Pues quiero irme de vacaciones a Benidorm con mis amigas. Tenemos ganas de pasear por la playa y de salir por la noche. También pienso ahorrar un poquito …

Noelia: Ya que se ha resuelto el misterio del dinero desaparecido, ¡vamos a celebrar el bingo de la abuela! Mamá, ¿hay una botella de cava en la nevera?

Charo: *Also waren Sie es! Jetzt verstehe ich, warum (immer wieder) Geld aus meiner Tasche verschwand. Aber Amparo, in Ihrem Alter …*

Doña Amparo: *Ich weiß, Kind, verzeih mir, es tut mir sehr Leid, ich kann es nicht kontrollieren. Aber ich habe vor, dir alles zurückzugeben, ehrlich.*

Agustín: *So, Mutter, und was willst du mit all diesem Geld tun?*

Doña Amparo: *Also ich möchte mit meinen Freundinnen nach Benidorm in den Urlaub fahren. Wir haben Lust, am Strand zu spazieren und nachts auszugehen. Ich möchte auch ein wenig sparen …*

Noelia: *Da das Rätsel vom verschwundenen Geld gelüftet wurde, lasst uns Großmutters Bingo feiern! Mama, ist noch eine Flasche Sekt im Kühlschrank?*

2 TR. 81
Übung 7

Noelia: ¿Qué vais a hacer mañana, chicos?

Jordi: Yo mañana tengo que trabajar.

Chema: ¿Tienes que trabajar los sábados también?

Jordi: Éste sí, pero sólo hasta la una; después pienso ir al gimnasio y hacer algo de deporte, y por la noche voy a ir al cine con unos amigos.

Chema: ¿Y tú, Rosita?

Rosita: Yo voy a ir de compras por la mañana, pero no tengo plan para la tarde.

Jordi: ¿Por qué no te vienes con nosotros al cine?

Rosita: ¿Los puedo acompañar?

Jordi: ¡No faltaba más! ¿Y vosotros?, ¿qué tenéis pensado hacer?

Noelia: Yo tengo que ayudar a mi madre en casa por la mañana y …

Chema: Y yo quiero comprar un programa nuevo para el ordenador.

Noelia: Y por la noche, Chema y yo vamos a salir con unos amigos.

Chema: Oye, ¿por qué no os venís vosotros después del cine?

Noelia: Sí, podemos quedar todos juntos e ir a bailar.

Jordi: ¡Buena idea!

Rosita: ¡A mí me encanta bailar!, ¿saben?

Jordi: Pues, bueno, ¿cómo quedamos?

2 TR. 85
Übung 19

El número premiado en el sorteo de la Lotería Nacional ha sido el 52.756.

16

2 TR. 86 **Übung 1**

¿Le gustaría viajar a la península de Yucatán? ¡Entonces, nosotros somos su agencia de viajes! Le ofrecemos las mejores ofertas de viaje: Estancia de una a tres semanas con todo incluido, vuelos directos desde Madrid a Ciudad de México, estancia en hoteles de cinco estrellas, visitas a los centros arqueológicos más importantes de Yucatán.

¡Reserve ya su billete y disfrute de unas vacaciones inolvidables!

2 TR. 88 **Übungen 3, 4, 6**

Chema: ¡Mira, Noelia! ¡En internet he encontrado el portal de una agencia de viajes con ofertas interesantes! Ofrece un viaje de una semana a la península de Yucatán con todo incluido: vuelo, estancia en Mérida en hotel de tres estrellas y visitas a los centros arqueológicos de Uxmal, Chichén-Itzá, Tulúm …
Noelia: Sí, está muy bien … pero a mí me gustaría visitar también la capital, y las pirámides de Teotihuacán.
Chema: Bueno, entonces podemos pasar una semana en Yucatán y un par de días más en Ciudad de México, ¿qué te parece?
Noelia: ¡Estupendo! ¡Por fin vamos a ver las pirámides de las que tanto nos ha hablado Rosita!
Chema: Vamos a seguir buscando, a ver si encontramos algo … ¡Ay, qué lento es este ordenador!
Noelia: Y la pantalla es un poco pequeña, ¿no? La del mío es más grande.
Chema: El que tengo en la oficina es mucho mejor. Éste lo utilizo sólo para navegar por internet y enviar emilios a los amigos. Mira, aquí hay otra agencia que ofrece un viaje a la capital y a Yucatán.

▼

Chema: Schau, Noelia! Im Internet habe ich die Homepage eines Reisebüros mit interessanten Angeboten gefunden! Es bietet eine einwöchige Reise zur Halbinsel von Yucatán an, mit allem inbegriffen: Flug, Aufenthalt in Mérida im Dreisternehotel und Besichtigungen der archäologischen Zentren von Uxmal, Chichén-Itzá, Tulúm …
Noelia: Ja, das ist sehr gut … aber ich würde auch gerne die Hauptstadt und die Pyramiden von Teotihuacán besichtigen.
Chema: Gut, dann können wir eine Woche in Yucatán und noch ein paar Tage in Mexiko Stadt verbringen, was meinst du?
Noelia: Super! Endlich werden wir die Pyramiden sehen, von denen uns Rosita so viel erzählt hat.
Chema: Lass uns weitersuchen, mal sehen, ob wir etwas finden … Ach, wie langsam dieser Computer ist!
Noelia: Und der Bildschirm ist ein bisschen klein, nicht? Der von meinem ist größer.
Chema: Der, den ich im Büro habe, ist viel besser. Diesen benutze ich nur, um im Internet zu surfen und E-Mails an Freunde zu schicken. Schau, hier gibt es ein anderes (Reise)büro, das eine Reise zur Hauptstadt und nach Yucatán anbietet.

▼

Noelia: ¡Ah, pero el vuelo no está incluido! Vamos a mirar en el portal de Iberia …
Chema: Iberia. Mira, ya lo tengo … Salida Madrid, destino México. Hay un vuelo directo que sale del aeropuerto de Barajas a las doce y media de la mañana y llega a Ciudad de México a las cinco y cuarto de la tarde, hora local.
Noelia: ¿Cuántas horas son de vuelo?
Chema: Pues con la diferencia horaria son … casi doce horas.
Noelia: ¿Y podemos comprar el billete directamente por internet?
Chema: Sí, claro, pagando con tarjeta de crédito. Es mucho más cómodo que ir a la agencia de viajes. ¡Vaya! ¡Se me ha colgado el ordenador! ¡Qué fastidio!
Noelia: Tranquilo, Chema. Vamos a mi casa y seguimos en el mío, ¿vale?
Chema: ¡Vale!

Noelia: *Ach, aber der Flug ist nicht inbegriffen! Lass uns auf der Homepage von Iberia nachsehen …*
Chema: *Iberia. Schau, da habe ich es schon … Abflug Madrid, Ziel Mexiko. Es gibt einen Direktflug, der am Flughafen von Barajas um halb eins vormittags startet und in Mexiko Stadt um Viertel nach fünf nachmittags Ortszeit ankommt.*
Noelia: *Wie viele Stunden dauert der Flug?*
Chema: *Also mit dem Zeitunterschied sind es … fast zwölf Stunden.*
Noelia: *Und können wir den Flugschein direkt übers Internet kaufen?*
Chema: *Ja, klar, wenn man mit Kreditkarte bezahlt. Das ist viel bequemer, als ins Reisebüro zu gehen. So ein Pech! Der Computer ist abgestürzt! Wie ärgerlich!*
Noelia: *Beruhige dich, Chema. Lass uns zu mir nach Hause gehen und an meinem weitermachen, o.k.?*
Chema: *In Ordnung!*

2
TR. 90

Übung 7

Angestellte: Agencia de viajes "Hispania". ¿En qué puedo servirle?
Agustín: Hola, buenos días. Mire, quería preguntar si tienen algún vuelo disponible a Sevilla para el próximo fin de semana.
Angestellte: ¿Y cuándo quiere salir? ¿El viernes?
Agustín: Sí, el viernes por la tarde, y me gustaría regresar el domingo por la noche.
Angestellte: ¿Cuántos pasajeros?
Agustín: Dos.
Angestellte: Déjeme ver … Clase turista, ¿verdad?
Agustín: Sí.
Angestellte: Sí, … tengo un vuelo que sale de Barajas el viernes 22 de noviembre a las 16 horas y 10 minutos y regresa el domingo de Sevilla a las 21 horas y 45 minutos. El vuelo dura una hora aproximadamente.
Agustín: ¡Estupendo! ¿Qué precio tiene el billete?
Angestellte: Son 150 euros. ¿Quiere hacer la reserva?
Agustín: Sí, por favor.
Angestellte: ¿Cuál es su nombre?
Agustín: Agustín Giménez.
Angestellte: Agustín Giménez. ¿Me da su número de teléfono, por favor?
Agustín: Sí, claro, es el 91 40 93 0 18.
Angestellte: ¿Cómo quiere pagar: con tarjeta de crédito o al contado?
Agustín: Al contado, mejor.
Angestellte: Bien, entonces tiene que pasar a recoger el billete antes del jueves, ¿de acuerdo?
Agustín: Sí, muy bien.

2 TR. 95 **Übung 15**

Charo: ¿Diga?
Anrufer: Hola, buenos días. Quería hablar con el señor Giménez.
Charo: ¿De parte de quién?
Anrufer: Soy Alejandro Cifuentes.
Charo: Un momento, por favor; ahora se pone.
Anrufer: Gracias.

Revision 4

2 TR. 97 **Übung 3**

Noelia: ¡Hola, mamá! ¿Cómo estás?
Charo: Pues, la verdad, un poco nerviosa.
Noelia: ¿Por qué?, ¿qué pasa?
Charo: ¡Es la una de la noche y tu abuela no ha llegado todavía!

2 TR. 99 **Übung 24**

1. Es una salsa hecha con chile, muchas especias, cacahuetes y chocolate.
2. Es una tortilla de maíz rellena de carne y cubierta con salsa de chile.
3. Es un guiso de maíz con carne y chile.
4. Son tortillas de maíz rellenas de queso y muchas otras cosas.

1

Übung 1
1. México; **2.** Cuba; **3.** Venezuela; **4.** Colombia; **5.** Chile; **6.** Argentina; **7.** España

Übung 2
1. la paella; **2.** el sombrero; **3.** la sangría; **4.** la guitarra; **5.** la siesta; **6.** la cerveza

Übung 5 Tipp
1. guerrilla; **2. guit**arra; **3. y**o/ pla**y**a; **4.** Mé**x**ico; **5.** ¡**Qu**é bien!

Übung 7
1. f; **2.** d; **3.** h; **4.** b; **5.** c; **6.** g; **7.** a; **8.** e

Übung 9
(Lösungsvorschlag)
Chema: [...]
Sie: Muy bien, gracias, ¿y tú?
Chema: [...]
Sie: ¡Encantada! / ¡Encantado!
Jordi: [...]

Übung 10
1. v; **2.** c – z

Übung 11
1. español; **2.** viaje; **3.** paella; **4.** mucho

Übung 13 Tipp
1. una; **2.** el; **3.** un

la cerveza; un viaje; la verdad; un sombrero

Übung 14
yo soy; tú eres; él / ella / usted es; nosotros / nosotras somos

Übung 15
es; soy; qué tal; y usted; ésta; encantada

Übung 17
1. 35 06 87; **2.** 364 09 82; **3.** 768 49 32; **4.** 734 07 09; **5.** 907

2

Übung 1
1. la terraza; **2.** el salón; **3.** la cocina; **4.** el pasillo; **5.** el baño; **6.** el balcón; **7.** el dormitorio; **8.** la entrada

Übung 4
de nada

Übung 5
Wörter mit normal gerolltem r:
mira, claro, estantería, ahora, garaje, lavadora, euro
Wörter mit stark gerolltem r:
terraza, Rosita, guerrilla, Rioja, guitarra

Übung 7
1. richtig; **2.** falsch; **3.** falsch; **4.** falsch; **5.** richtig; **6.** richtig

Übung 9 Tipp
viajes; hoteles; balcones; sombreros

Übung 10
1. los; **2.** unas; **3.** las; **4.** unos

Übung 12 Tipp
dos armarios pequeños;
un sofá nuevo; dos sillas modernas;
una mesa bonita

Übung 13
1. necesitas – necesito
3. cenamos

Tipp 1 / 5
Das spanische **y** wird wie das deutsche **j** ausgesprochen. Steht es am Wortende, wird es wie **i** gesprochen (z. B. **soy**).
Der Buchstabe **x** wird normalerweise wie im Deutschen ausgesprochen (z. B. **taxi**). Das Wort **México** stellt eine Ausnahme dar.

Tipp 1 / 13
Alle Wörter auf **-aje** sind männlich.
Alle Wörter auf **-dad** sind weiblich.

Tipp 2 / 9
Wenn ein Vokal am Ende steht, braucht man nur ein **-s**, um den Plural zu bilden. Wenn ein Konsonant am Ende steht, braucht man **-es**, um den Plural zu bilden. Wörter, die im Singular auf der letzten Silbe einen Akzent tragen, verlieren ihn im Plural.

Tipp 2 / 12
sofá ist männlich!

Tipp 3 9

Wenn das Verb in Verbindung mit einem Substantiv im Plural steht, muss auch das Verb im Plural stehen. Denken Sie an die Bedeutung von **encantar** *(sehr gefallen)*! In Fragen benutzt man normalerweise das Verb **gustar**.

Tipp 3 10

Denken Sie an den Akzent auf der Endung **-éis**!

Tipp 3 12

Vergessen Sie den Akzent auf den Endungen **-áis** und **-éis** nicht!

Tipp 3 14

Der Akzent von **inglés** im Singular entfällt im Plural.
Achten Sie auf die Rechtschreibung von **portugués/portuguesa**!
canadiense und **belga** haben die gleiche Form für männlich und weiblich.

Übung 14
1. estás; **2.** necesito; **3.** cenamos; **4.** están; **5.** bailáis; **6.** toma

Übung 15
1. correcto; **2.** correcto; **3.** correcto; **4.** falso

Übung 16
1. b; **2.** c; **3.** a

Übung 18
1. gallego; **2.** vasco (euskera); **3.** catalán; **4.** español

3

Übung 1
1. b; **2.** e; **3.** g; **4.** f; **5.** a; **6.** d; **7.** c

Übung 4
1. Rosita: a, c, e, j; **2.** Agustín: d, f, g; **3.** Noelia: b, h, i

Übung 7
1. me llamo – te llamas; **2.** se llama; **3.** nos llamamos – os llamáis

Übung 9 Tipp
1. Me **encantan / gustan** los museos.
2. ¿Os **gusta** la paella?
3. Me **gusta** mucho trabajar en el museo.
4. ¿Les **gustan** las habitaciones, señores?

Übung 10 Tipp
como – comes – come – comemos – coméis – comen

Übung 11
1. tengo; **2.** tienes; **3.** tiene; **5.** tienen

tengo – tienes – tiene – tenemos – tenéis – tienen

Übung 12 Tipp
1. se llaman; **2.** como – come; **3.** trabajáis – estudiáis; **4.** estoy; **5.** tenemos; **6.** tiene; **7.** te llamas – eres; **8.** bebemos – bebéis

Übung 13
1. estoy; **2.** es; **3.** está; **4.** somos

Übung 14 Tipp
1. francesas; **2.** suizos; **3.** chilenas; **4.** ingleses; **5.** portuguesa; **6.** canadienses; **7.** sueca; **8.** belgas

Übung 15
1. ingeniero; **2.** fotógrafo; **3.** profesora; **4.** taxista; **5.** arquitecta; **6.** secretaria

Übung 16
(Lösungsvorschlag)
Felipe Iriarte: […]
Sie: ¡Buenos días!
Felipe Iriarte: […]
Sie: Hola, yo soy Antonio Ramos.
Felipe Iriarte: […]
Sie: No, soy de Santiago de Chile.
Felipe Iriarte: […]
Sie: Trabajo en una empresa chilena aquí en Madrid. ¿Y usted?
Felipe Iriarte: […]
Sie: Igualmente y adiós.
Felipe Iriarte: […]

4

Übung 2
la agenda; el móvil; el monedero; las llaves; las gafas; el bolígrafo

Übung 5
1. c; **2.** a; **3.** c; **4.** b; **5.** a

Übung 6
No lo sé.

Übung 7 Tipp
1. vivo – vives; **2.** vive; **4.** viven

vivo – vives – vive – vivimos – vivís – viven

Übung 8 Tipp

trabajar	comer	vivir
trabajo	como	vivo
trabajas	comes	vives
trabaja	come	vive
trabajamos	comemos	vivimos
trabajáis	coméis	vivís
trabajan	comen	viven

Übung 9
1. esta; **2.** estos; **3.** este; **4.** estas

Übung 10 Tipp
¡Hola! Me llamo Nacho y **soy** el hijo de Agustín y Charo.
Ahora **estoy** (1) en Londres, donde estudio inglés. **Es** (2) una ciudad fascinante. **Hay** (3) muchos museos, tiendas y… "pubs".
Vivo en un piso compartido con dos chicos, Carlos y Mauricio.
Son venezolanos y muy simpáticos. Uno **es** (4) estudiante de medicina y el otro trabaja de camarero.
La verdad es que **estoy** (5) muy contento aquí.

Übung 11
1. su; **2.** vuestra; **3.** su; **4.** nuestro

Übung 12
1. la; **2.** las; **3.** los

Übung 13
1. te; **2.** las; **3.** les; **4.** me; **5.** nos; **6.** os; **7.** lo; **8.** se

Übung 14
1. sabes; **2.** sé; **3.** sabe; **4.** sabemos – sabéis; **5.** saben

sé – sabes – sabe – sabemos – sabéis – saben

Übung 15
1. Enkel; **2.** Mutter; **3.** Ehefrau; **4.** Tante; **5.** Onkel; **6.** Schwager; **7.** Nichten; **8.** Neffe; **9.** Bruder; **10.** Cousin

Revision 1

Übung 1
1. d; **2.** e; **3.** f; **4.** a; **5.** b; **6.** h; **7.** c; **8.** g

Übung 2
1. c; **2.** a; **3.** b; **4.** c; **5.** a; **6.** c

Übung 3
2

Übung 4
1. b; **2.** d; **3.** a; **4.** c

Übung 5
1. b; **2.** c; **3.** d; **4.** a

Übung 6
1. c; **2.** b

Tipp 4 7
Vergessen Sie den Akzent auf der Endung **-ís** nicht!

Tipp 4 8
Denken Sie an die Akzente in der 2. Person Plural, d. h. auf den Endungen **-áis**, **-éis** und **-ís**.

Tipp 4 10
1. Gemeint ist hier: sich an einem Ort befinden; daher verwendet man **estar**.
2. Hier handelt es sich um eine Eigenschaft; daher verwendet man **ser**.
3. Bei Substantiven im Plural ohne Artikel wird **hay** verwendet.
4. Hier handelt es sich um eine Beruf- bzw. Tätigkeitsangabe; daher verwendet man **ser**.
5. Hier wird der Gemützustand einer Person beschrieben; daher verwendet man **estar**.

Tipp R1 8

Achten Sie darauf, dass Verb und Subjekt übereinstimmen. Um den Plural von Substantiven und Adjektiven zu bilden, hängt man ein **-s** an Wörter an, die auf Vokal enden, und **-es** an solche, die auf Konsonant enden. Denken Sie daran, dass sich Adjektive in Geschlecht und Zahl nach dem Substantiv richten, auf das sie sich beziehen.

Tipp R1 9

sofá ist männlich!

Tipp R1 13

2. Vergessen Sie das Reflexivpronomen nicht!
4. Denken Sie an den Akzent!
8. Wenn das Verb in Verbindung mit einem Substantiv im Plural (**los viajes**) steht, muss auch das Verb im Plural stehen.

Übung 8 Tipp

1. Las amigas de Ana son unas chicas muy simpáticas.
2. Los amigos de Antonio son unos chicos muy inteligentes.

Übung 9 Tipp

1. grandes; **2.** bonitos; **3.** interesante

Übung 10

1. soy; **2.** está; **3.** es; **4.** estamos; **5.** son; **6.** somos; **7.** están; **8.** eres

Übung 11

1. está; **2.** hay; **3.** están; **4.** hay

Übung 12

1. está; **2.** hay; **3.** es

Übung 13 Tipp

1. viven; **2.** te llamas; **3.** son; **4.** sabéis; **5.** tengo; **6.** comemos; **7.** trabaja; **8.** encantan

Übung 14

En el piso:
dormitorio – sillón – armario – pasillo
En la empresa:
ingeniero – departamento – jefe – secretaria
En el bolso:
llaves – agenda – gafas – móvil

Übung 15

1. ordenador; **2.** bolso; **3.** cama; **4.** bolígrafo; **5.** sofá; **6.** mesa; **7.** escritorio

Übung 16

1. Doña Amparo; **2.** Agustín; **3.** Nacho; **4.** Charo; **5.** Noelia

Übung 17

1. c; **2.** b; **3.** a

Übung 18

1. profesora; **2.** arquitecto; **3.** médica

Übung 19

40 (cuarenta); 14 (catorce); 4 (cuatro); 15 (quince); 5 (cinco); 50 (cincuenta); 27 (veintisiete); 73 (setenta y tres); 37 (treinta y siete)

Übung 20

cómo; estamos; te; piso; vive; tiene; verdad; hermana

Übung 21

1. España; **2.** vela; **3.** Chile; **4.** cerveza; **5.** Mallorca; **6.** queso; **7.** Gibraltar; **8.** hola

Übung 22

1. c; **2.** c; **3.** a

5

Übung 1

1. a; **2.** d; **3.** b; **4.** c

Übung 4

1. Doña Amparo: b, e, g, i; **2.** Charo: d, f, h; **3.** Noelia: a, c

Übung 5

1. richtig; **2.** richtig; **3.** falsch; **4.** falsch; **5.** richtig; **6.** falsch; **7.** falsch; **8.** falsch

Übung 7

1. muy; **2.** muy; **3.** mucho; **4.** mucho

Übung 8
Agustín, mi marido, tiene una profesión **muy** interesante. Trabaja **mucho**. Mi hija Noelia estudia **mucho**. Es una chica **muy** inteligente. Mi hijo Nacho vive en Londres y está **muy** contento. El Retiro es un parque **muy** grande y **muy** bonito de Madrid. A la abuela le gusta **mucho** ir a pasear allí con sus amigas.

Übung 9
1. he; **2.** has; **3.** ha; **4.** han

he – has – ha – hemos – habéis – han

Übung 10 Tipp
1. hemos invitado; **2.** has visto; **3.** habéis ido; **4.** he comido; **5.** han hecho; **6.** ha sido

Übung 12
1. d; **2.** e; **3.** a; **4.** c; **5.** b

Übung 15
1. lo; **2.** os – nos; **3.** las; **4.** me – te

Übung 17
1. 87790; **2.** 918372038; **3.** 6360103 96; **4.** 5238959; **5.** 941677685

6

Übung 1
1. j; **2.** c; **3.** e; **4.** g; **5.** h; **6.** a; **7.** i; **8.** f; **9.** b; **10.** d

Übung 4
1. c; **2.** b; **3.** a; **4.** a; **5.** b

Übung 6
vale; perfecto; (a las diez) me va bien

Übung 7
pongo – pones – pone – ponemos – ponéis – ponen

1. les; **2.** me; **3.** nos; **4.** os

Übung 8
1. quieres; **2.** quieren – pueden; **3.** podéis

Übung 10
1. vas; **2.** va; **3.** van; **4.** vais

voy – vas – va – **vamos** – vais – van

Übung 11
vais; tenemos; podemos; queréis

Übung 13
1. 17.45; **2.** 8.30; **3.** 16.15; **4.** 18.15; **5.** 21.45

Übung 15
6; 5; 4; 7; 8; 3; 2; 1

Übung 16
400 cuatrocientos; 600 seiscientos; 800 ochocientos; 100.000 cien mil; 3.000.000 tres millones

Übung 17
1. mil ciento noventa y siete gramos de plátanos
2. ochocientos cincuenta y seis gramos de zanahorias
3. setecientos sesenta y ocho gramos de fresas
4. dos mil quinientos veinticinco gramos de patatas
5. novecientos catorce gramos de pimientos

Tipp 5 10
Denken Sie an die unregelmäßigen Partizipien von **ver** und **hacer**!

Tipp 7 8

Achten Sie auf den Akzent in der 2. Person Plural, d. h. bei den Endungen **-áis**, **-éis** und **-ís!**
Die Form der 1. Person Singular von **decir** ist unregelmäßig!

Tipp 7 13

Die Elemente **de** und **el** werden zu **del** verbunden.
Die Elemente **a** und **el** werden zu **al** verbunden.

Steht die Tageszeit in Verbindung mit einer genauen Uhrzeit, benutzt man die Präposition **de**.

Tipp 7 14

Vor **Correos** steht kein Artikel!

Übung 18
(Lösungsvorschlag)

Verkäufer: [...]
Sie: ¿Tiene tomates?
Verkäufer: [...]
Sie: Entonces me pone un kilo de tomates para la ensalada.
Verkäufer: [...]
Sie: Zanahorias. Medio kilo, por favor.
Verkäufer: [...]
Sie: ¡Ah, sí! Mejor me pone dos.
Verkäufer: [...]
Sie: También quería fresas. ¿Puedo probar una?
Verkäufer: [...]
Sie: Sí, y también muy baratas. ¿Me pone 500 gramos, por favor?
Verkäufer: [...]
Sie: ¿Cuánto es todo?
Verkäufer: [...]
Sie: Aquí tiene. Adiós y gracias.
Verkäufer: [...]

7

Übung 2
a la derecha – *rechts*;
a la izquierda – *links*;
enfrente – *gegenüber*
delante – *vor*;
detrás – *hinter*

Übung 5
1. falso; **2.** falso; **3.** correcto;
4. correcto; **5.** correcto; **6.** falso;
7. correcto; **8.** correcto

Übung 6
digo

In folgenden Sätzen wird ausgedrückt, dass man etwas tun muss:

1. ¿Adónde tienes que ir?
2. ... tienes que hacer transbordo.
3. Tienes que bajar en la parada Tribunal.
4. ¡Tengo que irme!

Übung 7
conozco – conoces – conoce – conocemos – conocéis – conocen

Übung 8 Tipp
1. conocéis – conocemos;
2. dices – digo – tenemos;
3. podemos – seguís – cruzáis – tomáis – giráis

Übung 9
(Lösungsvorschlag)
Voy al trabajo en autobús.

Übung 10
1. a; **2.** en; **3.** en; **4.** a

Übung 12
una farmacia – *eine Apotheke*

Übung 13 Tipp
1. a, a, en; **2.** en; **3.** del, al;
4. de, por; **5.** por, por, a, hasta

Übung 14 Tipp
1. la, la; **2.** una; **3.** un, el, –; **4.** el, la

Übung 15
1. ¿Cómo se llama tu mujer?
2. Yo no sé dónde vive él; y ¿tú?

Übung 16
1; 6; 3; 4; 2; 5

Übung 17
1. ir a pie
2. una farmacia
3. ¿Cómo vas al trabajo?
4. ir en autobús
5. a las diez

8

Übung 5
1. b; **2.** c; **3.** b; **4.** b; **5.** a; **6.** a

Übung 6
¿Qué te parece, Rosita?

Übung 7
(Lösungsvorschlag)
Kunde/Kundin: Perdone, ¿cuánto cuesta este casco protector?
Verkäuferin: […]
Kunde/Kundin: Y los patines, ¿cuánto cuestan?
Verkäuferin: […]

Übung 8
1. cuánta; **2.** cuánto; **3.** cuántas; **4.** cuántos

Übung 10 Tipp
1. este; **2.** esas; **3.** esta; **4.** esos; **5.** ese

Übung 11
1. a ti; **2.** a él; **3.** a nosotros; **4.** a vosotros

Übung 12
1. para mí; **2.** con usted / con ustedes; **3.** sin mí; **4.** sin ti

Übung 14 Tipp
1. me las; **2.** se la; **3.** nos los

Übung 15
1. Quiero regalarte este libro.
2. Tengo que deciros una cosa.

Übung 16 Tipp
1. Tengo que decírselo mañana.
2. Queremos dároslas en casa.
3. Podéis comprársela en el centro.
4. Quiero regalártela por tu cumpleaños.
5. Tiene que dármelos hoy.
6. Puedes escribírnoslo aquí.

Übung 19
La persona va al centro comercial. – *Die Person geht zum Einkaufszentrum.*

Revision 2

Übung 1
1. b; **2.** c; **3.** d; **4.** c; **5.** a

Übung 2
1; 5; 4; 3; 6; 2

Übung 3
1. f; **2.** e; **3.** h; **4.** g; **5.** b; **6.** a; **7.** c; **8.** d

Übung 4
(Lösungsvorschlag)
1. Me gusta hacer deporte.
2. Compro manzanas y zanahorias.
3. Voy al trabajo en metro.

Übung 5
(Lösungsvorschlag)
1. La vela y el ciclismo.
2. Soy una persona muy alegre.
3. El azul.
4. Voy al cine o a cenar con mis amigos.
5. Ceno a las nueve y media.
6. Una novela muy interesante.
7. La última película de Almodóvar.
8. He comprado un sofá nuevo para el salón.

Tipp 8 / 16
Bei angehängten Pronomen muss eventuell ein Akzent gesetzt werden, damit die Betonung des Verbs erhalten bleibt.

Tipp 8 / 10
Denken Sie daran: **este / esta / estos / estas** bezeichnen bestimmte Gegenstände oder Personen, die in der unmittelbaren Nähe des Sprechers sind; **ese / esa / esos / esas** bezeichnen dagegen bestimmte Gegenstände oder Personen, die etwas weiter entfernt sind.

Tipp 8 / 14
Denken Sie daran: Die indirekten Objektpronomen **le** und **les** ändern sich, wenn **lo / la / los / las** folgt.

Tipp R2 6

Vergessen Sie den Akzent in der 2. Person Plural nicht!

Tipp R2 12

1. **en el museo** gibt einen Standort an, während **al museo** eine Richtung angibt. Daher muss man hier das Verb **estar** verwenden und nicht **ir**.
2. Hier ist das Subjekt **las dos**, d. h. zwei Personen! Daher muss man die 1. Person Plural verwenden.
3. Denken Sie an das unregelmäßige Partizip von **ver**!

Tipp R2 13

Denken Sie an die unregelmäßigen Partizipien von **decir**, **hacer** und **ver**! Vergessen Sie den Akzent bei der 2. Person Plural von **haber** nicht!

Tipp R2 20

Alle Fragewörter tragen im Spanischen einen Akzent.

Übung 6 Tipp

querer	poder	decir
quiero	puedo	digo
quieres	puedes	dices
quiere	puede	dice
queremos	podemos	decimos
queréis	podéis	decís
quieren	pueden	dicen

Übung 7

1. tienes; **2.** cuestan; **3.** pongo; **4.** sigues; **5.** hay; **6.** conozco

Übung 8

1. muy; **2.** mucho; **3.** muy; **4.** muy

Übung 9

1. contigo – conmigo;
2. para ti – para mí;
3. a ti – a mí;
4. sin vosotros – sin ti

Übung 10

1. te lo; **2.** nos las; **3.** se la; **4.** se los

Übung 11

1. por; **2.** en; **3.** a; **4.** de

Übung 12 Tipp

Hoy por la mañana **he hecho** unas compras en el centro. Después, a mediodía, **he comido / he almorzado** en un restaurante y **he tomado** un café en una terraza. Luego **he estado** (1) en el museo y **he trabajado** hasta las ocho. Después **he ido** al supermercado y **he comprado** una lechuga y unos tomates. Mi madre me **ha llamado** por teléfono, ¡y las dos **hemos hablado** (2) hasta las once de la noche! **He comido / He cenado** una ensalada, **he visto** (3) un poco la televisión y ahora me voy a la cama. ¡Hasta mañana!

Übung 13 Tipp

1. he dicho; **2.** has hecho; **3.** ha sido; **4.** habéis visto

Übung 14

A: Dialog 3; **B:** Dialog 1; **C:** Dialog 2

Übung 15

demasiado – mucho – bastante – poco – nada

siempre – muchas – veces – a veces – nunca

Übung 16

1. b; **2.** a; **3.** c

Übung 17

89.576; 43.911; 15.752

Übung 18

ciudad; mucho; simpáticos; ayudan; martes; le; regalo; verdad

Übung 19

1. c; **2.** c; **3.** a; **4.** b; **5.** b; **6.** a

Übung 20 Tipp

1. ¿Dónde trabaja tu marido?
2. Si queréis, podemos tomar té.
3. Tú no sabes quién es él, pero yo sí lo sé.

Übung 21

1. ¿Habéis visto la última película de Almodóvar?
2. Estos plátanos son del país.
3. ¿Tú sabes dónde está la calle Cervantes?
4. ¿Qué tal si quedamos el miércoles?

9

Übung 2

1.	está preparando la cena	h
2.	está llamando por teléfono	a
3.	está cortando cebolla	e
4.	están comiendo	b
5.	está viendo la televisión	d
6.	está leyendo el periódico	f
7.	están durmiendo	c
8.	está enseñando un nuevo programa	g

Übung 5
1. falso; **2.** correcto; **3.** falso; **4.** correcto; **5.** correcto; **6.** correcto; **7.** falso; **8.** correcto

Übung 6
Um einen Gefallen bitten:
¿Puedes cortar las cebollas también?
¿Puedes preguntarle si quiere cenar con nosotros?
¿Puedes bajar luego al súper y comprar un buen vino tinto?

Etwas vorziehen:
(yo) prefiero

Übung 7
(Lösungsvorschlag)
Gastgeberin: […]
Gast: Yo prefiero un vino tinto.
Gastgeberin: […]

Übung 9
tú traes; Ana y tú traéis; yo traigo; Antonio trae; nosotras traemos; ustedes traen

Übung 10
1. está llamando; **2.** están viendo; **3.** estás escribiendo

Übung 11 Tipp
1. trabajando; **2.** comiendo; **3.** leyendo; **4.** durmiendo

Übung 12
1. están patinando;
2. estás bebiendo;
3. estamos comprando;
4. está escribiendo;
5. estáis buscando

Übung 13 Tipp
1. bien; **2.** buen; **3.** bien; **4.** buen

Übung 14
1. la misma; **2.** el mismo; **3.** los mismos; **4.** las mismas

Übung 15
(Lösungsvorschläge)
No, no he estada nunca en España. / Sí, ya he estado muchas veces en España.
No, no he comido nunca paella. / Sí, he comido paella una vez.

Übung 17
5; 6; 1; 4; 3; 2

10

Übung 2
1. c; **2.** a; **3.** b; **4.** e; **5.** d

Übung 4
1. i; **2.** c; **3.** f; **4.** e; **5.** b; **6.** h; **7.** j; **8.** d; **9.** g; **10.** a

Übung 5
Chema: 4, 5, 6
Jordi: 1, 2, 3, 7, 8

Übung 6
(y) hablando de otro tema

Tipp 9 11
Denken Sie daran, dass sich die Endung des Gerundiums von **leer** ändert! Vergessen Sie nicht, dass sich beim Gerundium von **dormir** der Vokal des Verbstamms ändert!

Tipp 9 13
Denken Sie an den Unterschied zwischen Adjektiven und Adverbien! Adjektive bestimmen ein Substantiv näher und richten sich in Geschlecht und Zahl nach diesem (**bueno/-a/-os/-as**). Adverbien hingegen sind unveränderlich (**bien**).

Tipp 10 9

2. Das Objekt des Satzes ist ein Substantiv im Plural!

Tipp 10 10

2. Denken Sie daran, dass **almorzar** ein unregelmäßiges Verb ist!
5. Das Verb **tomar** bezieht sich auf ein Substantiv im Plural!

Tipp 10 12

3. Bei einem Substantiv wird **tanto/-a/-os/-as** und nicht **tan** benutzt.

Tipp 10 13

1. Denken Sie an den Akzent bei **tímido**!
2. Sie brauchen hier die entsprechende Form des Adjektivs **bueno** und nicht das Adverb **bien**.
3. Vergessen Sie nicht, dass das Adjektiv mit dem Substantiv in Geschlecht und Zahl übereinstimmen muss.
5. Bei einem Substantiv wird **tanto/-a/-os/-as** benutzt und nicht **tan**!
6. **sofá** ist männlich! Achten Sie auf die Angleichung.

Übung 8

1. se afeita; **2.** me adapto; **3.** se preocupan; **4.** nos encontramos; **5.** se atreven; **6.** os lleváis

Übung 9 Tipp

1. En el bar de Paco **se come** un jamón muy bueno.
2. En el supermercado **se compran** muchos productos.
3. En México **se habla** español.

Übung 10 Tipp

1. se desayuna; **2.** se almuerza; **3.** se cena; **4.** se sale; **5.** se toman, se habla; **6.** se trata; **7.** se baila

Übung 11

1. tanto; **2.** tanta; **3.** tantas; **4.** tan

Übung 12 Tipp

1. Yo trabajo **más** horas **que** tú.
2. Tú trabajas **menos** horas **que** yo.
3. Tú no trabajas **tantas** horas **como** yo.

Übung 13 Tipp

1. Nacho no es **tan tímido como** Noelia.
2. Esta novela no es **tan buena como** la otra.
3. Esos zapatos rojos son **más extravagantes que** éstos.
4. Tu jefa es **más simpática que** mi secretaria.
5. Tienes **tantas plantas como** mi vecina.
6. En esa tienda tienen **tantos sofás como** en la otra.
7. El autobús es **más práctico que** el coche.
8. Aquí hay **menos gente que** en el bar de Paco.

Übung 14

leyendo; viendo

Übung 15

1. c; **2.** a; **3.** b

Übung 16

(Lösungsvorschlag)
Entrevistador: […]
Usted: Sí, ¡claro! ¡Con mucho gusto!
Entrevistador: […]
Usted: Normalmente me levanto entre las siete y media y las ocho de la mañana.
Entrevistador: […]
Usted: Empiezo a las nueve de la mañana y trabajo hasta la una. Después almuerzo y vuelvo a la oficina a las dos.
Entrevistador: […]
Usted: No, almuerzo en la cantina de la empresa; es más práctico que ir a comer a casa porque sólo tengo una hora.
Entrevistador: […]
Usted: Pues casi siempre a las seis, pero a veces más tarde.
Entrevistador: […]
Usted: Sí, por supuesto.
Entrevistador: […]
Usted: Entre las doce y la una de la mañana.
Entrevistador: […]
Usted: ¡No hay de qué!

11

Übung 5

1. falso; **2.** falso; **3.** correcto; **4.** falso; **5.** correcto; **6.** falso; **7.** falso; **8.** correcto

Übung 6

¡Que te mejores!

Noelias Ratschläge:
Es importante descansar.
Hay que dormir siete horas como mínimo.

Übung 8 Tipp
¿Te duelen los pies?

1. te sientes; **2.** nos sentimos;
3. se sienten

Übung 9
1. amablemente;
2. estupendamente;
3. normalmente;
4. sinceramente

Übung 10
1. directamente; **2.** personalmente;
3. seriamente; **4.** tímidamente;
5. rápidamente

Übung 11
1. Es estupendo …;
2. No es normal …;
3. No es sano …

Übung 13 Tipp
1. Los míos – los suyos;
2. La nuestra – la tuya

Übung 14
1. f; **2.** j; **3.** c; **4.** a; **5.** e; **6.** h; **7.** g;
8. d; **9.** b; **10.** i

Übung 15
1. Rosita; **2.** Jordi; **3.** Agustín;
4. Noelia; **5.** Chema;
6. Doña Amparo; **7.** Charo

Übung 17
4; 5; 2; 6; 3; 1

Übung 18
1. cabeza; **2.** gripe; **3.** aspirina;
4. boca; **5.** jarabe; **6.** pierna;
7. vitaminas

12

Übung 1
Primer plato: ensalada mixta, gazpacho, pulpo a la gallega
Segundo plato: bacalao al pil pil, merluza a la romana
Postre: flan, fruta del tiempo, helado
Vino, agua y pan

Übung 4
Richtige Sätze: 2, 4, 6, 7, 8

Übung 5
So erzählt Chema, was er und Rosita zusammen gemacht haben:
Fuimos a buscar un regalo para una amiga.
Aprovechamos muy bien la tarde, compramos muchas cosas.

Herzlichen Glückwunsch!
¡Felicidades!

Übung 6
1. cumpleaños; deseamos
2. excelente; siempre
3. día; cumplas

Übung 8
Entradas: Consomé de pollo, Crema de espárragos
Carne y pescado: Almejas a la marinera, Cordero asado con patatas, Escalope de ternera, Merluza a la cazuela
Postres: Arroz con leche, Crema catalana

Übung 9
1. cuáles; **2.** cuál; **3.** qué

Tipp 11 8
Denken Sie daran, dass das Subjekt des ersten Satzes – **los pies** – im Plural steht!

Vergessen Sie nicht, dass bei dem Verb **sentirse** der Stammvokal **e** in den stammbetonten Formen zu **ie** wird!

Tipp 11 13
Denken Sie bei allen Formen an die bestimmten Artikel! Vergessen Sie den Akzent bei dem Wort **míos** nicht!

Tipp 12 10

Denken Sie daran, dass **cuál / cuáles** nicht in Verbindung mit einem Substantiv stehen kann. Beachten Sie außerdem: Das Fragewort **qué** kann auch allein stehen, aber dann bedeutet es *was?* und nicht *welche/r/s*. In dieser Übung ist jeweils *welche/r/s* gemeint.

Tipp 12 12

Vergessen Sie den Akzent in der 3. Person Singular nicht!

Tipp 12 15

Vergessen Sie den Akzent bei **viajó** nicht!
Denken Sie an die unregelmäßigen Indefinido-Formen von **ir**, **decir**, **hacer**, **tener** und **ver**!
Die Indefinido-Formen von **ver** tragen keinen Akzent!

Übung 10 Tipp

1. • ¿**Qué** número de teléfono tienes?
   o ¿**Cuál** quieres: el número de casa o el de la oficina?
2. o ¿**Cuáles**?, ¿los de Madrid?
3. • ¿**Qué** libros has comprado?

Übung 11

1. Rosita es una chica que siempre está dispuesta a ayudar.
2. Chema y Rosita son dos compañeros de piso que se llevan muy bien.

Übung 12 Tipp

él, ella, usted coment-**ó**;
nosotros / as aprovech-**amos**

Übung 13

1. fue; **2.** fuimos; **3.** fuisteis

Übung 14

1. estuvo; **2.** estuvieron;
3. estuvimos – estuvisteis;
4. estuve – estuviste

Übung 15 Tipp

1. cenamos; **2.** estuviste;
3. viajó; **4.** fuisteis; **5.** dijeron;
6. vio; **7.** hicieron; **8.** dijisteis;
9. se conocieron; **10.** tuve

Übung 16

1. el año pasado; **2.** el sábado por la noche; **3.** el otro día; **4.** ayer

Übung 17

6; 3; 1; 5; 2; 4

Übung 18

(Lösungsvorschlag)

Camarero: […]
Usted: ¡Hola, buenas tardes! ¿Qué tienen hoy de menú?
Camarero: […]
Usted: Me trae entonces la ensalada de primero y de segundo… merluza a la cazuela.
Camarero: […]
Usted: Vino blanco de la casa.
Camarero: […]
Usted: Gracias.
…
Camarero: […]
Usted: Muy rica, gracias.
Camarero: […]
Usted: Un helado. O mejor me trae el arroz con leche.
Camarero: […]
…
Camarero: […]
Usted: Sí, un café solo y la cuenta, por favor.

Revision 3

Übung 1

1. e; **2.** d; **3.** b; **4.** c; **5.** a

Übung 2

1. a; **2.** d; **3.** e; **4.** c; **5.** b

Übung 4

es; tiene; lleva

(Lösungsvorschläge)

Soy joven, mayor.
Soy alto / a, bajo / a.
Soy delgado / a, gordo / a.
Soy rubio / a, moreno / a.

Tengo los ojos castaños / azules.
Tengo el pelo rubio / oscuro.
Tengo el pelo largo / corto.
Tengo el pelo liso / rizado.

Llevo barba.
Llevo bigote.
Llevo gafas.
Llevo el pelo corto / largo.

Übung 5 Tipp

1. están estudiando;
2. están bebiendo;
3. estáis viviendo;
4. está esperando;
5. estamos haciendo;
6. estás leyendo;
7. estoy diciendo;
8. está durmiendo

Übung 6

1. está almorzando / está comiendo;
2. están hablando;
3. están cenando / están comiendo

Übung 7

1. Salamanca es una ciudad que me gusta.
2. Rosita tiene muchos amigos que trabajan en el museo.

Übung 8

1. tanto; **2.** tan; **3.** mejor; **4.** más; **5.** más; **6.** tantos; **7.** como; **8.** tantas

Übung 9

1. En este restaurante se come muy bien por muy poco dinero.
2. En Madrid se pueden hacer muchas cosas interesantes.

Übung 10

1. buen; **2.** bien; **3.** buena; **4.** bien; **5.** buenos

Übung 11 Tipp

Präsens	Perfekt	Indefinido
soy	**he sido**	**fui**
tienes	has tenido	**tuviste**
hace	**ha hecho**	hizo
estamos	**hemos estado**	**estuvimos**
vais	habéis ido	**fuisteis**
dicen	**han dicho**	dijeron

Übung 12 Tipp

1. hizo; **2.** hemos podido; **3.** fue; **4.** has estado; **5.** he visto; **6.** cenaron; **7.** he hablado; **8.** conocimos

Übung 13

1. zumo; **2.** helado; **3.** tortilla; **4.** aceitunas; **5.** gazpacho

Übung 14

1. servilleta; **2.** tenedor; **3.** plato; **4.** cuchillo; **5.** cuchara; **6.** cucharilla; **7.** vaso; **8.** botella

Übung 15

1. c; **2.** a; **3.** b

Übung 16

1. c; **2.** a

Übung 17

me; se; poco; veces; estuve; que; fui; siento; médico; menos

Übung 19

5; 3; 1; 6; 4; 2

Tipp R3 5

Denken Sie an die unregelmäßigen Gerundien von **leer**, **decir** und **dormir**!

Tipp R3 11

Der Stammvokal des Verbs **tener** ändert sich im Präsens (**e ▸ ie**).
Der Stammvokal des Verbs **decir** ändert sich im Präsens (**e ▸ i**).
Die Partizipien von **hacer** und **decir** sind unregelmäßig.
Der Verbstamm des Verbs **tener** ist im Indefinido unregelmäßig (**tuv-**).
Der Verbstamm des Verbs **estar** ist im Indefinido unregelmäßig (**estuv-**).

Tipp R3 12

Achten Sie auf die Rechtschreibung von **hizo**!
Das Partizip von **ver** ist unregelmäßig!

Tipp 13 9

Vergessen Sie den Akzent auf der Endung **-ísimo** nicht!

Tipp 13 11

Denken Sie daran, dass **-z-** zu **-c-** und **-c-** zu **-qu-** wird!

Tipp 13 12

Überlegen Sie jeweils, ob es sich bei dem direkten Objekt um eine Person handelt oder nicht. Denken Sie daran, dass sich das Pronomen **quién** auch auf eine Person bezieht.

Tipp 13 13

Achten Sie auf den Akzent!

Tipp 13 14

Vergessen Sie den Akzent nicht bei den Formen im Imperfekt, wo es notwendig ist!

1. Denken Sie daran, dass **hay** nur in der 3. Person Singular verwendet wird.
2. Das Wort **gente** ist im Spanischen Singular!

13

Übung 2

1. b; **2.** e; **3.** c; **4.** f; **5.** d; **6.** g; **7.** a

Übung 4

1. b; **2.** a; **3.** c; **4.** a; **5.** c

Übung 6

vale

Übung 7

1. c; **2.** b; **3.** d; **4.** a

Übung 8

1. preocupadísimas; **2.** majísimo; **3.** muchísimos

Übung 9 Tipp

1. baratísimo; **2.** cansadísima; **3.** elegantísima; **4.** facilísimo

Übung 10

1. una; **2.** unos; **3.** unas

Übung 11 Tipp

1. terracita; **2.** poquito

Übung 12 Tipp

1. ¿Conoces **a** la mujer de Agustín?
2. ¿**A** quién has llamado?
3. ¿Ve usted la farmacia allí enfrente?

Übung 13 Tipp

él / ella / usted tenía;
nostros /-as teníamos

Übung 14 Tipp

Antes, cuando yo **era** joven, no **había** (1) ordenadores, ni horno microondas. La gente no **veía** (2) películas en vídeo, iba al cine, aunque no se **salía** a cenar como hoy en día; se **cenaba** en casa. Las familias **eran** muy numerosas y muy pocas mujeres **trabajaban** fuera de casa. Los chicos y las chicas no **iban** a bailar a la discoteca, sino a la verbena. Mucha gente no **tenía** (2) coche.

Übung 15

1. b; **2.** a

Übung 16

(Lösungsvorschläge)

1. De niño / de niña vivía en una ciudad.
2. Pasaba los veranos en un pueblecito italiano.
3. Sí, me gustaba mucho ir al colegio.
4. Jugábamos en el parque / en la calle / en casa.
5. No me gustaba ir al médico.
6. Los fines de semana mi familia y yo íbamos a visitar a los abuelos / íbamos a dar un paseo / íbamos a visitar museos.

Übung 17

1. Eva, María; **2.** Eva; **3.** Eva; **4.** María; **5.** Eva; **6.** Eva; **7.** María

Übung 18

1. A; **2.** F; **3.** E; **4.** B; **5.** D; **6.** C

14

Übung 2
1. j; **2.** c; **3.** i; **4.** h; **5.** d; **6.** b; **7.** a; **8.** g; **9.** e; **10.** f

Übung 4
1. falso; **2.** correcto; **3.** correcto; **4.** correcto; **5.** falso; **6.** correcto; **7.** falso; **8.** falso

Übung 5
1. g; **2.** d; **3.** i; **4.** h; **5.** b; **6.** a; **7.** f; **8.** c; **9.** j; **10.** e

Übung 6
(la) plata

Verben im Imperfekt:
era; estábamos; pensaba; trabajabas; trabajaba; era

Übung 7 Tipp
él / ella / usted se divirtió;
ellos / ellas / ustedes se divirtieron

Übung 8
quise – quisiste – **quiso** – quisimos – **quisisteis** – **quisieron**

Übung 9 Tipp
trabajaba; decidí

Übung 10 Tipp
Un día el arzobispo de Puebla **decidió** visitar uno de los conventos de la zona. Los monjes entonces **comenzaron** a preparar la comida. Fray Pascual **se puso** a recoger los chiles, trozos de chocolate y las especias que **había** (1) por la cocina. Con las prisas **tropezó** frente a la cazuela donde se **estaba** (2) haciendo la comida. Poco después **llegó** el arzobispo. Cuando **probó** la comida, **exclamó**: "¡Exquisito!"

Eines Tages entschloss sich der Erzbischof von Puebla, ein Konvent der Gegend zu besuchen. Die Mönche fingen dann an, das Essen vorzubereiten. Bruder Pascual begann, die Chilis, die Schokoladenstücke und die Gewürze einzusammeln, die in der Küche herumlagen. In der Eile stolperte er gerade vor dem Topf, in dem das Essen gekocht wurde. Kurz danach kam der Erzbischof an. Als er das Essen probierte, rief er: „Köstlich!"

Übung 11
5; 1; 3; 6; 2; 4

Übung 12 Tipp
Ayer Agustín y yo **fuimos** a cenar a un restaurante mexicano. **Había** un ambiente muy agradable. Allí **vimos** a Rosita, nuestra vecina. **Estábamos** esperando al camarero, cuando de repente **apareció** ella para atendernos. ¡Qué sorpresa! Muy amablemente nos **explicó** lo que **era** todo y nos **ayudó** a elegir la cena. Al final **tomamos** pozole, un guiso que **estaba** riquísimo.

Übung 13
pedíais – pedisteis;
proponíamos – propusimos;
proponías – propusiste;
quería – quise;
querían – quisieron;
se divertía – se divirtió

Übung 14
1. C; **2.** A; **3.** B

Übung 15
1. e; **2.** c; **3.** f; **4.** a; **5.** d; **6.** b

Tipp 14 7
Denken Sie daran, dass das Verb **divertirse** mit einem Reflexivpronomen konjugiert wird.

Tipp 14 9
Vergessen Sie den Akzent bei der Indefinido-Form **decidí** nicht!

Tipp 14 10
1. Hier geht es um eine Beschreibung in der Vergangenheit, und daher verwendet man das Imperfekt.
2. Hier geht es um eine Hintergrundhandlung in der Vergangenheit, und daher verwendet man das Imperfekt.

Tipp 14 12
Denken Sie an die Akzentsetzung! Handelt es sich um eine Beschreibung oder Hintergrundhandlung in der Vergangenheit, verwendet man das Imperfekt.
Die Haupthandlung steht im Indefinido.

Tipp 15 11

Denken Sie daran, dass beim Gerundium mit angehängtem Pronomen ein Akzent gesetzt werden muss.

Tipp 15 12

1. Hier geht es um einen vorübergehenden Zustand.
2. Hier geht es um eine veränderliche bzw. für die Person untypische Eigenschaft.

Tipp 15 13

1 a. Hier geht es um einen vorübergehenden Zustand.
1 b. Hier geht es um eine charakterliche Eigenschaft.
2. Achten Sie auf das Adverb **bien**!
3. Hier geht es um einen vorübergehenden Zustand.
4 a. Hier wird gefragt, wie er ist, nicht wie es ihm geht!
4 b. Hier geht es um eine charakterliche Eigenschaft.

Übung 16

(Lösungsvorschlag)

Usted: Ayer tu padre y yo fuimos a cenar a este restaurante mexicano de la calle Colón … ¿cómo se llama?
Noelia: […]
Usted: Sí, eso es, Puebla.
Noelia: […]
Usted: Muy bien. Había un ambiente muy agradable. ¿Sabes a quién vimos en el restaurante?
Noelia: […]
Usted: A Rosita, la vecina.
Noelia: […]
Usted: ¿Y tú cómo lo sabes?
Noelia: […]
Usted: El caso es que tu padre y yo estábamos esperando al camarero, cuando de repente apareció ella para atendernos. ¡Qué sorpresa nos llevamos!
Noelia: […]
Usted: Tomamos pozole.
Noelia: […]
Usted: Pozole, un guiso de carne y maíz, que estaba riquísimo.

15

Übung 1

1. c; **2.** b; **3.** d; **4.** a; **5.** e

Übung 2

Reservierung – la reserva
Anmeldung – la matrícula
Kurs – el curso
Unterkunft – el alojamiento

Übung 4

1. Noelia: b, d, f, i;
2. Doña Amparo: a, c, e, g, h

Übung 6

Pläne und Absichten von Noelia und Doña Amparo:
Noelia, ¿tú no querías hacer un curso de inglés en Londres?
Mañana voy a hacer la reserva en la academia.
Pero pienso devolvértelo todo, de verdad.
Pues quiero irme de vacaciones a Benidorm con mis amigas.
También pienso ahorrar un poquito …

perdóname

Übung 7

1: Jordi; **2:** Chema, Noelia; **3:** Noelia; **4:** Rosita; **5:** Chema, Jordi, Noelia, Rosita; **6:** Jordi; **7:** Jordi, Rosita

Übung 9

1. b; **2.** c; **3.** a

Übung 10

(Lösungsvorschlag)

1. El próximo sábado voy a cenar con unos amigos.
2. Pienso pasar mis próximas vacaciones en México.
3. El próximo año quiero comprar un coche nuevo.
4. Tengo ganas de dar un paseo por el centro de la ciudad.

Übung 11 Tipp

1. Mañana tengo que levantarme temprano.
2. ¿Estás afeitándote, Agustín?

Übung 12 Tipp

1. ha estado; **2.** estás

Übung 13 Tipp

1. estoy (a), eres (b); **2.** ha estado
3. estás; **4.** es (a), es (b)

Übung 14
1. desde; **2.** desde hace; **3.** hace

Übung 15 Tipp
1. desde hace; **2.** desde; **3.** hace;
4. desde hace; **5.** desde

Übung 16 Tipp
hija mía

Übung 17 Tipp
1. sus; **2.** tuyo; **3.** tus; **4.** mis, tuyas;
5. suya

Übung 18
¿Adónde piensas ir el próximo verano?
El próximo fin de semana vamos a ir a la fiesta de Noelia.
Perdona, no sabía que estabas aquí.
¿Cómo es que no te han dicho nada?
Siento mucho llegar tarde.
¿Qué quieres hacer el día de tu cumpleaños?
¿No tienes ganas de tomar nada?
¡Qué ganas tengo de hablar con él!
¿Pero qué pasa que no vienes?
El próximo año voy a hacer un curso de inglés.

16

Übung 1
1. h; **2.** d; **3.** a; **4.** f; **5.** g; **6.** c; **7.** e;
8. b

Übung 2
1. h; **2.** e; **3.** g; **4.** c; **5.** f; **6.** d; **7.** a;
8. b

Übung 4
1. c; **2.** a; **3.** a; **4.** b; **5.** c

Übung 6
Vergleichsätze:
La del mío es más grande.
El que tengo en la oficina es mucho mejor.
Es mucho más cómodo que ir a la agencia de viajes.

tarjeta de crédito

Übung 7
Richtige Sätze: 1, 2, 5, 6, 7

Übung 8
Vamos a seguir **buscando**, a ver si encontramos algo…

Übung 9
ofertas; viajes; estancia; estrellas; vuelo; incluido; emilio

Übung 10
las que

Übung 11
1. los; **2.** la; **3.** las; **4.** lo

Übung 12
nos

Übung 13
1. e; **2.** a; **3.** c; **4.** f; **5.** d; **6.** b

Übung 14
estimados; nombre; reservar; doble; restaurante; aparcamiento; atentamente

Tipp 15 15
hace + Zeitraum ▸ *vor*
desde + Zeitpunkt ▸ *seit*
desde hace + Zeitraum ▸ *seit*

Tipp 15 16
Vergessen Sie den Akzent auf dem **i** bei **mía** nicht!

Tipp 15 17
Die unbetonten Possessivpronomen stehen vor dem Substantiv, die betonten Possessivpronomen allein oder nach dem Substantiv.

Übung 15
(Lösungsvorschlag)
Sie: ¿Diga?
Anrufer: [...]
Sie: ¿De parte de quién?
Anrufer: [...]
Sie: Un momento, por favor; ahora se pone.
Anrufer: [...]

Übung 16
1. programa; **2.** pantalla; **3.** informática; **4.** emilio; **5.** navegar; **6.** colgado; **7.** portal

Revision 4

Übung 1
1. c; **2.** d; **3.** e; **4.** b; **5.** a

Übung 2
1. d; **2.** e; **3.** b; **4.** c; **5.** f; **6.** a

Übung 3
(Lösungsvorschläge)
Estoy bien
Estoy cansado / a
Estoy preocupado / a
Estoy aburrido / a
Estoy enfadado / a
Estoy triste
Estoy enfermo / a
Estoy agotado / a
Estoy nervioso / s
Estoy muy contento / a

porque...

no sé dónde está la abuela.
llevo desde las tres esperando al jefe.
mi hija ha llegado muy tarde.
mi familia está lejos.
he dado un largo paseo con mis amigas.
mi amigo me ha regalado un ramo de flores.

Übung 4
1. pensáis, vamos; **2.** piensa, va; **3.** piensas, voy

Übung 5
1. c; **2.** b

Übung 6
(Lösungsvorschlag)
1. Hace sol.
2. Después del colegio jugaba con mis amigos en el parque.
3. Vivo aquí desde hace un par de años.
4. Mañana voy a visitar a mis padres.
5. El próximo año pienso ir de vacaciones a la península de Yucatán.
6. Utilizo el ordenador para navegar por internet y para escribir "emilios".

Übung 7 Tipp
1. dabas; **2.** estábamos, dijeron; **3.** fuisteis; **4.** encantaba; **5.** viajaron; **6.** hacía, decidimos; **7.** vi; **8.** almorzaba

Tipp R4 7
Überlegen Sie jeweils, ob es sich um die Haupthandlung oder um eine Beschreibung bzw. um eine Hintergrundhandlung handelt.

Übung 8
era; estábamos; queríamos; íbamos; propuso

Übung 9
1. –; **2.** a; **3.** a

Übung 10
1. desde; **2.** desde hace; **3.** hace

Übung 11
1. los; **2.** la; **3.** las; **4.** lo

Übung 12
1. sigues; **2.** seguís; **3.** sigo

Übung 13
1. es; **2.** estás; **3.** están

Übung 14
febrero; junio; julio; agosto; octubre

Übung 15
1. g; **2.** d; **3.** f; **4.** a; **5.** c

Übung 16
1. calor; **2.** niebla; **3.** nublado; **4.** frío

Übung 17
1. c; **2.** b; **3.** b

Übung 18
1. la matrícula; **2.** aprender;
3. el diploma

Übung 19 Tipp
1. bombero; **2.** rojo; **3.** sangría;
4. collar; **5.** balcón; **6.** abierto;
7. furgoneta; **8.** marido

Übung 20
1. b; **2.** a

Übung 21
1. la estancia; **2.** el viaje; **3.** el billete;
4. el vuelo; **5.** el alojamiento

Übung 22
fin; fue; hotel; ciudad;
visitamos / fuimos a; nos; vamos; ir

Übung 24
1. c; **2.** d; **3.** a; **4.** b

Tipp **R4 19**

1. Das Lösungswort ist keine Verwandtschaftsbezeichnung.
2. Das Lösungswort ist kein Getränk.
3. Das Lösungswort ist kein Einrichtungsgegenstand.
4. Das Lösungswort ist keine Charaktereigenschaft.
5. Das Lösungswort ist kein persönlicher Gegenstand.
6. Das Lösungswort ist kein Beruf.
7. Das Lösungswort ist kein Gericht.
8. Das Lösungswort ist kein Lebensmittel.

§ 1 Das Alphabet

Buchstaben	spanische Aussprache	Buchstaben	spanische Aussprache
a	a	**n**	ene
b	be	**ñ**	eñe
c	ce	**o**	o
ch	che, ce hache	**p**	pe
d	de	**q**	cu
e	e	**r, rr**	ere, erre
f	efe	**s**	ese
g	ge	**t**	te
h	hache	**u**	u
i	i	**v**	uve
j	jota	**w**	uve doble
k	ca	**x**	equis
l	ele	**y**	i griega
ll	elle	**z**	zeta
m	eme		

§ 2 Die Aussprache

Buchstabe	Stellung	Aussprache und fonetisches Zeichen	Beispiel
b und **v**	am Wortanfang zwischen Vokalen	[b] wie **b** in *bunt* [β] weicher, zwischen **b** und **v**	**B**arcelona, **v**iaje Boli**v**ia, La Ha**b**ana
c	vor **e**, **i** vor **a**, **o**, **u**	[θ] gelispelt wie im englischen *think* (*) [k] wie in *Käse*	**c**erveza **C**olombia, **C**uba
ch		[tʃ] wie **tsch** in *Tschüss*	**Ch**ile
g	vor **e**, **i**	[x] wie **ch** in *Ach!*	Ar**g**entina
gue/gui		[g] wie in *Geld* bzw. *Gitter* (**)	**Gui**tarra, **gue**rrilla
h		wird nicht ausgesprochen	**h**ola
j		[x] wie **ch** in *Ach!*	via**j**e
ll		[j] wie **j** in *Ja*, manchmal auch [l] wie etwa *lj*	pae**ll**a
ñ		[ɲ] wie **gn** in *Cognac*	Espa**ñ**a
qu		[k] wie in *Käse*	¿**Qu**é tal? **Qu**ito
r	im Wort am Wortanfang	[r] gerollt (mit der Zungenspitze) (***) [rr] stark gerollt	Pe**r**ú, ho**r**a **R**osita
rr		[rr] stark gerollt	guita**rr**a
x		[ks] wie im Deutschen Ausnahmen: wie das spanische **j**	ta**x**i Mé**x**ico
y	am Wortanfang und zwischen Vokalen ansonsten	[j] wie **j** in *ja* [i] wie **i**	**y**o, pla**y**a so**y**, Chema **y** Jordi
z		[θ] gelispelt wie im englischen *think* (*)	cerve**z**a

(*) In Lateinamerika und in einigen Gegenden Südspaniens (Andalusien, Kanarischen Inseln) wird anstelle des Lispellauts [θ] ein **s** ausgesprochen.

(**) In wenigen Wörtern muss das **u** bei **gue** und **gui** jedoch ausgesprochen werden. Dann wird dies durch zwei Pünktchen auf dem **u** angedeutet (**la cigüeña**, *der Storch*).

(***) Das einfache **r** entsteht im Spanischen nicht in der Gurgel, sondern in der Mundhöhle. Die ausatmende Luft wird durch ein kurzes Ansetzen der breiten Zungenspitze auf den vorderen Gaumen kurz unterbrochen.

Die spanische Sprache hat auch viele dialektale Färbungen und Unterschiede in der Aussprache. Sie sind jedoch nicht so groß, dass sie die Verständigung unter den verschiedenen spanischsprachigen Ländern behindern.

§ 3 Betonung und Akzentsetzung

1. Die meisten spanischen Wörter werden auf der vorletzten Silbe betont. Es sind Wörter, die auf Vokal, **-n** oder **-s** enden:
   amigo, **baños**, **examen**, **familia** (**-lia** zählt als eine Silbe)
2. Wörter, die auf Konsonant (außer **-n** und **-s**) enden, werden auf der letzten Silbe betont:
   español, **usted**, **señor**
3. Wörter, die von diesen Regeln abweichen, brauchen einen Akzent, der zeigt, auf welche Silbe die Betonung fällt:
   sofá, **balcón**, **carácter**, **teléfono**
4. Fragewörter tragen im Spanischen immer einen Akzent:
   ¿Qué? ¿Dónde? ¿Cómo? – *Was? Wo? Wie?*
5. Der Akzent wird auch verwendet, um die Bedeutung einsilbiger Wörter zu unterscheiden:

el – *der* (Artikel)	**él** – *er* (Personalpronomen)
tu – *dein(e)* (Possessivadjektiv)	**tú** – *du* (Personalpronomen)

6. Wird bei der Pluralbildung die Silbe **-es** an ein Wort angehängt, so verliert oder bekommt dieses Wort einen Akzent, damit dieselbe Wortsilbe auch im Plural betont bleibt:

el catalán	**los catalanes**
der Katalane	*die Katalanen*
el joven	**los jóvenes**
der Jugendliche	*die Jugendlichen*

§ 4 Die Artikel

1. Der bestimmte Artikel

	männlich	weiblich
Singular	**el**	**la**
Plural	**los**	**las**

Bsp.: **el sombrero – los sombreros**
der Hut – die Hüte
la información – las informaciones
die Information – die Informationen

Beachten Sie folgende Besonderheit: Wenn ein weibliches Substantiv mit einem betonten **a-** anfängt, wird es anstatt des weiblichen bestimmten Artikels **la** von dem männlichen **el** begleitet. Das Wort bleibt aber weiblich. Dies dient lediglich dazu, beim Sprechen den bestimmten Artikel von dem Substantiv zu unterscheiden: **el agua** (weiblich) – *das Wasser*.

2. Der unbestimmte Artikel

	männlich	weiblich
Singular	**un**	**una**
Plural	**unos**	**unas**

Bsp.: **un español** *(ein Spanier)*
una española *(eine Spanierin)*

Die unbestimmten Artikel haben auch eine Pluralform, die eine unbestimmte Menge angibt.
Bsp.: **Tengo unos buenos amigos en Madrid.**
Ich habe (einige) gute Freunde in Madrid.

Der unbestimmte Artikel im Plural kann jedoch auch im Spanischen weggelassen werden:
Bsp.: **Tengo buenos amigos en Madrid.**
Ich habe gute Freunde in Madrid.

§ 5 Die Substantive

Die spanischen Substantive sind entweder männlich oder weiblich.
Bsp.: **la luna** – *der Mond*; **el sol** – *die Sonne*.

Zum Geschlecht der Substantive gilt im Allgemeinen:
- Wörter, die auf **-o** enden, sind meistens männlich: **el piso** *(die Wohnung)*, **el amigo** *(der Freund)*
- Wörter, die auf **-a** enden, sind meistens weiblich: **la hora** *(die Stunde)*, **la amiga** *(die Freundin)*
- Wörter, die auf **-e** oder auf Konsonant enden, können männlich oder weiblich sein: **el viaje** *(die Reise)*, **la mujer** *(die Frau)*
- Wörter, die auf **-dad** enden, sind weiblich: **la verdad** *(die Wahrheit)*
- Wörter, die auf **-ción** enden, sind weiblich: **la información** *(die Information)*
- Wörter, die auf **-ema** enden, sind männlich: **el sistema** *(das System)*, **el tema** *(das Thema)*
- Wörter, die Personen bezeichnen und auf **-ista** enden, können männlich und weiblich sein: **el turista** *(der Tourist)* / **la turista** *(die Touristin)*

Es gibt aber auch Ausnahmen:
- Weibliche Substantive auf **-o**: **la foto** *(das Foto)*, **la radio** *(das Radio)*, **la mano** *(die Hand)*, usw.
- Männliche Substantive auf **-a**: **el día** *(der Tag)*

Um die Mehrzahl zu bilden, fügt man Substantiven ein **-s** hinzu.
Bsp.: **curso – cursos**; **hora – horas**

Substantiven, die mit Konsonant enden, fügt man **-es** hinzu.
Bsp.: **español – españoles**; **verdad – verdades**

§ 6 Das Adjektiv

1. Adjektive richten sich in Geschlecht und Zahl nach dem Substantiv, auf das sie sich beziehen:
   Maite ha comprado una casa nueva.
   Maite hat ein neues Haus gekauft.
   Ese chico es muy simpático.
   Dieser Junge ist sehr sympathisch.
2. Adjektive, die auf **-o** enden, bilden die weibliche Form auf **-a** (für die Pluralbildung gelten dieselben Regeln wie für Substantive):

	Singular	Plural
männlich	**un escritorio pequeño** *ein kleiner Schreibtisch*	**escritorios pequeños** *kleine Schreibtische*
weiblich	**una cocina pequeña** *eine kleine Küche*	**cocinas pequeñas** *kleine Küchen*

3. Adjektive die auf **-e** oder Konsonant enden, haben nur eine Form für männlich und weiblich (für die Pluralbildung gelten dieselben Regeln wie für Substantive):

	Singular	Plural
männlich	**un piso grande** *eine große Wohnung*	**pisos grandes** *große Wohnungen*
weiblich	**una cama grande** *ein großes Bett*	**camas grandes** *große Betten*

	Singular	Plural
männlich	**un viaje internacional** *eine internationale Reise*	**viajes internacionales** *internationale Reisen*
weiblich	**una ciudad internacional** *eine internationale Stadt*	**ciudades internacionales** *internationale Städte*

▼

4. Die Adjektive stehen meist nach dem Substantiv:
   ¡Somos un piso interesante!
   Wir sind eine interessante Wohngemeinschaft!

   Einige Adjektive können aber auch vor dem Substantiv stehen, z. B. wenn eine subjektive Bewertung ausgedrückt wird:
   Es una bella mujer.
   Sie ist eine schöne Frau.

   Vorangestellt werden **mucho**, **poco** und Adjektive in Grußformeln und Wünschen:
   Tengo mucho trabajo.
   Ich habe viel Arbeit.
   Hoy hay poco tráfico.
   Heute gibt es wenig Verkehr.
   ¡Buenos días!
   Guten Tag! / Guten Morgen!
   ¡Felices vacaciones!
   Schöne Ferien!

5. Einige Adjektive werden vor männlichen Substantiven im Singular verkürzt:

bueno ▸ buen	**un buen vino** *ein guter Wein*
malo ▸ mal	**un mal estudiante** *ein schlechter Student*

6. Bezieht sich ein Adjektiv auf mehrere Substantive oder Personen verschiedenen Geschlechts, so wird die männliche Pluralform verwendet:
   ¡El piso y la terraza son estupendos!
   Die Wohnung und die Terrasse sind super!

7. Bei der Pluralbildung kann es zu Änderungen in der Schreibweise oder in der Akzentsetzung kommen:
   El niño está feliz. – *Das Kind ist glücklich.*
   Los niños están felices. –
   Die Kinder sind glücklich.
   Chema es joven. – *Chema ist jung.*
   Chema y Jordi son jóvenes. –
   Chema und Jordi sind jung.

§ 7 Nationalitätsadjektive / Berufsbezeichnungen

Im Spanischen sind Nationalitätsbezeichnungen immer Adjektive. Zusammen mit den Berufsbezeichnungen werden sie nach ihrer Endung klassifiziert:

- Wörter mit Endung auf **-o** bzw. **-a** für die männliche bzw. weibliche Form:
  mexicano / mexicana
  Mexikaner/in, mexikanisch
  el ingeniero / la ingeniera
  der Ingenieur/die Ingenieurin
- Wörter mit Endung auf Konsonant, welche die weibliche Form durch Anhängen von **-a** bilden:
  español / española
  Spanier/in, spanisch
  el profesor / la profesora
  der Lehrer/die Lehrerin
- Wörter mit Endung auf **-a** oder **-e** bleiben unverändert:
  canadiense / canadiense
  Kanadier/in, kanadisch
  el estudiante / la estudiante
  der Student/die Studentin
  belga
  Belgier/in, belgisch
  el taxista / la taxista
  der Taxifahrer/die Taxifahrerin

Die Pluralformen werden wie die Substantive gebildet:

mexicano-s	**mexicana-s**
español-es	**española-s**
canadiense-s	**canadiense-s**

Die Nationalitätsadjektive stehen immer nach dem Substantiv:
Chema es un chico español.
Chema ist ein spanischer Junge.

Neben den bisher genannten drei Wortklassen gibt es für die Nationalitätsadjektive darüber hinaus folgendes Schema:
iraní – *Iraner/in*
paquistaní – *Pakistaner/in*
iraquí – *Iraker/in*

§ 8 Die Verkleinerung

Verkleinerungsformen sind im Spanischen sehr geläufig und auch als Koseformen sehr beliebt. Sie werden durch Anhängen der Endung **-ito / -ita** gebildet:
¿Me pone una lechuguita (◀ lechuga)?
Geben Sie mir einen kleinen Kopfsalat (= Kopfsalätchen)?

In diesem Beispielsatz ist zu beachten, dass **-g-** zu **-gu-** wird, damit die Aussprache erhalten bleibt.

Bei Wörtern auf **-e** oder auf Konsonant wird die Endung **-cito / -cita** verwendet:
¿Tomamos un cafecito (◀ café) aquí?
Trinken wir einen kleinen Kaffee (= Käffchen) hier?

Diesem Beispielsatz können Sie entnehmen, dass es eventuell auch zu Akzentänderungen kommt.

Bei Wörtern, die **-z-**, **-c-** oder **-g-** in der letzten Silbe haben, treten folgende Änderungen in der Schreibweise auf, damit die Aussprache erhalten bleibt:

-z- ▶ **-c-**, z. B. **terraza** ▶ **terracita**
-c- ▶ **-qu-**, z. B. **un poco** ▶ **un poquito**
-g- ▶ **-gu-**, z. B. **lechuga** ▶ **lechuguita**

§ 9 Das Adverb

Während die Adjektive ein Substantiv näher bestimmen, bestimmen Adverbien ein Verb, ein Adjektiv, ein anderes Adverb oder einen ganzen Satz.
z. B.:
In dem Satz *Das ist ein gutes Restaurant* definiert das Wort *gutes* das Substantiv (wie das Restaurant ist), d. h. es ist ein Adjektiv.
In dem Satz *In dem Restaurant isst man gut* definiert das Wort *gut* das Verb (wie man isst), d. h. es ist ein Adverb.
Adverbien sind im Gegensatz zu den Adjektiven unveränderlich.

1. Adverbien auf *-mente*

Adverbien können im Spanischen von Adjektiven abgeleitet werden, indem man die Endung **-mente** an die weibliche Form des Adjektivs anhängt:
seguro / -a *(sicher)* ▶ **seguramente** *(sicherlich)*

Wenn das Adjektiv nur eine Form für männlich und weiblich hat, hängt man direkt die Endung **-mente** an:
fácil *(einfach)* ▶ **fácilmente** *(einfach, mühelos)*

! Wenn das Adjektiv einen Akzent trägt, bleibt er auch beim Adverb erhalten.

2. Unregelmäßige Adverbien

Bien und **mal** sind die entsprechenden Adverbien zu den Adjektiven **bueno / a** und **malo / a**:
Ellos se llevan bien.
Sie verstehen sich gut.
Ese chico me cae mal.
Ich mag diesen Jungen nicht.

3. Adverbien bzw. adverbiale Ausdrücke der Häufigkeit

siempre	*immer*
normalmente	*normalerweise*
con frecuencia	*oft, häufig*
varias veces	*mehrmals*
algunas veces	*einige Male*
a veces	*manchmal*
una vez	*einmal*
raramente	*selten*
casi nunca	*fast nie*
nunca	*nie*
todos los días	*jeden Tag*
cada día	*jeden Tag*
una vez al día / a la semana	*einmal am Tag / in der Woche*
una vez por día / por semana*	*einmal am Tag / in der Woche*
dos veces al mes / al año	*zweimal im Monat / im Jahr*

▼

dos veces por mes / por año* *zweimal im Monat / im Jahr*

* Statt der Präposition **a** kann man die Präposition **por** ohne Artikel benutzen: **una vez por año** *(einmal pro Jahr)*; man verwendet aber eher die Präposition **a**.

§ 10 Der Vergleich

Bei Gleichheit:

tan + Adjektiv + como *(so … wie)*

Para mí hacer deporte es <u>tan</u> importante <u>como</u> salir con los amigos.
Für mich ist Sport treiben so wichtig wie mit den Freunden auszugehen.

tanto / -a / -os / -as + Substantiv + como *(so viel(e) … wie)*

Chema tiene <u>tantos</u> amigos <u>como</u> Jordi.
Chema hat so viele Freunde wie Jordi.

Tanto / -a / -os / -as stimmt mit dem Substantiv in Geschlecht und Zahl überein.

Bei Überlegenheit:

más + Adjektiv + que

Comer en la cantina es <u>más</u> práctico <u>que</u> comer en casa.
In der Kantine zu essen ist praktischer als zu Hause zu essen.

Bei Unterlegenheit:

menos + Adjektiv + que

Comer en casa es <u>menos</u> práctico <u>que</u> comer en la cantina.
Zu Hause zu essen ist weniger praktisch als in der Kantine zu essen.

Einige Adjektive haben unregelmäßige Formen für den Vergleich der Überlegenheit, z. B.:

bueno / -a *(gut)* ▸ **mejor** *(besser)*
malo / -a *(schlecht)* ▸ **peor** *(schlechter)*

§ 11 Die Steigerung

Ein sehr hoher Grad oder der höchste Grad einer Eigenschaft wird ausgedrückt, indem man das Adverb **muy** verwendet oder die Endung **-ísimo / -a / -os / -as** anhängt, und zwar wie folgt:

- Bei Adjektiven, die auf Konsonant enden, wird direkt **-ísimo** angehängt:
  muy fácil ▸ facil<u>ísimo</u> *sehr leicht*
- Bei Adjektiven, die auf Vokal enden, wird **-ísimo** anstelle des Endvokals angefügt:
  muy caro ▸ car<u>ísimo</u> *sehr teuer*
  muy grande ▸ grand<u>ísimo</u> *sehr groß*

Damit die Aussprache erhalten bleibt, muss man manchmal die Schreibweise ändern:
muy largo ▸ lar<u>gu</u>ísimo *sehr lang*
muy rico ▸ ri<u>qu</u>ísimo *sehr reich*

Besonders ausdrucksstarke Adjektive, wie z. B. **fantástico**, können keine Form mit der Endung **-ísimo** bilden. Stattdessen kann man sie mit **realmente** verstärken:
fantástico ▸ realmente fantástico
toll ▸ echt toll

§ 12 *muy / mucho*

Muy *(sehr)* und **mucho** als Adverb *(sehr, viel)* sind unveränderlich.

Muy steht vor Adjektiven (z. B. **amable**) oder Adverbien (z. B. **tarde**):
Es un chico muy amable.
Er ist ein sehr netter Junge.
¡Es muy tarde! – *Es ist sehr spät!*

Mucho steht nach dem Verb, auf das es sich bezieht, oder allein:
Nos hemos divertido mucho.
Wir haben uns sehr amüsiert.
¿Le ha gustado, abuela? – ¡Mucho!
Hat es Ihnen gefallen, Großmutter? – Sehr!

▼

! Aufgepasst: **mucho** kann auch als Adjektiv auftreten, d. h. in diesem Fall gleicht es sich an das Substantiv an, auf das es sich bezieht:
Tengo muchas amigas en México.
Ich habe viele Freundinnen in Mexiko.

§ 13 Regelmäßige Verben

Die Verben im Spanischen werden ihren Infinitivendungen entsprechend in drei Gruppen eingeteilt:

1. Konjugation: Verben mit Endung auf **-ar**
2. Konjugation: Verben mit Endung auf **-er**
3. Konjugation: Verben mit Endung auf **-ir**

Die regelmäßigen Verben werden im Präsens folgendermaßen konjugiert:

1. Regelmäßige Verben auf *-ar*:

An den Wortstamm (d. h. was übrig bleibt, wenn man die Endung **-ar** weglässt) werden die folgenden Endungen angehängt:

trabaj-ar *(arbeiten)*

yo	trabaj-**o**	*ich arbeite*
tú	trabaj-**as**	*du arbeitest*
él, ella, usted	trabaj-**a**	*usw.*
nosotros, nosotras	trabaj-**amos**	
vosotros, vosotras	trabaj-**áis**	
ellos, ellas, ustedes	trabaj-**an**	

2. Regelmäßige Verben auf *-er*:

An den Wortstamm werden die folgenden Endungen angehängt:

com-er *(essen)*

yo	com-**o**	*ich esse*
tú	com-**es**	*du isst*
él, ella, usted	com-**e**	*usw.*
nosotros, nosotras	com-**emos**	
vosotros, vosotras	com-**éis**	
ellos, ellas, ustedes	com-**en**	

3. Regelmäßige Verben auf *-ir*:

An den Wortstamm werden die folgenden Endungen angehängt:

viv-ir *(wohnen, leben)*

yo	viv-**o**	*ich wohne*
tú	viv-**es**	*du wohnst*
él, ella, usted	viv-**e**	*usw.*
nosotros, nosotras	viv-**imos**	
vosotros, vosotras	viv-**ís**	
ellos, ellas, ustedes	viv-**en**	

§ 14 Unregelmäßige Verben

Die unregelmäßigen Verben werden im Präsens folgendermaßen konjugiert:

1. Unregelmäßige Verben in der ersten Person Singular:

estar *(sein, sich befinden, liegen)*

yo	**estoy**	*ich bin*
tú	**est-ás**	*du bist*
él, ella, usted	**est-á**	*er, sie ist / Sie sind*
nosotros, nosotras	**est-amos**	*wir sind*
vosotros, vosotras	**est-áis**	*ihr seid*
ellos, ellas, ustedes	**est-án**	*sie, Sie sind*

Weitere unregelmäßige Verben in der ersten Person Singular:

hacer *(machen, tun)* ▸ yo ha**g**o
poner *(stellen, legen, geben)* ▸ yo pon**g**o
traer *(bringen)* ▸ yo trai**g**o
conocer *(kennen)* ▸ yo cono**zc**o
saber *(wissen)* ▸ yo **sé**
ver *(sehen)* ▸ yo **veo**
▾

2. Unregelmäßige Verben mit Änderung im Stamm:

Bei einigen Verben ändert sich der Stammvokal bei den Formen, bei denen die Betonung auf den Wortstamm fällt (das sind alle Personen außer **nosotros** und **vosotros**):

e ▶ ie

querer *(wollen, möchten)*

yo	**quier**-o	*ich will*
tú	**quier**-es	*du willst*
él, ella, usted	**quier**-e	*usw.*
nosotros, nosotras	quer-emos	
vosotros, vosotras	quer-éis	
ellos, ellas, ustedes	**quier**-en	

preferir *(vorziehen)*

yo	pref**ier**-o	*ich ziehe vor*
tú	pref**ier**-es	*du ziehst vor*
él, ella, usted	pref**ier**-e	*usw.*
nosotros, nosotras	prefer-imos	
vosotros, vosotras	prefer-ís	
ellos, ellas, ustedes	pref**ier**-en	

Dies gilt ebenso für folgende Verben:
empezar *(anfangen)*
pensar *(denken)*
sentirse *(sich fühlen)*

o ▶ ue

poder *(können, dürfen)*

yo	p**ue**d-o	*ich kann*
tú	p**ue**d-es	*du kannst*
él, ella, usted	p**ue**d-e	*usw.*
nosotros, nosotras	pod-emos	
vosotros, vosotras	pod-éis	
ellos, ellas, ustedes	p**ue**-den	

Dies gilt ebenso für folgende Verben:
almorzar *(zu Mittag essen)*
acostarse *(ins Bett gehen)*
dormir *(schlafen)*
doler *(weh tun)*

Bitte beachten Sie: Das Verb **doler** wird mit einem indirekten Pronomen verwendet:
Me duele la mano. – *Mir tut die Hand weh.*

e ▶ i

seguir *(weitergehen, weitermachen)*

yo	s**i**g-o	*ich gehe weiter*
tú	s**i**gu-es	*du gehst weiter*
él, ella, usted	s**i**gu-e	*usw.*
nosotros, nosotras	segu-imos	
vosotros, vosotras	segu-ís	
ellos, ellas, ustedes	s**i**gu-en	

Dies gilt ebenso für folgende Verben:
conseguir *(erreichen, finden)*
elegir *(wählen, auswählen)*
freír *(frittieren, braten)*
pedir *(bestellen)*
repetir *(wiederholen)*
servir *(dienen)*
vestir *(kleiden)*

Bei den Verben **seguir**, **conseguir** und **elegir** ist außerdem zu beachten, dass es in der ersten Person Singular zu einer orthographischen Veränderung kommt, damit die Aussprache erhalten bleibt.

-gu- ▶ -g-:	se**gu**ir ▶ si**g**o
	conse**gu**ir ▶ consi**g**o
-g- ▶ -j-:	ele**g**ir ▶ eli**j**o

3. Gemischte Verben:

Diese Verben haben nicht nur eine unregelmäßige erste Person Singular, sondern sie weisen auch eine Veränderung des Stammvokals auf.

tener *(haben)*

yo	ten**g**-o	*ich habe*
tú	t**ie**n-es	*du hast*
él, ella, usted	t**ie**n-e	*usw.*
nosotros, nosotras	ten-emos	
vosotros, vosotras	ten-éis	
ellos, ellas, ustedes	t**ie**n-en	

▼

decir *(sagen)*

yo	dig-o	*ich sage*
tú	dic-es	*du sagst*
él, ella, usted	dic-e	*usw.*
nosotros, nosotras	dec-imos	
vosotros, vosotras	dec-ís	
ellos, ellas, ustedes	dic-en	

4. Sehr unregelmäßige Verben:

ser *(sein)*

yo	**soy**	*ich bin*
tú	**eres**	*du bist*
él, ella, usted	**es**	*usw.*
nosotros, nosotras	**somos**	
vosotros, vosotras	**sois**	
ellos, ellas, ustedes	**son**	

ir *(gehen)*

yo	**voy**	*ich gehe*
tú	**vas**	*du gehst*
él, ella, usted	**va**	*usw.*
nosotros, nosotras	**vamos**	
vosotros, vosotras	**vais**	
ellos, ellas, ustedes	**van**	

§ 15 Das Perfekt / Form und Gebrauch

1. Form

Das Perfekt besteht aus zwei Teilen:
Form von **haber** + Partizip vom Verb (unveränderlich)

z. B. **he** **trabajado**
ich habe *gearbeitet*

Die Verben auf **-ar** (z. B. **trabajar**) bilden das Partizip mit der Endung **-ado** (z. B. **trabajado**). Die Verben auf **-er** und **-ir** (z. B. **comer**, **vivir**) bilden das Partizip mit der Endung **-ido** (z. B. **comido**, **vivido**).

So wird die ganze Form konjugiert:

yo	**he**	*habe*	**trabajado**
tú	**has**	*hast*	*gearbeitet*
él, ella, usted	**ha**	*hat*	**comido**
nosotros, nosotras	**hemos**	*haben*	*gegessen*
vosotros, vosotras	**habéis**	*habt*	**vivido**
ellos, ellas, ustedes	**han**	*haben*	*gewohnt*

Im Folgenden einige unregelmäßige Formen des Partizips:

abrir ▸ **abierto** *(geöffnet)*
decir ▸ **dicho** *(gesagt)*
escribir ▸ **escrito** *(geschrieben)*
hacer ▸ **hecho** *(gemacht)*
poner ▸ **puesto** *(gestellt, gesetzt, gelegt)*
ver ▸ **visto** *(gesehen)*
volver ▸ **vuelto** *(zurückgekehrt)*

Wenn ein Pronomen – sei es im Akkusativ oder Dativ oder sei es ein Reflexivpronomen – ein Verb im Perfekt begleitet, steht es unmittelbar vor dem Verb:
¿Has visto a la abuela en el bar de Paco?
Hast du die Großmutter in der Bar von Paco gesehen?
Sí, la he visto. *Ja, ich habe sie gesehen.*

Im Fall einer Verneinung steht diese nicht wie sonst üblich direkt vor dem Verb, sondern vor dem Pronomen:
No, no la he visto.
Nein, ich habe sie nicht gesehen.

2. Gebrauch

Das Perfekt ist eine Vergangenheitsform, die in enger Beziehung zur Gegenwart steht. Es wird deshalb zusammen mit Zeitangaben gebraucht, die auf die Gegenwart bzw. auf einen noch gegenwärtigen Zeitraum hinweisen: **hoy** *(heute)*, **esta mañana** *(heute morgen)*, **esta semana** *(diese Woche)*, **este año** *(dieses Jahr)*.

¿Qué has hecho hoy?
Was hast du heute gemacht?

▾

Este año he trabajado mucho.
Dieses Jahr habe ich viel gearbeitet.

Außerdem wird das Perfekt für Ereignisse gebraucht, deren Zeitpunkt nicht näher bestimmt wird bzw. keine Rolle spielt, z. B. **alguna vez** *(einmal)*, **todavía no** *(noch nicht)*, **muchas veces** *(oft)*, **nunca** *(nie/niemals)*.

¿Has estado alguna vez en Madrid?
Bist du schon einmal in Madrid gewesen?
No hemos ido nunca a Valencia.
Wir sind nie nach Valencia gefahren.

§ 16 Das Indefinido / Form und Gebrauch

1. Form

Regelmäßige Formen

Verben auf **-ar**:

yo	**trabaj-é**	*ich arbeitete*
tú	**trabaj-aste**	*du arbeitetest*
él, ella, usted	**trabaj-ó**	*usw.*
nosotros, nosotras	**trabaj-amos**	
vosotros, vosotras	**trabaj-asteis**	
ellos, ellas, ustedes	**trabaj-aron**	

Verben auf **-er**:

yo	**com-í**	*ich aß*
tú	**com-iste**	*du aßest*
él, ella, usted	**com-ió**	*usw.*
nosotros, nosotras	**com-imos**	
vosotros, vosotras	**com-isteis**	
ellos, ellas, ustedes	**com-ieron**	

Verben auf **-ir**:

yo	**viv-í**	*ich wohnte*
tú	**viv-iste**	*du wohntest*
él, ella, usted	**viv-ió**	*usw.*
nosotros, nosotras	**viv-imos**	
vosotros, vosotras	**viv-isteis**	
ellos, ellas, ustedes	**viv-ieron**	

Unregelmäßige Formen

ser und **ir**
Diese Verben haben im Indefinido identische Formen (die jeweilige Bedeutung wird durch den Kontext klar):

yo	**fui**	*ich war/ging*
tú	**fuiste**	*du warst/gingst*
él, ella, usted	**fue**	*usw.*
nosotros, nosotras	**fuimos**	
vosotros, vosotras	**fuisteis**	
ellos, ellas, ustedes	**fueron**	

Verben mit unregelmäßigem Stamm (für alle gelten jedoch die gleichen Endungen):

tener

yo	**tuv-e**	*ich hatte*
tú	**tuv-iste**	*du hattest*
él, ella, usted	**tuv-o**	*usw.*
nosotros, nosotras	**tuv-imos**	
vosotros, vosotras	**tuv-isteis**	
ellos, ellas, ustedes	**tuv-ieron**	

estar

yo	**estuv-e**	*ich war*
tú	**estuv-iste**	*du warst*
él, ella, usted	**estuv-o**	*usw.*
nosotros, nosotras	**estuv-imos**	
vosotros, vosotras	**estuv-isteis**	
ellos, ellas, ustedes	**estuv-ieron**	

saber

yo	**sup-e**	*ich wusste*
tú	**sup-iste**	*du wusstest*
él, ella, usted	**sup-o**	*usw.*
nosotros, nosotras	**sup-imos**	
vosotros, vosotras	**sup-isteis**	
ellos, ellas, ustedes	**sup-ieron**	

▼

poder

yo	**pud-e**	*ich konnte*
tú	**pud-iste**	*du konntest*
él, ella, usted	**pud-o**	*usw.*
nosotros, nosotras	**pud-imos**	
vosotros, vosotras	**pud-isteis**	
ellos, ellas, ustedes	**pud-ieron**	

poner

yo	**pus-e**	*ich stellte*
tú	**pus-iste**	*du stelltest*
él, ella, usted	**pus-o**	*usw.*
nosotros, nosotras	**pus-imos**	
vosotros, vosotras	**pus-isteis**	
ellos, ellas, ustedes	**pus-ieron**	

Das Verb **proponer** *(vorschlagen)* wird wie **poner** konjugiert.

Achtung! Das Indefinido von **hay** *(es gibt)* lautet **hubo**.

querer

yo	**quis-e**	*ich wollte*
tú	**quis-iste**	*du wolltest*
él, ella, usted	**quis-o**	*usw.*
nosotros, nosotras	**quis-imos**	
vosotros, vosotras	**quis-isteis**	
ellos, ellas, ustedes	**quis-ieron**	

venir

yo	**vin-e**	*ich kam (mit)*
tú	**vin-iste**	*du kamst (mit)*
él, ella, usted	**vin-o**	*usw.*
nosotros, nosotras	**vin-imos**	
vosotros, vosotras	**vin-isteis**	
ellos, ellas, ustedes	**vin-ieron**	

hacer (in der dritten Person Singular wird ein Buchstabe ausgetauscht: **c ▶ z**)

yo	**hic-e**	*ich machte*
tú	**hic-iste**	*du machtest*
él, ella, usted	**hiz-o**	*usw.*
nosotros, nosotras	**hic-imos**	
vosotros, vosotras	**hic-isteis**	
ellos, ellas, ustedes	**hic-ieron**	

decir (in der dritten Person Plural wird ein Buchstabe der Endung weggelassen: **ieron ▶ eron**)

yo	**dij-e**	*ich sagte*
tú	**dij-iste**	*du sagtest*
él, ella, usted	**dij-o**	*usw.*
nosotros, nosotras	**dij-imos**	
vosotros, vosotras	**dij-isteis**	
ellos, ellas, ustedes	**dij-eron**	

Dies gilt ebenso für das Verb **traer**:

yo	**traj-e**	*ich brachte*
tú	**traj-iste**	*du brachtest*
él, ella, usted	**traj-o**	*usw.*
nosotros, nosotras	**traj-imos**	
vosotros, vosotras	**traj-isteis**	
ellos, ellas, ustedes	**traj-eron**	

Bei den Verben auf **-ir**, die im Präsens einen Vokalwechsel haben (z. B. **pedir ▶ (yo) pido**, **divertirse ▶ (yo) me divierto**), wechselt auch im Indefinido der Stammvokal immer von **e** zu **i**, aber nur in der dritten Person Singular und Plural:

yo	**ped-í**	*ich bestellte*
tú	**ped-iste**	*du bestelltest*
él, ella, usted	**pid-ió**	*usw.*
nosotros, nosotras	**ped-imos**	
vosotros, vosotras	**ped-isteis**	
ellos, ellas, ustedes	**pid-ieron**	

Dies gilt ebenso für das Verb **divertirse** *(sich amüsieren)*.

▼

Auch bei den Verben auf **-ir**, die im Präsens den Vokalwechsel **o ▸ ue** aufweisen (z. B. **dormir ▸ (yo) duermo**), wechselt im Indefinido der Stammvokal immer von **o** zu **u**, aber nur in der dritten Person Singular und Plural:

yo	**dorm-í**	*ich schlief*
tú	**dorm-iste**	*du schliefst*
él, ella, usted	**durm-ió**	*usw.*
nosotros, nosotras	**dorm-imos**	
vosotros, vosotras	**dorm-isteis**	
ellos, ellas, ustedes	**durm-ieron**	

Einige Verben ändern ihre Schreibweise im Indefinido, damit die Aussprache erhalten bleibt. So werden **c**, **z** oder **g** am Ende des Wortstamms vor dem **e** der ersten Person Singular zu **qu**, **c** oder **gu**:

buscar

yo	**busqu-é**	*ich suchte*
tú	**busc-aste**	*du suchtest*
él, ella, usted	**busc-ó**	*usw.*
nosotros, nosotras	**busc-amos**	
vosotros, vosotras	**busc-asteis**	
ellos, ellas, ustedes	**busc-aron**	

empezar

yo	**empec-é**	*ich fing an*
tú	**empez-aste**	*du fingst an*
él, ella, usted	**empez-ó**	*usw.*
nosotros, nosotras	**empez-amos**	
vosotros, vosotras	**empez-asteis**	
ellos, ellas, ustedes	**empez-aron**	

llegar

yo	**llegu-é**	*ich kam an*
tú	**lleg-aste**	*du kamst an*
él, ella, usted	**lleg-ó**	*usw.*
nosotros, nosotras	**lleg-amos**	
vosotros, vosotras	**lleg-asteis**	
ellos, ellas, ustedes	**lleg-aron**	

Bei einigen Verben wie **leer** kommt es zu einer Veränderung des Endungsvokals **i ▸ y**, aber nur in der dritten Person Singular und Plural:

yo	**le-í**	*ich las*
tú	**le-íste**	*du last*
él, ella, usted	**le-yó**	*usw.*
nosotros, nosotras	**le-ímos**	
vosotros, vosotras	**le-ísteis**	
ellos, ellas, ustedes	**le-yeron**	

Achten Sie dabei auf die Akzente auf dem Vokal **i**.

Dies gilt ebenso für das Verb **creer** *(glauben)*.

2. Gebrauch

Das Indefinido drückt Handlungen oder Ereignisse aus, die vom Sprechenden als abgeschlossen betrachtet werden. Deshalb steht das Indefinido häufig in Verbindung mit Zeitangaben wie z. B. **el otro día** *(neulich)*, **ayer** *(gestern)*, **la semana pasada** *(letzte Woche)*, **el mes pasado** *(letzten Monat)*, **el año pasado** *(letztes Jahr)*, **en 1970** *(1970)*.

El otro día vi a Rosita en el médico y hablamos un rato.
Neulich sah ich Rosita beim Arzt und wir redeten eine Weile.

Das Indefinido wird in einigen Regionen Spaniens und in den meisten Ländern Lateinamerikas anstelle des Perfekts benutzt:
¿Adónde fuiste hoy? / ¿Adónde has ido hoy?
Wohin gingst du heute? / Wohin bist du heute gegangen?

§ 17 Das Imperfekt / Form und Gebrauch

1. Form

Das Imperfekt (**imperfecto**) ist eine weitere Vergangenheitsform.
▼

Regelmäßige Formen

Verben auf **-ar** (z. B. **trabaj-ar**):

yo	**trabaj-aba**
tú	**trabaj-abas**
él, ella, usted	**trabaj-aba**
nosotros, nosotras	**trabaj-ábamos**
vosotros, vosotras	**trabaj-abais**
ellos, ellas, ustedes	**trabaj-aban**

Verben auf **-er** und **-ir** (z. B. **com-er / viv-ir**):

yo	**com-ía / viv-ía**
tú	**com-ías / viv-ías**
él, ella, usted	**com-ía / viv-ía**
nosotros, nosotras	**com-íamos / viv-íamos**
vosotros, vosotras	**com-íais / viv-íais**
ellos, ellas, ustedes	**com-ían / viv-ían**

Unregelmäßige Formen

ser	ver	ir
era	veía	iba
eras	veías	ibas
era	veía	iba
éramos	veíamos	íbamos
erais	veíais	ibais
eran	veían	iban

! Das Imperfekt von **hay** *(es gibt)* lautet **había**.

2. Gebrauch

Das Imperfekt dient zur Beschreibung vergangener Situationen, Zustände und Umstände. Betrachten Sie folgende Beispiele:

- einen Zustand beschreiben:
  ¡Estábamos preocupadísimas!
  Wir waren sehr besorgt!
- einen Gegenstand bzw. Sachverhalt beschreiben:
  El restaurante era precioso.
  Das Restaurant war sehr schön.
- eine Person beschreiben:
  Tenía los ojos azules.
  Er/Sie hatte blaue Augen.
- eine Situation beschreiben:
  Hacía mucho calor.
  Es war sehr warm.
- eine Situation beschreiben, die den Hintergrund bzw. Umstand für eine neu eintretende Handlung bildet (die neue Handlung steht dann im Indefinido oder Perfekt):
  La temperatura era muy agradable, había mucha gente en la plaza y el grupo musical era excelente, así que decidimos sentarnos en una terraza y tomar algo.
  Die Temperatur war sehr angenehm, es waren viele Leute auf dem Platz und die Musikgruppe war ausgezeichnet. Dann haben wir entschieden, uns auf eine ‚Terraza' zu setzen und etwas zu trinken.
- wiederholte Handlungen und Gewohnheiten in der Vergangenheit beschreiben:
  Cuando tenía tu edad, iba a bailar a las verbenas.
  Als ich in deinem Alter war, bin ich (immer) auf den Dorffesten tanzen gegangen.

Das Imperfekt steht häufig mit Angaben wie **antes** *(früher)*, **siempre** *(immer)*, **todos los días** *(jeden Tag)*, **mientras** *(während)*, usw.
Das Indefinido, mit dem neu einsetzende Handlungen ausgedrückt werden, steht häufig mit Angaben wie **entonces** *(dann)*, **de repente** *(plötzlich)*, **de pronto** *(auf einmal)*, **enseguida** *(sofort)*, **un día** *(eines Tages)*, usw.

§ 18 Das Gerundium / Form und Gebrauch

1. Form

Das Gerundium lässt sich sehr leicht vom Infinitiv ableiten:
Verben auf **-ar** tauschen ihre Endung gegen **-ando**;
Verben auf **-er** und **-ir** tauschen ihre Endung gegen **-iendo**:

trabajar ▸ **trabajando**
comer ▸ **comiendo**
vivir ▸ **viviendo**

▾

Es gibt auch einige unregelmäßige Formen des Gerundiums:
- Änderung des Stammvokals **e ▸ i** (wie in den Präsensformen der entsprechenden Verben):
  decir ▸ diciendo
- Änderung des Stammvokals **o ▸ u**:
  dormir ▸ durmiendo
- Wenn der Verbstamm auf Vokal endet, wird die Endung **-iendo** zu **-yendo**:
  leer ▸ leyendo

Dies geschieht auch bei dem Verb **ir ▸ yendo**

2. Gebrauch

Um eine Handlung, die gerade stattfindet, zu beschreiben, verwendet man die Struktur **estar** + Gerundium:
¡Estoy preparando algo de cena!
Ich koche gerade etwas zum Abendessen!

Wenn der Satz ein Pronomen enthält, steht es entweder vor dem Verb **estar** oder es wird an das Gerundium angehängt. In diesem Fall ist ein Akzent erforderlich, damit die Betonung erhalten bleibt:
Le estoy escribiendo una carta. = Estoy escribiéndole una carta.
Ich schreibe ihm gerade einen Brief.
¿Te estás afeitando, Agustín? = ¿Estás afeitándote, Agustín?
Rasierst du dich gerade, Agustín?

Das Gerundium kann auch allein vorkommen und steht dann anstelle eines Nebensatzes *(indem …, wenn …)*:
Comiendo en la cantina se ahorra tiempo y dinero.
Wenn man in der Kantine isst, spart man Zeit und Geld.

Sehr häufig tritt das Gerundium in Verbindung mit den Verben **pasar** *(verbringen)* und **seguir** *(weitermachen)* auf:
Yo siempre paso las tardes leyendo.
Ich verbringe die Abende immer mit Lesen.
Vamos a seguir buscando.
Lass uns weitersuchen.

§ 19 *ser / estar*

Ser wird für folgende Angaben verwendet:
- Namen, Identität:
  Yo soy Chema. *Ich bin Chema.*
  Esta es mi hermana. *Das ist meine Schwester.*
- Herkunft, Nationalität:
  Rosita es mexicana. *Rosita ist Mexikanerin.*
- Beruf, Stellung:
  Agustín es jefe del departamento de ventas.
  Agustín ist Leiter der Verkaufsabteilung.
- charakteristische Eigenschaften von Personen und Dingen (Beschreibung):
  Chema y Jordi son muy simpáticos.
  Chema und Jordi sind sehr sympathisch.
  México es un país fantástico.
  Mexiko ist ein tolles Land.
- Uhrzeit:
  Es la una y media. *Es ist halb zwei.*
  Son las ocho. *Es ist acht Uhr.*

Estar wird für folgende Angaben verwendet:
- geographische / örtliche Lage:
  El bolso está encima de la mesa.
  Die Tasche ist auf dem Tisch.
- persönliches Befinden:
  ¿Cómo está usted? *Wie geht es Ihnen?*
- vorübergehende oder veränderliche Zustände und Eigenschaften:
  La habitación está desordenada.
  Das Zimmer ist unordentlich.
  Estoy muy contenta en Madrid.
  Ich bin sehr zufrieden in Madrid.
- Bewertungen für Speisen und Getränke:
  Estas naranjas están muy ricas.
  Diese Orangen sind sehr lecker.
- mit dem Adverb **bien**:
  ¿Está bien así? *Ist es gut so?*

Beachten Sie! Einige Adjektive haben jeweils eine andere Bedeutung, je nachdem ob sie mit **ser** oder **estar** stehen:
ser cansado / -a – *ermüdend, anstrengend sein*
estar cansado / -a – *müde sein*

§ 20 *hay / está* bzw. *están*

Hay entspricht dem deutschen *es gibt* und ist die unveränderliche Form im Präsens von **haber** *(haben)*.

Es wird verwendet, wenn keine bestimmte Sache oder Person gemeint ist.
Deshalb steht **hay**:

- vor dem unbestimmten Artikel:
  En esta casa hay <u>un</u> ladrón.
  In diesem Haus gibt es einen Dieb.
- vor Wörtern im Plural ohne Artikel:
  En Madrid hay <u>museos</u> interesantes.
  In Madrid gibt es interessante Museen.
- vor Zahlwörtern:
  Encima de la mesa hay <u>dos</u> bolígrafos.
  Auf dem Tisch sind zwei Kugelschreiber.

Die Formen **está / están** werden verwendet, wenn man von einer bestimmten Person bzw. Sache spricht. Deshalb stehen diese Formen vor dem bestimmten Artikel oder auch vor dem Possessiv:
¿Dónde está <u>la</u> abuela?
Wo ist die Großmutter?
Aquí están <u>la</u> agenda y <u>el</u> móvil.
Hier sind der Terminkalender und das Handy.
¿Dónde está <u>tu</u> hermano?
Wo ist dein Bruder?

§ 21 Reflexive Verben

Reflexive Verben erkennt man an der Infinitivendung **-se**, z. B. **ducharse** *(sich duschen)*, **llamarse** *(heißen)*. Sie benötigen ein reflexives Pronomen *(mich, dich, sich, …)*.
Sie setzen sich zusammen aus dem Reflexivpronomen und der Verbform der jeweiligen Person:

yo	<u>**me**</u>	**llamo**	*ich heiße*
tú	<u>**te**</u>	**llamas**	*du heißt*
él, ella, usted	<u>**se**</u>	**llama**	*usw.*
nosotros, nosotras	<u>**nos**</u>	**llamamos**	
vosotros, vosotras	<u>**os**</u>	**llamáis**	
ellos, ellas, ustedes	<u>**se**</u>	**llaman**	

Beachten Sie, dass einige Verben im Spanischen reflexiv gebraucht werden, die im Deutschen jedoch nicht reflexiv sind, z. B. **levantarse** *(aufstehen)* oder **llamarse** *(heißen)*.

§ 22 Die unpersönliche Form *se*

Bei allgemeinen Formulierungen wird im Spanischen die unpersönliche dritte Person **se** *(= man)* verwendet. Das Verb steht dann in der dritten Person Singular oder aber in der dritten Person Plural, wenn das Objekt des Satzes ein Substantiv im Plural ist:
En ese bar <u>se come</u> un jamón muy bueno.
In dieser Bar isst man einen sehr guten Schinken.
En ese bar <u>se comen</u> unas croquetas muy ricas.
In dieser Bar isst man leckere Kroketten.

§ 23 Infinitivkonstruktionen

es + Adjektiv + Infinitiv

Unpersönliche Ausdrücke kann man durch die Struktur **(no) es** + Adjektiv + Infinitiv ausdrücken:
Es importante descansar.
Es ist wichtig auszuruhen.

hay que + Infinitiv

Mit diesem unpersönlichen Ausdruck wird eine Verpflichtung oder Notwendigkeit in der unpersönlichen Form ausgedrückt:
Hay que dormir 7 horas como mínimo.
Man muss mindestens 7 Stunden schlafen.

Beachten Sie: Auch durch **tener que** + Infinitiv wird eine Verpflichtung oder Notwendigkeit ausgedrückt, aber das Subjekt muss in diesem Fall genannt werden, und somit ist keine unpersönliche Formulierung möglich:

▼

Tienes que trabajar menos.
Du musst/solltest weniger arbeiten.

querer *(wollen, möchten)* **+ Infinitiv**

Mit dieser Struktur wird ein Wunsch bzw. eine Absicht geäußert:
¿Qué quieres tomar?
Was möchtest du trinken?
En abril quiero visitar Sevilla.
Im April will ich Sevilla besuchen.

ir a **+ Infinitiv**

Diese Struktur wird verwendet, um ein Vorhaben oder einen Plan in der nahen Zukunft auszudrücken:
Mañana voy a dar un paseo con mis amigas.
Morgen gehe ich mit meinen Freundinnen spazieren.

pensar **+ Infinitiv** *(vorhaben …)*

Diese Struktur wird verwendet, um ein Vorhaben bzw. einen Plan ausdrücken:
También pienso ahorrar un poquito …
Ich habe auch vor, ein bisschen zu sparen …

§ 24 Die Verneinung

No steht immer vor dem Verb und vor den Reflexiv-, Akkusativ- oder Dativpronomen, und kann *nein, nicht* oder *kein/e* bedeuten:
¿Vives en Madrid? – No, vivo en Barcelona.
Wohnst du in Madrid? – Nein, ich wohne in Barcelona.
Yo no me llamo María, sino Marisa.
Ich heiße nicht María, sondern Marisa.
Félix no tiene dinero. *Félix hat kein Geld.*

Bitte beachten Sie folgenden Unterschied:
No, soy de México. **No soy de México.**
Nein, ich bin aus Mexiko. *Ich bin nicht aus Mexiko.*

Beim Aussprechen des Satzes **No, soy de México** muss man eine Pause nach dem **no** machen (dem geschriebenen Komma entsprechend), denn sonst wird der Satz verneint

Die doppelte Verneinung

Bei Wörtern wie **nada** *(nichts)*, **ningún / ninguno / ninguna** *(kein/e/er)*, **nunca** *(nie, niemals)* und **ni … ni** *(weder … noch)* ist im Spanischen eine doppelte Verneinung mit **no** erforderlich, wenn diese Ausdrücke nach dem Verb stehen:
No quiero beber nada, gracias.
Ich möchte nichts trinken, danke.
No me gusta ninguna falda de esa tienda.
Ich mag keinen Rock von diesem Geschäft.
No he estado nunca en México.
Ich bin nie in Mexiko gewesen.
No tomo ni café ni té.
Ich trinke weder Kaffee noch Tee.

§ 25 Subjektpronomen

Die Subjektpronomen sind:

Singular	1. Person	**yo**	*ich*
	2. Person	**tú**	*du*
	3. Person	**él, ella, usted**	*er, sie, Sie (Singular)*
Plural	1. Person	**nosotros, nosotras**	*wir*
	2. Person	**vosotros, vosotras**	*ihr*
	3. Person	**ellos, ellas, ustedes**	*sie, Sie (Plural)*

In der Höflichkeitsform gibt es eine Singular- (**usted**, Abkürzung: **Ud.**) und eine Pluralform (**ustedes**, Abkürzung: **Uds.**), je nachdem ob wir nur eine Person oder mehrere siezen.

Die Personalpronomen **nosotros**, **vosotros** haben auch die entsprechenden weiblichen Formen **nosotras**, **vosotras**.

Subjektpronomen werden im Spanischen nur in folgenden Fällen verwendet:
- um eine Person besonders hervorzuheben bzw. von mehreren zu unterscheiden
- um Missverständnisse zu vermeiden

Bsp.: **<u>Yo</u> soy Chema y éste es Jordi.**
Ich bin Chema und der ist Jordi.

In den Ländern Lateinamerikas wird immer **ustedes** statt **vosotros** gebraucht, d. h. im Plural sind die Du- und die Sie-Form dort gleich:
Bsp.: (Lateinamerika)
Ustedes son Chema y Jordi, ¿verdad?
Ihr seid/Sie sind Chema und Jordi, oder?
(Spanien)
Vosotros sois Chema y Jordi, ¿verdad?
Ihr seid Chema und Jordi, oder?

§ 26 Direkte Pronomen

me	*mich*
te	*dich*
lo	*ihn, es, Sie*
la	*sie, es, Sie*
nos	*uns*
os	*euch*
los, las	*sie, Sie*

Die direkten Pronomen beziehen sich auf etwas bzw. jemanden, das bzw. der schon erwähnt wurde.

Die direkten Pronomen stimmen in Geschlecht und Zahl mit dem Wort überein, auf das sie sich beziehen, und stehen immer unmittelbar vor dem Verb:
¿Dónde están <u>las gafas</u>? No <u>las</u> veo.
Wo ist die Brille? Ich sehe sie nicht.

Lo kann sich auch auf einen ganzen Satz oder eine Frage beziehen:
¿Sabes <u>dónde está mi monedero</u>? – No, no <u>lo</u> sé, mamá.
Weißt du, wo mein Geldbeutel ist? – Nein, ich weiß es nicht, Mutti.

Wenn das direkte Objekt dem Verb vorangeht, muss es in Form eines direkten Pronomens wiederholt werden. Dieses Pronomen stimmt in Geschlecht und Zahl mit dem Bezugswort überein.

<u>Este ordenador</u> <u>lo</u> utilizo sólo para navegar por internet.
Diesen Computer benutze ich nur, um im Internet zu surfen.

§ 27 Indirekte Pronomen

Unbetonte indirekte Pronomen

me	*mir*
te	*dir*
le	*ihm, ihr, Ihnen (Sg.)*
nos	*uns*
os	*euch*
les	*ihnen, Ihnen (Pl.)*

Die indirekten Pronomen stehen immer unmittelbar vor dem Verb:
¿Qué le pongo? *Was gebe ich Ihnen?*

Betonte indirekte Pronomen

a mí	*mir*
a ti	*dir*
a él, a ella	*ihm, ihr*
a usted	*Ihnen (Sg.)*
a nosotros, a nosotras	*uns*
a vosotros, a vosotras	*euch*
a ellos, a ellas	*ihnen (m.), ihnen (f.)*
a ustedes	*Ihnen (Pl.)*

Im Spanischen kann ein Satz zwei indirekte Objekte enthalten. Zusätzlich zu den unbetonten Pronomen (**me**, **te**, **le**, **nos**, **os**, **les**), die unbedingt erforderlich sind, können die betonten indirekten Pronomen verwendet werden:
<u>A mí</u> me encantan los cosméticos.
Ich mag Kosmetika sehr.

Anstelle des betonten indirekten Pronomens kann ein Dativobjekt (z. B. ein Name) im Satz stehen:
▼

¿<u>A Noelia</u> le gustan los cosméticos?
Mag Noelia Kosmetika?

Diese Wiederholung dient zur Hervorhebung und Betonung der Person und vermeidet Missverständnisse (vor allem in der dritten Person).

Indirekte Pronomen nach den Präpositionen *para* und *con*:

para mí	*für mich*
para ti	*für dich*
para él, ella, usted	*für ihn, sie, Sie*
para nosotros, nosotras	*für uns*
para vosotros, vosotras	*für euch*
para ellos, ellas, ustedes	*für sie, Sie*

conmigo	*mit mir*
contigo	*mit dir*
con él, ella, usted	*mit ihm, ihr, Ihnen*
con nosotros, nosotras	*mit uns*
con vosotros, vosotras	*mit euch*
con ellos, ellas, ustedes	*mit ihnen, Ihnen*

Indirekte Pronomen bei den Verben *encantar* und *gustar*

Die Verben **encantar** *(begeistern, lieben)* und **gustar** *(gefallen, mögen, gern tun, schmecken)* werden mit den indirekten Pronomen verwendet und stimmen mit dem Subjekt (*wer* oder *was gefällt* bzw. *gefallen*) überein:
¡Me encanta México! *Ich liebe Mexiko!*
Me encantan los baños grandes.
Ich mag große Badezimmer sehr.
¿Te gusta viajar? *Reist du gern?*
¿Te gustan los muebles? *Gefallen dir die Möbel?*

§ 28 Kombinierte Pronomen

Wird in einem Satz ein indirektes und ein direktes Pronomen benutzt, so steht das indirekte vor dem direkten. Beide stehen vor dem Verb:
Si no tienes dinero, <u>te lo</u> dejo yo.
Wenn du kein Geld hast, leihe ich es dir.

Die indirekten Pronomen **le / les** werden zu **se**, wenn das direkte Pronomen **lo / la / los / las** folgt:
¿<u>Le</u> has comprado ya <u>el regalo</u> a tu madre?
No, todavía no <u>se</u> <u>lo</u> he comprado.
Hast du deiner Mutter das Geschenk schon gekauft?
Nein, ich habe es ihr noch nicht gekauft.

§ 29 Die Stellung der Pronomen

Direkte, indirekte sowie Reflexivpronomen stehen in der Regel vor dem Verb. Bei zusammengesetzten Zeiten stehen sie deshalb vor dem Verb **haber**:
¿Has visto a la abuela en el bar de Paco?
Sí, <u>la</u> he visto.
Hast du die Großmutter in der Bar von Paco gesehen?
Ja, ich habe sie gesehen.

Beim Gerundium sowie bei Infinitivkonstruktionen, z. B. Modalverben (wie **poder**) + Infinitiv oder **tener que** + Infinitiv, können die Pronomen vorangestellt oder an den Infinitiv bzw. an das Gerundium angehängt werden:
¿<u>Le</u> puedo ayudar en algo? = ¿Puedo ayudar<u>le</u> en algo?
Kann ich Ihnen helfen?

Bei angehängten Pronomen muss ein Akzent gesetzt werden, damit die Betonung erhalten bleibt:
Quiere dármelo mañana.
Er will es mir morgen geben.

§ 30 Der *Dativo de interés*

Der im Spanischen so genannte **Dativo de interés** ist ein indirektes Pronomen, das dazu dient, das Interesse des Sprechers daran zu zeigen, was ihm oder jemandem anderen geschieht bzw. geschehen ist. Damit wird also die Betroffenheit und innere Anteilnahme des Sprechenden am Geschehen ausgedrückt. Im Deutschen ▼

lässt sich diese Nuancierung der Satzbedeutung nur schwer wiedergeben, und so würde man die folgenden zwei Sätze jeweils gleich übersetzen.
¡Se me ha colgado el ordenador! = ¡Se ha colgado el ordenador!
Der Computer ist abgestürzt!

§ 31 Das direkte Objekt

Vor dem direkten Objekt steht die Präposition **a**, wenn es sich um Personen bzw. Gruppen von Personen handelt, seien sie ausformuliert oder durch Pronomen (z. B. **nadie**, **quién**, **alguien**) vertreten:
¿Has visto a la abuela?
Hast du die Großmutter gesehen?
¿Habéis visto a alguien?
Habt ihr jemanden gesehen?

In allen anderen Fällen folgt das direkte Objekt dem Verb:
¿Has visto la película?
Hast du den Film gesehen?

! Die Präposition **a** entfällt bei den Verben **buscar** und **necesitar** mit Berufsbezeichnung und ebenso bei Substantiven mit unbestimmtem Artikel nach dem Verb **tener**:
La empresa busca una secretaria.
Die Firma sucht eine Sekretärin.
Yo tengo una hermana.
Ich habe eine Schwester.

§ 32 Unbestimmte Pronomen

Das Pronomen **uno** *(einer, eines)* entspricht dem unbestimmten Artikel **un** ohne Substantiv:
Cuando tenía tu edad, tenía muchos novios: uno para el lunes, otro para el martes, otro para el ...
In deinem Alter hatte ich viele Freunde: einen für den Montag, einen anderen für den Dienstag, einen anderen für den ...

Die weibliche Form sowie die Pluralformen entsprechen den unbestimmten Artikeln:
No tengo aspirinas. ¿Tienes tú una?
Ich habe keine Aspirin. Hast du eine?
Yo siempre llevo gemelos. Ayer me regalaron unos de oro.
Ich trage immer Manschettenknöpfe. Gestern habe ich welche aus Gold geschenkt bekommen.
Yo no necesito botas de montaña. Ya tengo unas.
Ich brauche keine Bergstiefel. Ich habe schon welche.

§ 33 Demonstrativa

Die Demonstrativa bezeichnen bestimmte Gegenstände oder Personen, die sich in der unmittelbaren Nähe des Sprechers befinden – **este / esta / estos / estas** – oder weiter entfernt sind – **ese / esa / esos / esas**.

	Singular	Plural
männlich	**este libro** *dieses Buch (hier)*	**estos libros** *diese Bücher (hier)*
	ese libro *dieses Buch (da)*	**esos libros** *diese Bücher (da)*
weiblich	**esta casa** *dieses Haus (hier)*	**estas casas** *diese Häuser (hier)*
	esa casa *dieses Haus (da)*	**esas casas** *diese Häuser (da)*

Die Demonstrativa können in Verbindung mit einem Substantiv oder allein stehen. Im letzteren Fall können sie einen Akzent tragen.
¿Te gusta este jersey?
Magst du diesen Pullover (hier)?
¿Ése? Sí, es bastante bonito.
Dieser (da)? Ja, er ist ziemlich schön.

In bestimmten Fällen, in denen sonst eine Doppeldeutigkeit auftreten würde, wird obligatorisch ein Akzent gesetzt:
Dice que ésta *(= eine Frau)* **mañana no tiene tiempo.**

▼

Er sagt, dass diese morgen keine Zeit hat.
Esto und **eso** stehen nie mit einem Substantiv zusammen. Sie beziehen sich auf etwas, das nicht konkret benannt wird oder noch definiert wird (Neutrum):

¿Qué es esto?	*Was ist das (hier)?*
No entiendo eso.	*Ich verstehe das nicht.*

§ 34 Possessiva

1. Die unbetonten Possessiva

Die unbetonten Possessiva stehen in der Regel vor dem Substantiv.

Männlich

mi	**abuelo**	*mein Großvater*
tu	**abuelo**	*dein Großvater*
su	**abuelo**	*sein, ihr, Ihr Großvater*
nuestro	**abuelo**	*unser Großvater*
vuestro	**abuelo**	*euer Großvater*
su	**abuelo**	*ihr, Ihr Großvater*

Weiblich

mi	**abuela**	*meine Großmutter*
tu	**abuela**	*deine Großmutter*
su	**abuela**	*seine, ihre, Ihre Großmutter*
nuestra	**abuela**	*unsere Großmutter*
vuestra	**abuela**	*eure Großmutter*
su	**abuela**	*ihre, Ihre Großmutter*

Die Formen der Possessiva sind für männliche und weibliche Substantive gleich außer **nuestro / nuestra** und **vuestro / vuestra**, die sich im Geschlecht nach dem Besitztum richten.

Die Possessiva richten sich in der Zahl nach dem Besitztum. Um den Plural zu bilden, hängt man ein **-s** an:
Tus padres están con mis abuelos.
Deine Eltern sind mit meinen Grofleltern zusammen.

2. Die betonten Possessiva

Die betonten Possessiva werden verwendet, wenn man ein vorher genanntes Substantiv nicht wiederholen will. Das Possessiv wird dann mit dem bestimmten Artikel benutzt:
Tú tienes a tu familia cerca, ¡y la mía está tan lejos!
Du hast deine Familie in der Nähe, und meine ist so weit weg!

Wenn nach dem Besitzer gefragt wird, verwendet man keinen Artikel vor dem Possessiv:
¿Son tuyas estas gafas? – Sí, son mías.
Ist das deine Brille? – Ja, es ist meine.

Die betonten Formen können auch nach einem Substantiv stehen, wenn das Possessiv besonders betont wird:
Yo no conozco a esas amigas tuyas.
Ich kenne diese Freundinnen von dir nicht.

Auch in bestimmten Ausrufen stehen die betonten Possessiva nach dem Substantiv:

¡Dios mío!	*Mein Gott!*
Hijo mío	*Mein Junge*
Amigo mío	*Mein Freund*

Wenn eine / r von mehreren gemeint ist, steht das Possessiv nach dem Substantiv und dem entsprechenden unbestimmten Artikel:
Ese chico es un colega mío.
Dieser junge Mann ist ein Kollege von mir.

Hier sehen Sie die Formen:

Männlich

mío(s)	*mein(e)*
tuyo(s)	*dein(e)*
suyo(s)	*sein(e), ihr(e), Ihr(e)*
nuestro(s)	*unser(e)*
vuestro(s)	*euer, eure*
suyo(s)	*ihr(e), Ihr(e)*

▼

Weiblich

mía(s)	*meine*
tuya(s)	*deine*
suya(s)	*seine, ihre, Ihre*
nuestra(s)	*unsere*
vuestra(s)	*eure*
suya(s)	*ihre, Ihre*

§ 35 Relativpronomen

Das Relativpronomen **que** *(der, die, das)* wird für Sachen und Personen männlichen und weiblichen Geschlechts, sowohl im Singular als auch im Plural, als Subjekt oder direktes Objekt verwendet:
Tenemos un vino del Penedés que está muy bueno.
Wir haben einen Wein aus dem Penedés, der sehr gut ist.
Rosita es una chica que siempre está dispuesta a ayudar.
Rosita ist ein Mädchen, das immer hilfsbereit ist.

Die Formen **el / la / los / las que** sind Kombinationen aus dem bestimmten Artikel und dem Relativpronomen **que**. Der Artikel richtet sich in Geschlecht und Zahl nach dem Bezugswort. Vergleichen Sie:
El ordenador que tengo en la oficina es mucho mejor.
Der Computer, den ich im Büro habe, ist viel besser.
El que tengo en la oficina es mucho mejor.
Der, den ich im Büro habe, ist viel besser.

Vor **el / la / los / las que** können außerdem Präpositionen stehen:
¡Por fin vamos a ver las pirámides de las que tanto nos ha hablado Rosita!
Endlich werden wir die Pyramiden sehen, über die Rosita uns so viel erzählt hat!

Der Ausdruck **lo que** bedeutet *(das) was*:
¿Sabes lo que pasa?
Weißt du, was los ist?

§ 36 Fragewörter

¿Qué?	*Was?*
¿Cómo?	*Wie?*
¿Dónde?	*Wo?*
¿De dónde?	*Woher?*
¿Adónde?	*Wohin?*
¿Quién?	*Wer?*
¿Quiénes?	*Wer?* (Plural)
¿Cuánto?	*Wie viel?*
¿Cuánto / -a / -os / -as?	*Wie viele?*
¿Por qué?	*Warum?*
¿Cuándo?	*Wann?*
¿A qué hora?	*Um wie viel Uhr?*
¿Cuál?	*Welche/r/s?*
¿Cuáles?	*Welche?* (Plural)

¿Y tú, ¿qué haces? *Und du, was machst du?*
¿Cómo se llama usted? *Wie heißen Sie?*
¿Dónde vives? *Wo wohnst du?*
¿De dónde eres? *Woher kommst du?*
¿Adónde vas? *Wohin gehst du?*
¿Quién es esa persona? *Wer ist diese Person?*
¿Quiénes son ustedes? *Wer sind Sie?*
¿Cuánto cuesta? *Wie viel kostet es?*
¿Cuántos euros tienes? *Wie viel Euro hast du?*
¿Por qué no has ido al cine? *Warum bist du nicht ins Kino gegangen?*
¿Cuándo tienes tiempo? *Wann hast du Zeit?*
¿A qué hora quedamos? *Wann treffen wir uns?*
¿Cuál te gusta? *Welche/r/s gefällt dir?*
¿Cuáles te gustan? *Welche gefallen dir?*

§ 37 Präpositionen

Die Präpositionen **a** und **de** werden mit dem bestimmten männlichen Artikel im Singular zu einem Wort verbunden:

a + el ▸ al	**¿Vamos al museo?** *Gehen wir ins Museum?*
de + el ▸ del	**El hotel está enfrente del cine.** *Das Hotel ist gegenüber vom Kino.*

Die Präposition *a*

Die Präposition **a** wird bei Richtungs- und Ortsangaben verwendet:
Voy a la biblioteca. – *Ich gehe in die Bibliothek.*
Vamos al cine. – *Wir gehen ins Kino.*
¿Vas a casa? – *Gehst du nach Hause?*
Tiene que girar a la derecha y tomar la primera calle a la izquierda.
Sie müssen rechts abbiegen und die erste Straße links nehmen.

Die Präposition *de*

Mengenangaben werden immer mit der Präposition **de** verbunden:
un kilo de fresas – *ein Kilo Erdbeeren*
medio kilo de tomates – *ein halbes Kilo Tomaten*

Die Präposition **de** wird auch bei Tageszeiten verwendet, um sie zu unterscheiden:
Son las diez de la mañana.
Es ist zehn Uhr morgens.
Son las diez de la noche.
Es ist zehn Uhr nachts.

Die Präposition *en*

Die Präposition **en** wird bei Verkehrsmitteln verwendet:
¿Vas en coche o en autobús?
Fährst du mit dem Auto oder mit dem Bus?

Es gibt eine Ausnahme: **ir a pie** *(zu Fuß gehen)*

Die Präposition *para*

Die Präposition **para** wird verwendet, um einen Zweck auszudrücken:
¿Tiene algo para el dolor?
Haben Sie etwas gegen den Schmerz?

para kann auch mit Infinitiv verwendet werden *(um … zu)*:
Para ir en moto necesitas el casco.
Um mit dem Motorrad zu fahren, brauchst du den Helm.

Die Präposition *por*

Die Präposition **por** wird bei Tageszeiten verwendet:

por la mañana	*morgens/vormittags*
por la tarde	*nachmittags/abends*
por la noche	*abends/nachts*

Die Zeitpräpositionen *desde / hace / desde hace*

hace + Zeitraum *(vor)*

Empezamos hace medio año aproximadamente.
Wir haben ungefähr vor einem halben Jahr angefangen.

desde + Zeitpunkt *(seit)*

Mis amigas y yo vamos al bingo desde abril.
Meine Freundinnen und ich gehen seit April zum Bingo.

desde hace + Zeitraum *(seit)*

Mis amigas y yo vamos al bingo desde hace medio año.
Meine Freundinnen und ich gehen seit einem halben Jahr zum Bingo.

§ 38 Die Zahlen

0 **cero**
1 **uno**
2 **dos**
3 **tres**
4 **cuatro**
5 **cinco**
6 **seis**
7 **siete**
8 **ocho**
9 **nueve**
10 **diez**
11 **once**
12 **doce**
13 **trece**
14 **catorce**
15 **quince**
16 **dieciséis**
17 **diecisiete**
18 **dieciocho**
19 **diecinueve**
20 **veinte**
21 **veintiuno**
22 **veintidós**
23 **veintitrés**
24 **veinticuatro**
25 **veinticinco**
26 **veintiséis**
27 **veintisiete**
28 **veintiocho**
29 **veintinueve**
30 **treinta**
31 **treinta y uno**
32 **treinta y dos**
33 **treinta y tres**
34 **treinta y cuatro**
35 **treinta y cinco**
40 **cuarenta**
41 **cuarenta y uno**
42 **cuarenta y dos**
43 **cuarenta y tres**
50 **cincuenta**
60 **sesenta**
70 **setenta**
80 **ochenta**
90 **noventa**
100 **cien**
101 **ciento uno**
110 **ciento diez**
200 **doscientos**
300 **trescientos**
400 **cuatrocientos**
500 **quinientos**
600 **seiscientos**
700 **setecientos**
800 **ochocientos**
900 **novecientos**

1000 **mil**
1001 **mil uno**
1100 **mil cien**
1999 **mil novecientos noventa y nueve**
2000 **dos mil**
3000 **tres mil**
10.000 **diez mil**
100.000 **cien mil**
1.000.000 **un millón**
2.000.000 **dos millones**
3.000.000 **tres millones**
1.000.000.000 **mil millones**

A

3 TR. 01

	a	*in, zu, um, nach, pro*
	a cuadros	*kariert*
	a la brasa	*gegrillt*
	a la derecha	*rechts*
	a la izquierda	*links*
	a la romana	*paniert*
	a mediodía	*mittags*
	a pie	*zu Fuß*
	a veces	*manchmal*
	a ver	*Schauen wir mal./ Mal sehen.*
	abierto/a	*offen*
(el)	abril	*April*
la	abuela	*Großmutter*
	aburrido/a	*gelangweilt*
	acabar	*enden*
el	aceite	*Öl*
el	aceite de oliva	*Olivenöl*
la	aceituna	*Olive*
el	acento	*Akzent*
	acompañar	*begleiten*
	acostarse	*ins Bett gehen*
la	actividad	*Aktivität*
	activo/a	*aktiv*
	adaptarse	*sich anpassen*
	además	*außerdem*
	además de	*außer*
	adiós	*auf Wiedersehen, tschüss*
la	administración	*Verwaltung*
el/la	administrativo/a	*Verwaltungsangestellte*
	adónde	*wohin?*
el	aeropuerto	*Flughafen*
	afeitarse	*sich rasieren*
la	afición	*Vorliebe, Neigung, Hobby*
la	agencia	*Agentur*
la	agencia de viajes	*Reisebüro*
la	agenda	*Kalender*
(el)	agosto	*August*
	agotado/a	*erschöpft*
	agradable	*freundlich, nett, angenehm*
el	agua	Wasser
el	agua mineral	*Mineralwasser*
	ahora	*jetzt*
	ahora mismo	*gleich*
	ahorrar	*sparen*
el	aire acondicionado	*Klimaanlage*
	al	*(siehe* ***a****)*
	al final	*am Ende, zum Schluss*
	al lado de	*neben*
la	albóndiga	*Fleischkloß*
	alegre	*fröhlich, lustig*
la	alegría	*Freude*
	alemán/alemana	*Deutsche/r, deutsch*
la	alfombra	*Teppich*
	algo	*etwas*
	alguien	*jemand*
	algún/alguna	*irgendein/e*
	alguna vez	*(ein)mal*
	algunas veces	*manchmal*
	algunos/as	*einige*
	allí	*dort*
las	almejas a la marinera	*Muscheln nach Seemannsart*
	almorzar	*zu Mittag essen*
el	alojamiento	*Unterkunft*
la	alternativa	*Alternative*
	alto/a	*groß, hoch*
la	alubia	*Bohne*
	amable	*lieb, nett*
el/la	amante	*Liebhaber/in*
(el)	amarillo	*Gelb*
	amarillo/a	*gelb*
el	ambiente	*Stimmung, Atmosphäre*
la	ambulancia	*Krankenwagen*
	americano/a	*amerikanisch*
el/la	amigo/a	*Freund/in*
	amplio/a	*umfangreich, vielfältig*
	ándale	*Los!*
la	anécdota	*Anekdote*
el	anillo	*Ring*
el	año	*Jahr*
	anotar	*notieren*
	antes	*vorher, früher, bevor, vor*
el	antibiótico	*Antibiotikum*
	antiguo/a	*alt*
	antipático/a	*unsympathisch*

el	aparcamiento	*Parkplatz*
	aparecer	*erscheinen*
el	apartamento	*Appartement*
	aprender	*lernen*
	aprovechar	*nutzen*
	aproximadamente	*ungefähr*
	aquel/aquella	*diese/r/s (dort), jene/r/s*
	aquí	*hier*
el	árbol	*Baum*
(la)	Argentina	*Argentinien*
	argentino/a	*Argentinier/in, argentinisch*
el	armario	*Schrank*
la	arquitecta	*Architektin*
la	arquitectura	*Architektur*
el	arroz	*Reis*
el	arte	*Kunst*
el	arzobispo	*Erzbischof*
	así	*so, auf diese Weise*
la	aspirina	*Aspirin*
	atender	*bedienen*
	atentamente	*hochachtungsvoll, mit freundlichen Grüßen*
	atreverse	*es wagen, sich trauen*
	aunque	*obwohl*
	auténtico/a	*echt*
el	autobús	*Bus*
el	automóvil	*Auto*
el/la	autor/a	*Autor/in*
la	avenida	*Allee, Boulevard*
la	aventura	*Abenteuer*
el	avión	*Flugzeug*
	avisar	*Bescheid sagen*
	ay	*Ach!*
	ayer	*gestern*
la	ayuda	*Hilfe*
	ayudar	*helfen*
el	ayuntamiento	*Rathaus*
los	aztecas	*Azteken*
(el)	azul	*Blau, blau*

B

3 TR. 02

el	bacalao	*Kabeljau*
el	bacalao al pil pil	*Kabeljau mit Chili und Knoblauch*
	bailar	*tanzen*
	bajar	*aussteigen, hinuntergehen*
	bajo/a	*niedrig, klein*
el	balcón	*Balkon*
el	balón	*Ball*
la	banana	*Banane*
el	banco	*Bank*
la	bandeja	*Tablett*
la	bañera	*Badewanne*
el	baño	*Badezimmer*
el	bar	*Kneipe*
	barato/a	*billig*
la	barba	*Bart*
la	barbacoa	*Grillparty*
el	barco	*Schiff*
el	barrio	*Stadtviertel*
	bastante	*ziemlich*
	batir	*schlagen*
	beber	*trinken*
la	beca	*Stipendium*
	belga	*Belgier/in, belgisch*
(la)	Bélgica	*Belgien*
	bendecir	*segnen*
el	beso	*Kuss*
la	biblioteca	*Bibliothek*
la	biblioteca municipal	*Stadtbücherei*
la	bicicleta	*Fahrrad*
	bien	*gut*
	bienvenido/a	*willkommen*
el	billete	*Fahrkarte, Ticket, Flugschein*
el	bingo	*Bingo*
	biológico/a	*Bio-, biologisch*
la	bisutería	*Modeschmuck*
(el)	blanco	*Weiß*
	blanco/a	*weiß*
	blando/a	*weich*
la	boca	*Mund*
la	bocacalle	*Seitenstraße, Straßeneinmündung*

el	bol	*Schale*
el	bolígrafo	*Kugelschreiber*
el	bolso	*Tasche*
el	bombero	*Feuerwehrmann*
el	bombón	*Praline*
	bonito/a	*hübsch, schön*
los	boquerones fritos	*frittierte Sardellen*
las	botas de montaña	*Bergschuhe*
la	botella	*Flasche*
la	brasa	*Glut*
	bravo/a	*scharf, stark gewürzt*
el	brazo	*Arm*
la	broma	*Witz*
	Bruselas	*Brüssel*
	buen(o)/a	*gut*
	buenas noches	*Guten Abend!/ Gute Nacht!*
	buenas tardes	*Guten Tag!/Guten Abend!*
	buenas	*Guten Tag!/Guten Abend!*
	bueno	*gut, Na gut/Na ja, Also dann, Hallo*
	buenos días	*Guten Tag!/ Guten Morgen!*
la	bufanda	*Schal*
el	burrito	*Fladen aus Weizenmehl mit Fleisch bzw. Huhn, Bohnen, Reis und Käse gefüllt*
el	burro	*Esel*
la	busca	*Suche*
	buscar	*suchen*

C

3 TR. 03

la	cabeza	*Kopf*
el	cacahuete	*Erdnuss*
	cada	*jede/r/s*
la	cadena musical	*Stereoanlage*
	caer bien/mal	*gefallen/nicht gefallen*
el	café	*Kaffee*
la	cafetería	*Café*
la	caja	*Schachtel, Kasse*
la	cajetilla	*kleine Schachtel, Zigarettenschachtel*
los	calamares a la romana	*panierte Tintenfische*
el	caldo gallego	*galicischer Eintopf*
la	calidad	*Qualität*
	cálido/a	*warm*
	caliente	*warm, heiß*
la	calle	*Straße*
los	callos	*Kutteln*
el	calor	*Wärme, Hitze*
la	cama	*Bett*
la	cama matrimonial	*Ehebett, Doppelbett*
el/la	camarero/a	*Kellner/in*
	cambiar	*sich ändern*
el	cambur	*Banane*
la	caña	*Glas gezapftes Bier*
(el)	Canadá	*Kanada*
	canadiense	*Kanadier/in, kanadisch*
	cansado/a	*erschöpft, müde, ermüdend*
el/la	cantante	*Sänger/in*
la	cantina	*Kantine*
la	capital	*Hauptstadt*
el	carácter	*Charakter*
la	caraota	*Bohne*
	cariño	*Liebling*
la	carne	*Fleisch*
el	carnet de identidad	*Personalausweis*
	caro/a	*teuer*
la	carta	*Brief, Speisekarte*
la	cartera	*Brieftasche*
la	casa	*Haus, Wohnung*
el	casco protector	*Schutzhelm*
	casi	*fast*
el	caso	*Fall, Umstand*
	castaño/a	*kastanienbraun*
la	casualidad	*Zufall*
	catalán/catalana	*Katalane/in, katalanisch*
la	catedral	*Kathedrale*
(el)	catorce	*vierzehn*
el	cava	*spanischer Sekt*

el	CD (disco compacto)	*CD (Compact Disc)*
el	CD-ROM	*CD-ROM*
la	cebolla	*Zwiebel*
	celebrar	*feiern*
los	celos	*Eifersucht*
	celoso/a	*eifersüchtig*
la	cena	*Abendessen*
	cenar	*zu Abend essen*
el	centro	*Zentrum, Stadtmitte*
el	centro comercial	*Einkaufszentrum*
	cerca	*nah, in der Nähe*
	cercano/a	*nah*
la	cereza	*Kirsche*
(el)	cero	*Null*
la	cerveza	*Bier*
	Charo	*Kurzform von Rosario*
	Chema	*Kurzform von José María*
el	chico	*junger Mann*
el	chile	*Chili*
(el)	Chile	*Chile*
	chileno/a	*Chilene/in, chilenisch*
el	choclo	*Mais*
el	chocolate	*Schokolade*
el	chopito	*frittierter Babytintenfisch*
la	chuleta	*Kotelett*
la	chuleta de cordero a la brasa	*gegrilltes Lammkotelett*
el	churro	*frittiertes Spritzgebäck*
el	ciclismo	*Radsport*
	cien	*hundert*
(el)	ciento	*hundert*
	cierto/a	*wahr, gewiss*
(el)	cinco	*fünf*
(el)	cincuenta	*fünfzig*
el	cine	*Kino*
	circular	*(hin und her) fahren*
la	cita	*Termin, Verabredung*
la	ciudad	*Stadt*
	claro	*klar*
la	clase	*Unterricht*
	clásico/a	*klassisch*
el	coche	*Auto*
el	coche deportivo	*Sportwagen*
la	cocina	*Küche*
	cocinar	*kochen*
el	cocinero	*Koch*
	coger	*nehmen*
el	colegio	*Schule*
	colgar	*(Telefon) auflegen*
	colgarse	*(Computer) abstürzen*
el	collar	*Halskette, Kollier*
(la)	Colombia	*Kolumbien*
el	color	*Farbe*
	comentar	*kommentieren, erzählen*
	comenzar	*beginnen, anfangen*
	comer	*essen*
la	comida	*Essen*
	como	*wie*
	cómo	*wie?*
	cómo es que …	*wieso … ?*
	como máximo	*höchstens*
	como mínimo	*mindestens, wenigstens*
	cómo no	*aber klar!*
	cómodo/a	*bequem*
el/la	compañero/a	*Freund/in, Kumpel*
el/la	compañero/a de piso	*Mitbewohner/in*
el/la	compañero/a de trabajo	*Kollege/in*
	compartir	*teilen*
	comprar	*kaufen*
el	compromiso	*Verabredung, Termin*
	con	*mit*
	con gas	*(Wasser) mit Kohlensäure*
	con mucho gusto	*sehr gern, mit Vergnügen*
	con qué frecuencia	*wie oft?*
el	coñac	*Cognac*
el	concierto	*Konzert*
la	condición	*Bedingung*
	confesar	*zugeben*
la	confianza	*Vertrauen*
	conmigo	*mit mir*
	conocer	*kennen lernen, kennen*
	conseguir	*erreichen, finden*
el	consomé	*Kraftbrühe*
	contar	*erzählen*
	contento/a	*zufrieden*
	contigo	*mit dir*

	contra	*gegen*
	controlar	*kontrollieren, beherrschen*
el	convento	*Kloster*
el	corazón	*Herz*
la	corbata	*Krawatte*
el	cordero	*Lamm*
el	correo electrónico	*E-Mail*
	Correos (la oficina de)	*Postamt*
	cortar	*schneiden*
	corto/a	*kurz*
la	cosa	*Sache*
el	cosmético	*Schönheitsmittel, Kosmetikum*
la	costa	*Küste*
	costar	*kosten*
la	costumbre	*Gewohnheit*
	creer	*glauben*
la	crema	*Creme*
la	crema de espárragos	*Spargelcremesuppe*
la	croqueta	*Krokette*
el	cruasán	*Croissant*
	cruzar	*überqueren*
	cuál	*welche/r/s?*
	cuándo	*wann?*
	cuando	*wenn, als*
	cuánto	*wieviel?*
(el)	cuarenta	*vierzig*
el	cuarto	*Zimmer, Viertel*
el	cuarto de baño	*Badezimmer*
(el)	cuatro	*vier*
	cuatro-cientos/as	*vierhundert*
(la)	Cuba	*Kuba*
	cubano/a	*Kubaner/in, kubanisch*
	cubrir	*decken, bedecken*
la	cuchara	*Löffel*
la	cucharadita	*Teelöffel*
la	cucharilla	*Teelöffel*
el	cuchillo	*Messer*
la	cuenta	*Rechnung*
(el)	cuidado	*Achtung/Vorsicht*
la	cultura	*Kultur*
el/la	cuñado/a	*Schwager/Schwägerin*
el	cupón	*Kupon, Abschnitt*
la	curiosidad	*Neugier*
el	curso	*Kurs*

D

3 TR. 04

	dar	*geben*
	dar la vuelta	*umdrehen*
	dar un paseo	*spazieren gehen*
	de	*von, aus*
	de acuerdo	*einverstanden*
	de dónde	*woher?*
	de momento	*im Moment*
	de nada	*Bitte sehr./Nichts zu danken./Keine Ursache.*
	de parte de quién	*Wer ist am Apparat?*
	de pronto	*auf einmal*
	de repente	*plötzlich*
	de todo	*alles Mögliche*
	de verdad	*Echt?/Wirklich?*
	de vez en cuando	*ab und zu*
	decidir	*entscheiden*
	decir	*sagen*
la	decoración	*Einrichtung, Dekoration*
	decorado/a	*eingerichtet*
	decorar	*dekorieren*
el	dedo	*Finger*
el/la	defensor/a	*Verteidiger/in*
	dejar	*leihen, lassen, überlassen, geben*
	del	*(siehe* **de***)*
	delante	*vor*
	delgado/a	*dünn, schlank*
	demasiado	*zu, zu viel*
	dentro	*(dr)innen*
el	departamento	*Abteilung*
el	departamento de ventas	*Verkaufsabteilung*
el	deporte	*Sport*
	deportivo/a	*sportlich*
la	derecha	*rechte Hand*
el	derecho	*Recht*

	desaparecer	*verschwinden*
	desayunar	*frühstücken*
el	desayuno	*Frühstück*
	descansar	*sich ausruhen*
	desde	*von, seit*
	desde hace	*seit*
	desde luego	*allerdings*
	desear	*wünschen*
	desordenado/a	*unordentlich, unaufgeräumt*
	desorganizado/a	*desorganisiert, chaotisch*
	después	*danach, und dann, nachdem, nach, später*
el	destino	*Bestimmungsort*
	detrás	*hinter*
	devolver	*zurückgeben*
el	día	*Tag*
el	diamante	*Diamant*
(el)	diciembre	*Dezember*
(el)	diecinueve	*neunzehn*
(el)	dieciocho	*achtzehn*
(el)	dieciséis	*sechzehn*
(el)	diecisiete	*siebzehn*
(el)	diez	*zehn*
	diferente	*unterschiedlich*
	diga/dígame	*Hallo (am Telefon)*
	díganme	*Sagen Sie mir.*
	digo	*ich sage, ich meine*
el	dinero	*Geld*
(el)	Dios	*Gott*
el	diploma	*Zeugnis, Zertifikat*
la	dirección	*Adresse*
	directo/a	*direkt*
el	director de cine	*Regisseur*
	diría (yo)	*ich würde sagen*
el/la	diseñador/a	*Designer/in*
el	diseño	*Zeichnung*
	disfrutar	*genießen*
	disponer	*verfügen*
	dispuesto/a	*bereit*
	divertido/a	*lustig*
	divertirse	*sich amüsieren, Spaß haben*
	doblar	*falten, abbiegen*
(el)	doce	*zwölf*
	doler	*schmerzen, weh tun*
el	dolor	*Schmerz*
el	dolor de muelas	*Zahnschmerzen*
el	domingo	*Sonntag*
	don/doña	*Herr/Frau*
	dónde	*wo?*
	dormir	*schlafen*
el	dormitorio	*Schlafzimmer*
(el)	dos	*zwei*
	doscientos/as	*zweihundert*
la	ducha	*Dusche*
	dulce	*süß*
	durante	*während*
	durar	*dauern*
	duro/a	*hart*

E

3 TR. 05

	echar	*werfen, schütten*
	económico/a	*billig*
el	economista	*Ökonom*
la	edad	*Alter*
el	ejemplo	*Beispiel*
	el	*der*
	él	*er*
la	elegancia	*Eleganz*
	elegante	*elegant*
	elegir	*wählen, auswählen*
	ella	*sie, ihr*
	ellas	*sie, ihnen*
	ellos	*sie, ihnen*
el	e-mail	*E-Mail*
el	emilio	*E-Mail*
	empezar	*beginnen*
la	empresa	*Betrieb, Unternehmen, Firma*
	en	*in, auf, mit*
	en absoluto	*absolut (nicht)*
	en especial	*insbesondere*
	en punto	*Punkt*
	en vez	*stattdessen, anstatt*
	encantado/a	*Angenehm!/Hocherfreut!, sehr zufrieden, begeistert*
	encantador	*reizend, bezaubernd*

	encantar	*sehr gut gefallen, begeistern*
la	enchilada	*Maisfladen mit Fleisch gefüllt*
	encima de	*auf*
	encontrar	*finden*
	encontrarse	*sich treffen*
la	encuesta	*Umfrage*
(el)	enero	*Januar*
	enfadado/a	*verärgert*
el/la	enfermero/a	*Krankenpfleger, Krankenschwester*
	enfermo/a	*krank*
	enfrente de/ frente a	*gegenüber*
	enorme	*enorm, riesig*
	enrollado/a	*zusammengerollt*
la	ensalada	*Salat*
la	ensaladilla rusa	*Kartoffelsalat mit Erbsen, Karotten, gekochten Eiern, Majonäse*
	enseguida	*gleich, sofort*
	enseñar	*zeigen, erklären*
	entender	*verstehen*
	entonces	*also, dann*
la	entrada	*Eingang, Eintrittskarte, Vorspeise*
	entrar	*hineingehen, beginnen*
	entre	*zwischen*
el/la	entrevistador/a	*Interviewer/in*
	enviar	*schicken*
el	equipaje	*Gepäck*
la	equitación	*Reitsport*
	equivocarse	*sich irren, sich verwählen*
	es que	*nämlich*
el	escalope de ternera	*Kalbsschnitzel*
	escribir	*schreiben*
el/la	escritor/a	*Schriftsteller/in*
el	escritorio	*Schreibtisch*
	escuchar	*hören*
la	escuela	*Schule*
	ese/esa/eso	*dieser, diese, dieses/ der, die, das (da)*
la	espalda	*Rücken*
(la)	España	*Spanien*
el	español	*Spanisch, spanische Sprache*
	español/a	*Spanier/in, spanisch*
la	especia	*Gewürz*
	especial	*besonders*
	especialmente	*insbesondere*
	esperar	*warten, erwarten*
el/la	esposo/a	*Ehemann, Ehefrau*
el	esquí acuático	*Wasserski*
	esquiar	*Ski fahren*
la	estación (de ferrocarril)	*Bahnhof*
	estadounidense	*US-Amerikaner/in, US-amerikanisch*
la	estancia	*Aufenthalt*
el	estanco	*Tabakladen*
la	estantería	*Bücherregal*
	estar	*sein, sich befinden*
	este/esta	*dieser, diese, dieses/ der, die, das (hier)*
el	estilo	*Stil*
	estimado/a	*geehrt*
	Estocolmo	*Stockholm*
el	estrés	*Stress*
	estresado/a	*gestresst*
el/la	estudiante	*Student/in*
	estudiar	*studieren*
	estupendo/a	*wunderschön, super*
la	etiqueta	*Preisschild*
el	euro	*Euro*
el	euskera	*baskisch*
	exacto	*genau*
	excelente	*ausgezeichnet, toll*
	excepto	*außer*
	exclamar	*(aus-)rufen*
la	excursión	*Ausflug*
	exótico/a	*exotisch*
la	experiencia	*Erlebnis*
el/la	experto/a	*Experte/in*
	explicar	*erklären*
la	exportación	*Export*
	exquisito/a	*köstlich*
el/la	extranjero/a	*Ausländer/in*
	extravagante	*extravagant*

F

3 TR. 06

	fácil	*leicht*
	faltar	*fehlen*
la	familia	*Familie*
	famoso/a	*berühmt*
	fantástico/a	*fantastisch*
la	faringitis	*Rachenentzündung*
la	farmacia	*Apotheke*
	fascinante	*faszinierend*
el	fastidio	*Ärger*
	favorito/a	*Lieblings-*
(el)	febrero	*Februar*
	felicidades	*Herzlichen Glückwunsch!*
	felicitar	*gratulieren*
	feliz	*glücklich*
	feliz cumpleaños	*Herzlichen Glückwunsch zum Geburtstag!*
el	ferrocarril	*Eisenbahn*
la	ficha de inscripción	*Anmeldungskarte*
la	fiebre	*Fieber*
la	fiesta	*Fest*
el	fin	*Ende*
el	fin de semana	*Wochenende*
el	final	*Ende, Schluss*
	finalmente	*zum Schluss*
el	flamenco	*Flamenco*
el	flan	*Karamelpudding*
la	flor	*Blume*
la	floristería	*Blumengeschäft*
el	footing	*Jogging*
la	forma	*Art, Weise*
	formal	*formell*
el/la	fotógrafo/a	*Fotograf/in*
	francés/francesa	*Franzose/in, französisch*
(la)	Francia	*Frankreich*
	freír	*frittieren, braten*
la	fresa	*Erdbeere*
el	frijol	*Bohne*
el	frío	*Kälte*
	frío/a	*kalt*
la	fruta	*Obst*
la	fruta del tiempo	*Frischobst*
el	fuego	*Feuer*
	fuera de	*außer*
	fui	*ich war (siehe **ser**), ich ging (siehe **ir**)*
la	furgoneta	*Kleintransporter*

G

3 TR. 07

las	gafas	*Brille*
	gallego/a	*galicisch*
	ganar	*verdienen, gewinnen*
el	garaje	*Autowerkstatt, Garage*
la	garganta	*Hals*
el	gazpacho	*Gazpacho (kalte Gemüsesuppe)*
el	gemelo	*Manschettenknopf*
	generoso/a	*großzügig*
el	genio	*Genie*
la	gente	*Leute*
	girar	*abbiegen*
el	globo	*Ballon, Heißluftballon, Luftballon*
el	golf	*Golf*
el	Gordo	*großes Los*
la	gorrita	*kleine Mütze*
	gracias	*danke*
el	gramo	*Gramm*
	grande	*groß*
los	grandes almacenes	*Kaufhaus*
la	gripe	*Grippe*
(el)	gris	*Grau, grau*
el	grupo	*Gruppe*
	guapo/a	*gut aussehend*
la	guerrilla	*Guerilla, Kampfgruppe*
el	guineo	*Banane*
el	guiso	*Gericht, Schmorbraten*
la	guitarra	*Gitarre*
	gustar	*gefallen, mögen*
el	gusto	*Vergnügen, Geschmack*

H

3 TR. 08

	haber	*haben*
la	habichuela	*Bohne*
la	habitación	*Zimmer*
la	habitación doble	*Doppelzimmer*
	hablar	*sprechen, erzählen*
	hace	*er/sie/es macht, tut; vor; es ist …*
	hacer	*machen, tun*
	hacer amigos	*Freunde finden*
	hacer deporte	*Sport treiben*
	hacer la compra	*einkaufen*
	hacerse tarde	*spät werden*
	hacia	*nach*
el	hambre	*Hunger*
la	harina	*Mehl*
	hasta	*bis*
	hasta luego	*Bis dann!*
	hasta mañana	*Bis morgen!*
	hasta pronto	*Bis bald!*
	hay	*es gibt*
	hay que	*man muss*
el	helado	*Eis*
el/la	hermano/a	*Bruder, Schwester*
el	héroe	*Held*
el/la	hijo/a	*Sohn/Tochter*
el	hipermercado	*großer Supermarkt*
la	Historia Natural	*Naturwissenschaft*
	hola	*Hallo!/Grüß dich!*
el	hombre	*Mann*
la	hora	*Stunde, Uhrzeit*
(la)	hora extra	*Überstunde*
el	horario	*Arbeitszeit, Fahrplan*
el	horno microondas	*Mikrowelle*
el	hospital	*Krankenhaus*
el	hotel	*Hotel*
el	hotel de cinco estrellas	*Fünfsternehotel*
	hoy	*heute*
	hoy en día	*heutzutage*
	huele	*es riecht*
el	huevo	*Ei*
el	humor	*Laune*
	huy	*Ach!*

I

3 TR. 09

la	idea	*Idee*
	igualmente	*gleichfalls*
	importante	*wichtig*
	importar	*wichtig sein*
	imposible	*unmöglich*
los	incas	*Inkas*
	incluido	*inklusiv*
	incluso	*sogar*
la	independencia	*Unabhängigkeit*
	independiente	*unabhängig*
el/la	indígena	*Indio, Indiofrau*
	individual	*Einzel-*
la	información	*Information*
la	informática	*Informatik*
el	ingeniero	*Ingenieur*
(la)	Inglaterra	*England*
	inglés/inglesa	*Engländer/in, englisch*
el	ingrediente	*Zutat*
	inicial	*Anfangs-*
	inolvidable	*unvergesslich*
	instalar	*installieren*
	inteligente	*intelligent*
	intenso/a	*intensiv, heftig*
	interesante	*interessant*
	interesar	*interessieren*
	internacional	*international*
el	internet	*Internet*
	introducir	*einlegen*
la	investigación	*Forschung*
el	invierno	*Winter*
	invitar	*einladen*
	ir	*gehen, passen*
	ir a parar	*landen*
	ir a pie	*zu Fuß gehen*
	ir de compras	*Einkaufsbummel machen*
	ir de tapeo	*durch Tapas-Bars ziehen*
	irse	*gehen, weggehen*
	italiano/a	*Italiener/in, italienisch*
el	IVA (impuesto sobre el valor añadido)	*MWSt. (Mehrwertsteuer)*
la	izquierda	*linke Hand*

J

3 TR. 10

el	jamón	*Schinken*
el	jamón serrano	*roher Schinken*
el	jarabe	*Sirup*
el	jardín	*Garten*
	Javi	*Kurzform von Javier*
el	jazz	*Jazz*
el	jefe de personal	*Personalchef*
el	jefe del departamento de ventas	*Verkaufsabteilungsleiter*
el/la	jefe/a	*Chef/in*
la	jornada	*Arbeitstag*
	joven	*jung*
la	joya	*Schmuck, Juwel*
la	joyería	*Juwelier, Juwelierladen*
la	judía	*Bohne*
el	jueves	*Donnerstag*
	jugar	*spielen*
(el)	julio	*Juli*
(el)	junio	*Juni*
	juntos	*zusammen*
	justo	*genau*

K

3 TR. 11

el	kilo	*Kilo*
el	kilómetro	*Kilometer*

L

3 TR. 12

	la(s)	*die, sie*
el	lado	*Seite*
el	ladrón	*Dieb*
	largo/a	*lang*
	latinoamericano/a	*lateinamerikanisch*
la	lavadora	*Waschmaschine*
	le	*ihr, ihm, Ihnen*
la	leche	*Milch*
la	lechuga	*Kopfsalat*
	leer	*lesen*
	leído	*gelesen*
	lejos	*weit (entfernt)*
	lento/a	*langsam*
	les	*ihnen, Ihnen, euch*
	levantarse	*aufstehen*
	libre	*frei*
la	librería	*Buchhandlung*
el	libro	*Buch*
	ligero/a	*leicht*
(el)	lila	*Lila, lila*
el	limón	*Zitrone*
	lindo/a	*hübsch, nett, süß*
la	línea	*Linie (U-Bahn)*
	Lisboa	*Lissabon*
	liso/a	*glatt (Haar)*
la	literatura	*Literatur*
	llamar	*rufen, anrufen*
	llamarse	*heißen*
la	llave	*Schlüssel*
	llegar	*ankommen*
	llenísimo/a	*sehr voll*
	lleno/a	*voll*
	llevar	*tragen (Kleider, Haarschnitt, usw.)*
	llevarse	*mitnehmen, sich vertragen, bekommen*
	llover	*regnen*
	lo	*ihn, es*
	lo siento	*es tut mir Leid*
	Lola	*Kurzform von Dolores*
	lo mismo	*dasselbe*
	Londres	*London*
	los	*die, sie*
	los/las dos	*beide*
la	lotería	*Lotterie*
	luego	*dann*
el	lugar	*Ort*
el	lujo	*Luxus*
	luminoso/a	*hell*
el	lunes	*Montag*

M

3 TR. 13

la	madre	*Mutter*
	madrileño/a	*aus Madrid*
la	madrugada	*Morgengrauen*
	Maite	*Kurzform von María Teresa*
el	maíz	*Mais*
	majísimo/a	*sehr nett*
	majo/a	*nett*
	mal	*schlecht*
	mal(o)/a	*böse, schlecht*
la	mamá	*Mama, Mutti*
	mañana	*morgen*
la	mañana	*Morgen*
el	maní	*Erdnuss*
la	mano	*Hand*
el	mantel	*Tischdecke*
la	manzana	*Apfel*
la	manzanilla	*Kamillentee*
el	mar	*Meer*
el	marido	*Ehemann*
(el)	marrón	*Braun, braun*
el	martes	*Dienstag*
(el)	marzo	*März*
	más	*mehr, noch*
	más de	*mehr als*
el	material	*Material*
la	matrícula	*Anmeldung*
los	mayas	*Mayas*
(el)	mayo	*Mai*
	mayor	*älter*
	me	*mich, mir*
la	media pensión	*Halbpension*
la	medicina	*Medizin*
el/la	médico/a	*Arzt/Ärztin*
	medio/a	*halb*
(el)	mediodía	*Mittag*
	mejor	*besser*
	menos	*weniger*
la	menta	*Pfefferminze*
el	menú	*Menü, Speisekarte*
	menudo/a	*toll, super*
el	mercado	*Markt*
	Merche	*Kurzform von Mercedes*
la	merluza	*Seehecht*
la	merluza a la cazuela	*Seehecht in der Kasserolle*
la	merluza a la romana	*panierter Seehecht*
el	mes	*Monat*
la	mesa	*Tisch*
el	metro	*U-Bahn, Meter*
	mexicano/a	*Mexikaner/in, mexikanisch*
(el)	México	*Mexiko*
	mezclar	*mischen*
	mi	*mein/e*
	mí	*mir, mich*
el	microondas	*Mikrowelle*
	mientras	*während*
el	miércoles	*Mittwoch*
	mil	*tausend*
el	millón	*Million*
	mineral	*Mineral-*
el	mínimo	*Mindeste*
el	minuto	*Minute*
	mío/a	*meine/r/s*
	mira (tú)/ mire (usted)	*Schau mal./Schauen Sie mal.*
	mirar	*nachsehen, betrachten*
el	misterio	*Geheimnis*
la	mitad	*Hälfte*
	mixto/a	*gemischt*
la	moda	*Mode*
	moderno/a	*modern*
el	mole	*Soße mit Gewürzen, Erdnüssen, Schokolade, Chili*
	molestar	*stören*
el	momento	*Moment*
el	monedero	*Geldbeutel*
el	monje	*Mönch*
el	montañismo	*Bergsteigen*
	moreno/a	*dunkelhaarig*
el	mosto	*Most*
la	moto	*Motorrad*
el	motociclismo	*Motorradsport*
la	movida	*Nachtleben, Szene*
el	móvil	*Handy*
el/la	muchacho/a	*junger Mann/junge Frau*
	muchas gracias	*Vielen Dank!*

	muchísimo/a	*sehr viel*
	mucho	*sehr, viel*
	mucho gusto	*Angenehm!/Sehr erfreut!*
	mucho/a	*viel*
la	mujer	*Frau, Ehefrau*
el	museo	*Museum*
la	música	*Musik*
	muy	*sehr*

N

3 TR. 14

	Nacho	*Kurzform von Ignacio*
	nacional	*national*
	nada	*nichts, überhaupt nicht, gar nicht*
	nadar	*schwimmen*
	nadie	*niemand*
la	naranja	*Orange*
(el)	naranja	*Orange, orange*
la	nata	*Sahne*
	natural	*natürlich, unkompliziert*
la	naturaleza	*Natur*
	navegar	*surfen (Internet)*
la	Navidad	*Weihnachten*
	necesario/a	*nötig, notwendig*
	necesitar	*brauchen*
(el)	negro	*Schwarz*
	negro/a	*schwarz*
	nervioso/a	*nervös*
	nevar	*schneien*
la	nevera	*Kühlschrank*
	ni	*weder … noch …*
la	niebla	*Nebel*
el/la	nieto/a	*Enkel/in*
la	nieve	*Schnee*
el/la	niño/a	*(kleines) Kind*
el	nivel	*Stufe*
	no	*nein, nicht*
	no hay de qué	*keine Ursache*
la	noche	*Nacht*
	nocturno/a	*Nacht-*
el	nombre	*Name*
	normal	*normal*
	normalmente	*normalerweise*
el	norte	*Norden*
	nos	*uns*
	nosotros/as	*wir, uns*
	novecientos/as	*neunhundert*
la	novela	*Roman*
(el)	noventa	*neunzig*
(el)	noviembre	*November*
el/la	novio/a	*(feste/r) Freund/in*
	nublado/a	*bewölkt*
	nuestro/a	*unsere/r/s*
	nuevamente	*nochmals*
(el)	nueve	*neun*
	nuevo/a	*neu(e)*
el	número	*Zahl, (Haus-/Telefon-), Nummer*
	numeroso/a	*zahlreich*
	nunca	*nie*

O

3 TR. 15

	o	*oder*
la	obra	*Werk*
(el)	ochenta	*achtzig*
(el)	ocho	*acht*
	ochocientos/as	*achthundert*
(el)	octubre	*Oktober*
la	oferta	*Angebot*
la	oferta de viaje	*Reiseangebot*
la	oficina	*Büro*
la	oficina de turismo	*Fremdenverkehrsamt*
	ofrecer	*anbieten*
	oiga	*Hören Sie mal.*
el	ojo	*Auge*
(el)	once	*elf*
la	ONCE (Organización Nacional de Ciegos Españoles)	*Nationale Blindenorganisation Spaniens*
la	ópera	*Oper*
	opinar	*meinen*
el	ordenador	*Computer*
la	oreja	*Ohr*
	organizar	*organisieren*

	original	*originell*
el	oro	*Gold*
	os	*euch*
el	otoño	*Herbst*
	otro/a	*andere/r/s, noch eine/r/s*
	oye	*Sag mal./Hör mal.*

P

3 TR. 16

	Paco	*Kurzform von Francisco*
el	padre	*Vater*
los	padres	*Eltern*
la	paella	*Paella, Reisgericht mit Meeresfrüchten bzw. Fleisch, Huhn, Gemüse*
	pagar	*bezahlen*
el	país	*Land*
el	paisaje	*Landschaft*
la	palabra	*Wort*
el	pan	*Brot*
la	pantalla	*Bildschirm*
la	papa	*Kartoffel*
el	papá	*Papa, Vati*
	par	*paar*
	para	*für, um ... zu, zu, nach, gegen*
la	parada	*Haltestelle*
	parecer	*scheinen*
	parecido/a	*ähnlich*
	París	*Paris*
el	parque	*Park, Stadtgarten*
la	parte	*Teil*
	pasado/a	*vergangen, vorig*
el	pasaje	*Flugticket*
el	pasaporte	*(Reise-)Pass*
	pasar	*verbringen, passieren, reichen, geben, vorbeigehen*
	pasarlo bien	*eine schöne Zeit verbringen, sich amüsieren*
	pasear	*spazieren*
el	paseo	*Promenade, Spaziergang*
el	pasillo	*Flur*
la	pastelería	*Konditorei*
la	pastilla	*Tablette*
la	patata	*Kartoffel*
las	patatas bravas	*frittierte Kartoffeln mit scharf gewürzter Majonäse*
el	patinaje	*Rollschuh laufen*
	patinar	*Rollschuh bzw. Inline Skates laufen*
los	patines en línea	*Inline Skates*
la	paz	*Frieden*
	pedir	*bestellen, fragen, bitten*
la	película	*Film*
el	pelo	*Haar*
la	península	*Halbinsel*
	pensar	*denken*
	peor	*schlechter, schlimmer*
	Pepa	*Kurzform von Josefa*
	pequeño/a	*klein/e*
	perder	*verlieren*
	perdón	*Entschuldigung, Verzeihung*
	perdonar	*entschuldigen*
	perfecto/a	*perfekt*
el	perfume	*Parfüm*
la	perfumería	*Parfümerie*
el	periódico	*Zeitung*
la	perla	*Perle*
	pero	*aber*
	pero bueno	*Jetzt hör mal!*
la	persona	*Person*
	personal	*persönlich*
el	pescado	*Fisch*
la	pezuña	*Huf, Klauen*
	picante	*scharf*
el	pie	*Fuß*
la	piel	*Leder*
la	pierna	*Bein*
el	pimiento	*Paprika*
el/la	pintor/a	*Maler/in*
el	piragüismo	*Kanusport*
la	piscina	*Schwimmbad*
el	piso	*Wohnung*
el	piso compartido	*Wohngemeinschaft*
el	pistacho	*Pistazie*
el	plano	*Stadtplan*
la	planta	*Pflanze*

la	planta de interior	*Zimmerpflanze*
la	plata	*Geld*
el	plátano	*Banane*
el	plato	*Teller, Gericht*
la	playa	*Strand*
la	plaza	*Platz*
la	pluma	*Feder*
la	pluma estilográfica	*Füllfederhalter*
	poco	*wenig*
	podemos	*wir können*
	poder	*können, dürfen*
	podría	*Könnten Sie … ?*
el	pollo	*Huhn, Hähnchen*
el	pollo asado	*Brathähnchen*
el	pollo con mole	*Hähnchen mit einer Soße aus Chili, Erdnüssen, Schokolade und Gewürzen*
	poner	*geben, stellen, legen*
el	pop	*Pop*
	por	*für, durch, pro, je, über*
	por algún sitio	*irgendwo*
	por eso	*deswegen, deshalb*
	por favor	*bitte*
	por fin	*endlich*
	por la mañana	*morgens*
	por qué	*warum?*
	por supuesto	*selbstverständlich*
	por último	*als Letztes*
el	poroto	*Bohne*
	porque	*weil*
el	portal	*Webseite, Homepage*
(el)	Portugal	*Portugal*
	portugués / portuguesa	*Portugiese / in, portugiesisch*
el	postre	*Nachtisch*
	potente	*leistungsfähig*
el	pozole	*Maiseintopf mit Fleisch und Chilipfeffer*
las	prácticas	*Praktikum*
	práctico / a	*praktisch*
el	precio	*Kaufpreis*
el	precio total	*Gesamtpreis*
	precioso / a	*entzückend*
	preferir	*vorziehen, lieber mögen*
la	pregunta	*Frage*
	preguntar	*fragen*
	premio Nobel	*Nobelpreis*
	preocupadísimo / a	*sehr besorgt*
	preocupado / a	*besorgt*
	preocuparse	*sich Sorgen machen*
la	preparación	*Vorbereitung*
	preparar	*vorbereiten*
	presente	*diese / r / s*
	presumido / a	*eitel*
la	primavera	*Frühling*
el	primer plato	*erster Gang*
	primero	*zuerst, zunächst*
el	primero	*erster Gang*
	primero / a	*erste / r / s*
el / la	primo / a	*Cousin / e*
	principal	*Haupt-*
el	principio	*Anfang*
la	prisa	*Eile*
	probar	*probieren*
el	problema	*Problem*
el	producto	*Produkt*
la	profesión	*Beruf*
el / la	profesor / a	*Lehrer / in*
el	programa	*Programm (Computer)*
	pronto	*früh*
	pronunciar	*aussprechen*
la	propina	*Trinkgeld*
	propio / a	*eigene / r / s*
	proponer	*vorschlagen*
	próximo / a	*nächste / r / s*
el	proyecto	*Projekt*
el	proyector de cine	*Filmprojektor*
el	pueblo	*Dorf, Volk*
el	puente	*Brücke*
	pues	*also, also dann …, aber, denn, Also … / Na ja …*
el	pulpo	*Krake*
el	pulpo a la gallega	*Krake nach galicischer Art (mit Pfeffer gebraten)*
el	punto	*Punkt*

Q

3 TR. 17

	que	*dass, als*
	qué	*wie, was, welche/r/s*
	que cumplas muchos más	*Lange sollst du leben!*
	qué hay	*Wie geht's?*
	qué pena	*Schade!*
	qué tal	*Wie geht's?/Wie war's?/ Wie wär's?*
	que te mejores	*Gute Besserung!*
	quedar	*sich verabreden*
	quedarse	*bleiben*
	querer	*wollen*
la	quesadilla	*mit Käse gefüllter Maisfladen*
el	queso	*Käse*
	quién	*wer?*
(el)	quince	*fünfzehn*
	quinientos/as	*fünfhundert*
	quizá(s)	*vielleicht*

R

3 TR. 18

la	ración	*Portion*
	Rafa	*Kurzform von Rafael*
el	ramo	*Strauß*
	rápido/a	*schnell*
la	raqueta	*Tennisschläger*
	raramente	*selten*
	raro/a	*komisch*
el	rato	*Weile*
la	razón	*Recht*
el/la	recepcionista	*Empfangschef/-dame*
	recibir	*annehmen*
	recientemente	*neulich*
	recoger	*sammeln*
	recomendar	*empfehlen*
	recordar	*sich erinnern*
	recto	*geradeaus*
el	recuerdo	*Erinnerung*
	referirse	*sich beziehen, meinen*
el	refresco	*Erfrischungsgetränk*
	regalar	*schenken*
el	regalo	*Geschenk*
	regresar	*zurückkehren*
la	reina	*Königin*
	reinar	*herrschen*
	relajarse	*sich entspannen*
	rellenar	*ausfüllen*
	relleno/a	*gefüllt*
	remar	*rudern*
el	remedio	*(Heil)mittel*
	repetir	*wiederholen*
la	reserva	*Reservierung*
	reservado/a	*reserviert*
	reservar	*reservieren*
	resfriado/a	*erkältet*
la	residencia	*Aufenthaltsort*
	resistente	*fest, widerstandfähig*
	resolverse	*sich lösen*
	responder	*antworten*
la	respuesta	*Antwort*
el	restaurante	*Restaurant*
	rico/a	*lecker*
el	Rioja	*Rioja(wein)*
el	ritmo	*Rhythmus, Tempo*
	rizado/a	*lockig*
	robar	*stehlen, klauen*
el	rock	*Rock*
(el)	rojo	*Rot*
	rojo/a	*rot*
	romántico/a	*romantisch*
la	ropa	*Kleider*
(el)	rosa	*Rosa, rosa*
	rosado/a	*Rosé (Wein)*
	rubio/a	*blond*

S

3 TR. 19

	s/n (= sin número)	*ohne Hausnummer*
el	sábado	*Samstag*
	saber	*wissen*
	sacar	*(heraus)nehmen*
la	sal	*Salz*
	salado/a	*salzig*

la	salida	*Ausgang, Abflug*
	salir	*ausgehen, weggehen, starten (Flug)*
el	salón	*Wohnzimmer, Salon*
la	salsa	*Soße*
la	salud	*Gesundheit*
	saludar	*grüßen*
la	sangría	*Rotweinbowle mit Früchten*
	sano/a	*gesund*
la	sartén	*Pfanne*
	se	*man, ihm, ihr, Ihnen, sich*
	sé	*ich weiß*
la	secretaria	*Sekretärin*
la	sed	*Durst*
	seguir	*weitergehen, weitermachen*
	segundo/a	*zweite/r/s, zweiter Gang, zweiter Stock*
	seguramente	*sicherlich*
	seguro	*sicher, bestimmt*
(el)	seis	*sechs*
	seiscientos/as	*sechshundert*
el	sello	*Briefmarke*
el	semáforo	*Ampel*
la	semana	*Woche*
la	semanita	*kleine, nette Woche*
la	señal	*Zeichen*
	sencillo/a	*einfach, schlicht*
el	señor	*Herr, Mann*
la	señora	*Frau*
	sentarse	*sich hinsetzen*
	sentirse	*sich fühlen*
(el)	septiembre	*September*
	ser	*sein*
el	ser	*Wesen, Sein*
	serio/a	*seriös, ernst*
el	servicio	*Dienst, Service*
la	servilleta	*Serviette*
	servir	*dienen*
(el)	sesenta	*sechzig*
	setecientos/as	*siebenhundert*
(el)	setenta	*siebzig*
	si	*wenn, falls, ob*
	sí	*ja*
	siempre	*immer*
	siempre que	*immer wenn*
la	siesta	*Mittagsschlaf*
(el)	siete	*sieben*
	significar	*bedeuten*
la	silla	*Stuhl*
el	sillón	*Sessel*
	simpático/a	*nett, sympathisch*
	simplemente	*einfach*
	sin	*ohne*
	sin gas	*(Wasser) ohne Kohlensäure*
	sincero/a	*ehrlich*
	sino	*sondern*
el	síntoma	*Symptom*
el	sitio	*Platz, Stelle*
	situado/a	*gelegen*
	sobre	*über, gegen*
el/la	sobrino/a	*Neffe, Nichte*
	social	*Sozial-, sozial*
el	sofá	*Sofa*
el	sol	*Sonne*
	solamente	*nur*
	solicitado/a	*verlangt, gesucht*
	sólo	*nur*
	solo/a	*allein, einzige/r/s*
el	sombrero	*Hut*
	sonar	*klingen*
	soñar	*träumen*
	sonreír	*lächeln*
la	sopa	*Suppe*
la	sopa de pescado	*Fischsuppe*
la	sorpresa	*Überraschung*
el	sorteo	*Verlosung*
	soso/a	*fad, ungesalzen*
	su	*sein/e, ihr/e, Ihr/e, euer/eure*
(la)	Suecia	*Schweden*
	sueco/a	*Schwede/in, schwedisch*
el	sueño	*Traum, Müdigkeit*
la	suerte	*Glück*
(la)	Suiza	*Schweiz*
	suizo/a	*Schweizer/in, schweizerisch*
el	súper	*Supermarkt*
	super-	*sehr, super-*
	superior	*Ober-*

el	supermercado	*Supermarkt*
	suponer	*vermuten*
el	sur	*Süden*
	surrealista	*surrealistisch*

T

3 TR. 20

el	tabaco	*Tabak, Zigarette*
	también	*auch*
	tampoco	*auch nicht*
	tan	*so, so sehr*
la	tapa	*Häppchen*
el	tapeo	*Tour durch Tapas-Bars*
la	tarde	*Nachmittag, Abend*
	tarde	*spät*
la	tarjeta de crédito	*Kreditkarte*
la	tarjeta de cumpleaños	*Geburtstagskarte*
el	taxi	*Taxi*
el	taxista	*Taxifahrer*
	te	*dir, dich*
el	té	*Tee*
el	teatro	*Theater*
la	tele / televisión	*Fernsehen*
el	teléfono	*Telefon*
el	tema	*Thema*
la	temperatura	*Temperatur*
	temprano	*früh*
el	tenedor	*Gabel*
	tener	*haben, sein*
	tener ganas	*Lust haben*
	tener que	*müssen*
el	tenis	*Tennis*
	tercero / a	*dritte / r / s*
	terminar	*fertig sein, beenden*
la	terracita	*kleine Terrasse*
la	terraza	*Terrasse*
	ti	*dich, dir*
el	tiempo	*Zeit, Wetter*
la	tienda	*Laden, Geschäft*
	tieso / a	*steif*
	tímido / a	*schüchtern*
	tinto / a	*Rot(Wein)*
el / la	tío / a	*Onkel / Tante*
el	tipo	*Typ*
	tocar	*entfallen*
	todavía	*noch*
	todo	*alles*
	todo / a	*ganz*
	todos	*alle*
	todos los días	*jeden Tag*
	tomar	*nehmen*
el	tomate	*Tomate*
la	tortilla	*Omelett mit Zwiebeln und Kartoffeln, Maisfladen*
la	tos	*Husten*
	total	*Gesamt-*
	totalmente	*völlig*
	trabajar	*arbeiten*
el	trabajo	*Arbeit*
	traer	*bringen, holen*
	tranquilamente	*in Ruhe*
la	tranquilidad	*Ruhe*
	tranquilo / a	*ruhig*
el	transbordo	*Umsteigen*
el	transiberiano	*transsibirische Eisenbahn*
el	transporte	*Verkehrsmittel*
	tratar de tú	*duzen*
(el)	trece	*dreizehn*
(el)	treinta	*dreißig*
el	tren	*Zug*
(el)	tres	*drei*
	trescientos / as	*dreihundert*
el	trigo	*Weizen*
	triste	*traurig*
	tropezar	*stolpern*
el	trozo	*Stück*
	tu	*dein / e*
	tú	*du*
	tú también	*gleichfalls!*
el	turismo	*Tourismus*
	turístico / a	*touristisch*

U

3 TR. 21

	uf	*Hopla!, Mensch!*
	últimamente	*neulich, in letzter Zeit*

	último/a	*letzte/r/s*
	un par	*ein paar*
	un par de veces	*ein paar Mal*
	un poco	*ein bisschen*
	un poquito	*ein kleines bisschen*
	un/a	*ein/eine*
la	una	*ein Uhr*
la	universidad	*Universität*
	un momento	*einen Moment*
(el)	uno	*eins*
	uno/una, unos/unas	*eine/r/s, einige*
	unos/as	*einige, etwa …*
	usted	*Sie*
	ustedes	*Sie, ihr, Ihnen, euch*
	utilizar	*benutzen*

V

3 TR. 22

la	vacación	*Urlaub*
la	vainilla	*Vanille*
	vale	*o.k.?/In Ordnung!*
	varias veces	*mehrmals*
	varios/as	*einige, mehrere*
el	vasco	*baskisch*
el	vaso	*Glas*
	vaya	*Na so was!/So ein Pech!/ Mensch!*
el/la	vecino/a	*Nachbar/in*
(el)	veinte	*zwanzig*
la	vela	*Kerze, Segel*
el	vendedor	*Verkäufer*
	venezolano/a	*Venezolaner/in, venezolanisch*
(la)	Venezuela	*Venezuela*
	venga	*Los!/Komm!*
	venir	*(mit)kommen*
la	venta	*Verkauf*
la	ventaja	*Vorteil*
	ver	*sehen*
el	verano	*Sommer*
la	verbena	*Tanz, Fest*
la	verdad	*Wahrheit*
(el)	verde	*Grün, grün*
la	verdura	*Gemüse*
	vestir	*kleiden*
la	vez	*Mal*
	viajar	*reisen*
el	viaje	*Reise*
la	vida	*Leben*
el	vídeo	*Videorekorder, Video*
el	viento	*Wind*
el	viernes	*Freitag*
el	vinagre	*Essig*
el	vino	*Wein*
la	visita	*Besuch, Besichtigung*
	visitar	*besuchen, besichtigen*
la	vista	*Blick*
la	vitamina	*Vitamin*
	vivir	*leben, wohnen*
	volver	*zurückkehren*
	vosotras	*ihr, euch*
	vosotros	*ihr, euch*
el	vuelo	*Flug*
el	vuelo directo	*Direktflug*
	vuestro/a	*euer/eure*

Y

3 TR. 23

	y	*und*
	ya	*ja, schon*
	yo	*ich*
el	yoga	*Yoga*
el	yogur	*Joghurt*

Z

3 TR. 24

la	zanahoria	*Karotte, Möhre*
la	zapatería	*Schuhgeschäft*
el	zapato	*Schuh*
la	zona	*Gegend*
el	zumo	*Saft*